本书受中南财经政法大学出版基金资助

中南财经政法大学
青年学术文库

会计师事务所内部治理及其经济后果研究

Research on Internal Governance of Accounting Firms and Its Economic Consequences

陈波 著

中国社会科学出版社

图书在版编目（CIP）数据

会计师事务所内部治理及其经济后果研究／陈波著．—北京：
中国社会科学出版社，2018.9
（中南财经政法大学青年学术文库）
ISBN 978－7－5203－2779－4

Ⅰ．①会…　Ⅱ．①陈…　Ⅲ．①会计师事务所—管理—
研究—中国　Ⅳ．①F233.2

中国版本图书馆 CIP 数据核字（2018）第 154367 号

出 版 人　赵剑英
责任编辑　徐沐熙
特约编辑　李　沁
责任校对　谢　馨
责任印制　戴　宽

出　　版　中国社会科学出版社
社　　址　北京鼓楼西大街甲 158 号
邮　　编　100720
网　　址　http://www.csspw.cn
发 行 部　010－84083685
门 市 部　010－84029450
经　　销　新华书店及其他书店

印刷装订　北京君升印刷有限公司
版　　次　2018 年 9 月第 1 版
印　　次　2018 年 9 月第 1 次印刷

开　　本　710×1000　1/16
印　　张　19.75
插　　页　2
字　　数　248 千字
定　　价　68.00 元

目　录

导　论

一　研究背景

（一）国际背景

审计质量是审计理论和实务需要解决的一个根本问题。自 2002 年 7 月美国国会通过《2002 年上市公司会计改革和投资者保护法》，即《萨班斯—奥克斯利法案》（Sarbanes - Oxley Act，简称 SOX 法案）以来，不少国家将维持上市公司审计质量的希望过分地寄托在外部监管之上，而在外部监管方面，又似乎更多地依赖调查与惩戒手段。SOX 法案颁行已逾 10 年，所造成的直接或间接后果逐步显现出来，其中许多不利后果是事先没有预计到或估计不足的（Gifford and Howe，2004）。

从对美国资本市场的总体影响来看，SOX 法案的不利影响主要包括以下几个方面。第一，SOX 法案的执行成本远高于预期，尤其是对中小上市公司构成了沉重的负担①。第二，SOX 法案颁布之

---

① SOX 法案引起争议最大的就是其 404 条款，该条款要求上市公司管理层在年度报告中披露对财务报告内部控制（Internal Control over Financial Reporting，简称 ICFR）有效性的评估报告，并且聘请会计师事务所对 ICFR 的有效性进行鉴证并出具鉴证报告。国际财务经理协会（Financial Executives International，简称 FEI）2007 年 5 月发布的调查报告显示，被调查的“加速呈报”上市公司（accelerated filers，市值超过 7500 万美元）2004 年至 2006 年的 SOX 法案 404 条款平均遵循成本分别为 451.41 万美元、380.32 万美元和 291.97 万美元（Sinnett，2007）。Krishnan，Rama 和 Zhang（2008）的研究发现，2003 年 1 月至 2005 年 9 月自愿发布 SOX 法案 404 条款成本信息的样本公司平均付出了 220 万美元的遵循成本。Raghunandan 和 Rama（2006）则发现样本公司 2004 年的审计费用较之 2003 年平均增加了 86%，而 2004 年披露内部控制重大缺陷的样本公司较之未披露缺陷的公司审计费用平均高出 43%。

后，美国资本市场的全球吸引力和竞争力有所下降，其主要表现是美国资本市场在全球 IPO 市场中的份额大幅下降[①]。第三，SOX 法案使上市公司高管承担的法律责任和面临的风险显著增大，虽然这在一定程度上可以减少其不当行为，但也有可能抑制作为经济增长动力的、以创新和冒险为特征的企业家精神，从而对经济体系的长期增长造成负面影响。第四，SOX 法案高昂的遵循成本可能导致企业削减用于员工支持和研发活动的资源，从而降低其竞争能力。

SOX 法案确立了新的注册会计师监管体制，即独立型监管（independent regulation）。根据 SOX 法案 101 条款成立的公众公司会计监管委员会（Public Company Accounting Oversight Board，简称 PCAOB）从美国注册会计师协会（American Institute of Certified Public Accountants，简称 AICPA）那里接管了负责上市公司审计的会计师事务所的主要监管权力，美国资本市场中的注册会计师行业自律体制（self-regulation）正式终结。与 AICPA 相比，PCAOB 拥有更高的独立性、更大的法定权威和更集中的监管权限，然而它又具有“准政府”（quasi-government）的性质，成为政府监管机构强化市场干预的间接管道[②]，同时也面临着难以充分利用行业专门知

① 许多外国公司由于美国的严厉监管而放弃在美国上市的计划。不仅如此，不少已经上市的公司选择主动退市（go dark）。在 2003 年和 2004 年，大约 300 家美国公司由于合并、收购、清算、撤销注册（registration withdrawal）或私有化交易（going-private transaction）以外的原因而将其普通股退出登记，而这些退市行为大部分与 SOX 法案的颁布有关，从而支持了 SOX 法案导致上市公司报告成本增加和监管力度上升，进而引发部分规模较小上市公司退市的观点（Leuz，Triantis and Wang，2008）。

② 美国证券交易委员会（SEC）主席同美联储主席和美国财政部长会商后指定 PCAOB 的 5 名理事，而类似的人事任免权力 SEC 无法施之于 AICPA。不仅如此，PCAOB 作出的许多重大决策经过 SEC 批准才能生效，SEC 可以改变 PCAOB 的处罚结果，还可以在必要情况下亲自进行调查。因此，独立型监管模式较之行业自律模式，政府干预的力度是大大增强了。参见陈波（2010）。

识的困境[①]。从 PCAOB 成立之后的运行情况来看，其效果并不十分理想。PCAOB 于 2004 年 7 月经 SEC 批准发布的第 2 号审计准则引发了巨大争议，实施 3 年左右便被第 5 号准则所取代[②]。SEC 前主席 Christopher Cox 也承认 PCAOB 审计准则第 2 号是“成本过于高昂的”（unduly expensive）、“无效率的”（inefficient）[③]。

目前尚不能断言，PCAOB 遭遇的困境和受到的批评是由于独立型监管体制存在固有的缺陷，还是由于任何新体制的完善都必须付出必要的学习成本。但有一点可以肯定的是，独立审计市场的有效运行不能完全依赖强化外部监管，外部监管是维系资本市场审计质量的重要手段，但绝非唯一手段，且并非治本之策。英国“审计与会计问题协调小组”（Co-ordinating Group on Accounting and Audit Issues，简称 CGAA）[④] 指出：“质量和独立性的关键首先取决于并且在根本上取决于会计师事务所自身，例如，事务所结构、程序、防护措施、薪酬体系，我们认为这是不证自明的”（CGAA，2003，p50）。审计质量有其微观基础，作为审计服务提供者的会计师事务所，必须建立完善的治理机制，才有可能提供高质量的审计服务。

---

① Kinney（2005）指出：“与 AICPA 的审计准则委员会（ASB）相比，5 位 PCAOB 理事拥有较少的审计行业专长，也缺乏考虑审计准则和独立性准则成本的个人动机。……由于 PCAOB 准则被 SEC 接受后，实际上具有了联邦法律的效力，PCAOB 的权力可能会阻碍民间部门的研究以及环境变化时对审计新方法的开发”。

② 第 2 号审计准则是为了满足 SOX 法案 404 条款的要求而制定的，其名称为《与财务报表审计一同执行的财务报告内部控制审计》（an audit of internal control over financial reporting performed in conjunction with an audit of financial statements）。第 5 号审计准则名称为《与财务报表审计整合的财务报告内部控制审计》（an audit of internal control over financial reporting that is integrated with an audit of financial statements），其主要目的是简化财务报告内部控制审计的程序、降低审计成本。

③ 参见 Madigan P. 2007. SEC passes new AS5 SOX auditing rules. http：//www. opriskandcompliance. com.

④ 该小组是美国安然事件爆发后，英国贸易与工业国务大臣（Secretary of State for Trade & Industry）和财政大臣（Chancellor of the Exchequer）为了评价英国现行会计与审计监管体制，在 2002 年 2 月 27 日设立的。

长久以来，这一简单道理都没有引起普遍的、足够的重视。在公司治理（corporate governance）大行其道数十年之后，事务所治理方才引起政策制定者和监管者的注意。会计师事务所不再被当作“黑箱”来处理，人们开始认识到它作为一类特殊的企业，也需要解决自身的治理问题才能获得持续和健康的发展。

公司治理的一些基本经验开始应用于会计师事务所治理。英国和欧盟国家，在以强制手段推动事务所完善治理方面走在世界前列。2003 年 1 月 29 日，CGAA 向英国贸易与工业国务大臣和财政大臣提交了最终报告。该报告建议负责上市公司审计的会计师事务所（以下简称相关事务所）在 2003 年 1 月 1 日以后在自愿基础上公布一份年度报告，披露事务所一般情况、财务、经营与财务评价（operating and financial review）、治理、质量、审计独立性等方面的信息①，并建议英国贸工部②在适当情况下将相关事务所的信息披露转化为一项法定强制要求。为了协调欧盟各国在法定审计（statutory audit）领域的监管政策，欧盟议会和理事会于 2006 年 5 月 17 日颁布了《关于法定审计的第八号指令》（以下简称第八号指令），要求负责公众利益实体（public interest entities）审计的法定审计师在每个财务年度结束后的 3 个月内在其网站上公布年度透明度报告，向公众提供会计师事务所法律与所有权结构、治理结构、内部质量控制、独立性、合伙人薪酬政策等方面的内部信息。第八号指令要求各成员国必须在 2008 年 6 月 29 日之前采纳该法令。根据证监会国际组织（International Organization of Securities Commissions,

---

① CGAA 的建议得到了英国最大的 12 家事务所的响应。

② 英国贸工部（Department of Trade and Industry）在 2007 年 6 月重组为“商业、企业与监管改革部”（Department for Business, Enterprise and Regulatory Reform）（该部在 2009 年 6 月又被重组为“商业、创新与技能部”，Department for Business, Innovation and Skills）和“创新、大学与技能部”（Department for Innovation, Universities and Skills，该部在 2009 年 6 月并入“商业、创新与技能部”）。参见维基百科（http://en.wikipedia.org）上的有关词条。

简称 IOSCO）审计服务工作小组的研究，欧盟、英国、美国、加拿大、日本等国的监管机构已经或正在修改其监管规定，要求证券市场审计师全面提高其透明度（IOSCO，2009）。

除了要求会计师事务所提高透明度外，在大型会计师事务所中引入非执行董事（non-executive directors）也被纳入监管机构的考虑范围。2010 年 1 月，英格兰与威尔士特许会计师公会（Institute of Chartered Accountants in England and Wales，简称 ICAEW）正式发布了《会计师事务所治理准则》，该准则最为引人注目之处就是确立了会计师事务所应该引入独立非执行董事（independent non-executives）的治理原则。安永国际会计师事务所在 2010 年 7 月宣布将任命 4 名非执行董事进入其全球顾问委员会，这将会使安永成为首个建立起与其审计的跨国公司类似的董事会结构的会计师事务所（Sanderson，2010）。上述治理要求，以往只适合于上市公司，类似会计师事务所这样的专业服务公司（professional services firms）由于并不对外公开发行股份而不需要遵循公司治理方面的强制要求，事务所治理因此成为专业人士的“自治领域”。如今人们认识到，负责上市公司审计的大型会计师事务所提供的服务具有广泛的经济后果，它们自身也属于公众利益实体。为了预防重大审计失败的发生，奠定审计质量的微观基础，会计师事务所有必要借鉴上市公司的某些治理经验，成为更加透明和负责任的组织。可以预见的是，会计师事务所的治理变革在未来将持续深化，对注册会计师行业的运行方式和监管模式将带来深远的影响。

（二）国内背景

我国注册会计师行业自 20 世纪 80 年代初恢复重建以来[①]，其

---

① 一般认为，我国注册会计师行业的恢复重建以 1980 年 12 月财政部发布《关于成立会计顾问处的暂行规定》和 1981 年 1 月 1 日上海会计师事务所的成立为标志。参见项怀诚（1999，第 461—462 页）。

发展一直受制于两大基本问题，一是事务所外部的执业环境问题，二是事务所内部的治理结构问题。早期的会计师事务所，采取所谓的“挂靠体制”[①]，具有“官办”性质，政府主管机关同时承担着出资者和监管者的不相容职责，导致事务所产权不清晰，责任、风险与收益不对等，注册会计师执业行为缺乏有效约束，审计意见成了可以交易的廉价商品。企业所有权结构是治理结构的基础，在事务所产权不清晰的背景下，完善事务所治理结构就是一句空话。1999年年底，我国会计师事务所的“脱钩改制”全部完成[②]，事务所明确了产权关系，由“官办”变为“私营”，成为自主经营、自担风险的市场主体。自此以后，事务所内部治理的改革才真正拉开序幕。

我国注册会计师行业监管体制是一种典型的政府主导体制[③]，这一体制的一大特殊之处是政府主管部门一方面是注册会计师行业的监管者，另一方面又是行业发展的主要推动者。我国注册会计师行业所发生的重要变革，背后几乎都有政府主管部门的推手。久而久之，对于注册会计师行业的行政干预成为政府主管部门的一种习惯，而

---

① 所谓挂靠体制，就是指成立一家事务所必须找一个“挂靠单位”，挂靠单位通常为政府行政或事业单位，它们既是事务所的出资者，也是事务所的“监护人”。1993年7月财政部发布的《关于整顿注册会计师业务和会计师事务所的通知》使得事务所挂靠制度合法化（项怀诚，1999，第472页）。挂靠体制造成了事务所对于政府的依附状态，它本来是为了减少事务所开办和竞争中的无序状态而提出的，结果却是“饮鸩止渴”，一方面导致事务所凭借挂靠单位的行政权力切割市场的不公平竞争行为，以及“风险由国家担，利益归个人所得”（丁平准，2001，第250页）的后果；另一方面也导致一些业务主管部门利用手中的权力向事务所收取管理费、回扣、分成、业务介绍费、劳务费、福利费等（项怀诚，1999，第497页），使得事务所不堪重负，增长乏力。

② 1999年4月，财政部发布《会计师（审计）事务所脱钩改制实施意见》，要求各地区、各部门、各单位必须在1999年年底完成事务所脱钩改制工作（项怀诚，1999，第504页）。然而，事务所实现了与挂靠单位的“脱钩”，但“改制”目标其实并未真正实现。

③ 在这种体制之下，政府主管部门（主要是财政部）掌握着最为关键的监管权力，行业自律组织（中国注册会计师协会）由于依附于政府主管部门，主要体现主管部门政策意图，在主管部门授权范围内发挥有限的自律功能，因此并非严格意义上的行业自律组织。

会计师事务所也形成了对于政府的依赖性，许多本应由或本可以由市场机制或相关利益主体协商解决的事情，例如事务所的合并、改制、业务拓展等①，也变成了政府强制要求或统一规划的产物。我国会计师事务所治理结构的变革，深深打上了政府干预的烙印。

会计师事务所法律组织形式的变更，是我国会计师事务所内部治理变革的重要诱因。普通合伙、有限责任公司、有限责任合伙（Limited Liability Partnership，简称 LLP）② 等法律组织形式，在经济实质上是不同的治理结构安排（Laurence，1999；余玉苗、陈波，2002）。或者说，事务所选择一种法律组织形式，就要选择一整套与之相适应的治理结构。现行的《中华人民共和国注册会计师法》③，规定我国会计师事务所只能采取普通合伙和有限责任公司两种组织形式，而大部分事务所的选择是后者④。虽然有限责任公司是大多数事务所在当前法制和市场环境下的理性选择，但它显然弱化了注册会计师的法律责任约束，是导致我国注册会计师风险意识不强、审计失败案例频发的重要原因。在进入 21 世纪之后，政府主管部门曾试图以强制手段推动事务所采用普通合伙等组织形式，

---

① 进入 21 世纪以后，财政部和中注协在推动事务所通过合并扩大规模、鼓励事务所采取普通合伙制或特殊普通合伙制，实现业务类型和收入来源的多元化等方面做了大量工作。无可否认的是，这些行动确实推动了我国注册会计师行业的变革和发展。然而，在政府主管部门的眼中，我国的注册会计师行业似乎是一个长不大的孩子，总需要父母为其做出所有重要的决定。政府主管部门的深度干预，事实上并不能充分考虑到事务所的实际需求，有可能剥夺事务所自我选择的机会，并激发急功近利的短期行为。例如，为了迅速扩大规模、获得更多的政府优惠待遇，一些事务所匆匆选择合并，由于来不及进行充分的整合，合并后的事务所内部矛盾重重，执业质量和竞争能力不升反降。

② 我国称为“特殊的普通合伙制”。

③ 1993 年 10 月 31 日第八届全国人民代表大会常务委员会第四次会议通过，1994 年 1 月 1 日起施行。

④ 截至 2010 年 7 月 1 日，我国共有会计师事务所 6892 家（不含分所），其中有限责任制会计师事务所 4428 家，占 64%；合伙制会计师事务所 2464 家，占 36%；在 2009 年度百强会计师事务所中，仅有 3 家为合伙制事务所。参见《突破会计师事务所做大做强瓶颈的重要制度创新——财政部会计司解读〈关于推动大中型会计师事务所采用特殊普通合伙组织形式的暂行规定〉》，参见 http：//kjs. mof. gov. cn/zhengwuxinxi/zhengcejiedu/201007/t20100730_ 330718. html.

而学术界也曾经对此作出广泛探讨，但这一变革在当时由于阻力过大而并未成功①。

在2003年以后，实务界和学术界开始正式探讨“事务所内部治理”②，并在2003年至2006年间形成了不少相关研究文献③。2007年，财政部主管领导提出了注册会计师行业发展的“三大战略”和“四大支柱”④，内部治理机制成为实现事务所做大做强战略的重要支柱。为实现这一战略构想，财政部和中国注册会计师协会在事务所内部治理方面出台了诸多规则与指引。2007年5月26日，中注协印发了《会计师事务所内部治理指南》，并于2008年1月1日正式施行。在2008年以后，事务所信息披露、财务管理、分所管理、合并、转制等方面的规定纷纷出台，且呈加速趋势⑤。可以毫不夸张地说，我国正在掀起事务所治理变革的浪潮，它表明我国政府主导下的注册会计师行业改革日益深入到微观领域。这一浪潮与欧盟成员国的事务所治理变革遥相呼应，而且起步更早、力度更大。

---

① 2010年7月21日，财政部、国家工商行政管理总局联合发布了《关于推动大中型会计师事务所采用特殊普通合伙组织形式的暂行规定》，再次启动了会计师事务所法律组织形式的改革进程。

② 《中国注册会计师》杂志在2003年就开设了“事务所内部治理”专栏。据笔者所知，事务所内部治理这一概念应系我国的首创。

③ 中国注册会计师协会期刊编辑部将1999年至2006年发表于《中国注册会计师》杂志上的相关文献挑选出62篇，以“会计师事务所内部治理”为题结集出版。

④ 2007年3月，财政部王军副部长在听取中国注册会计师协会工作汇报时，提出了行业建设“一个目标，两个市场，三大战略，四大支柱”的整体构想。其中，三大战略，是指行业人才战略、准则国际趋同战略和事务所做大做强战略；四大支柱则是事务所内部治理机制、信息技术系统、行业制度建设和协会建设。

⑤ 2009年10月3日，《国务院办公厅转发财政部关于加快发展我国注册会计师行业若干意见的通知》（国办发［2009］56号）正式公布。这一被称为“国办56号文”的文件体现了国务院对于财政部工作的认可，使得财政部获得了推动注册会计师行业发展的更大权威，成为财政部近期一系列改革动作的主要依据。自国办56号文发布以来，财政部和中注协在事务所内部治理方面改革举措的推出明显加快。

二　研究目的与价值

（一）研究目的

事务所的内部治理问题已引起国内外政府部门、学术界和实务界的广泛关注。然而，目前我国对于事务所内部治理的研究，多围绕较为抽象的原则和较为具体的实务问题展开，系统、深入的研究尚不多见，实证研究尤其缺乏。导致这一状况的主要原因，可能是因为会计师事务所并非公众公司，不需要对外公开披露内部信息，致使研究人员很难低成本取得研究数据。政府有关政策的制定，往往缺乏来自学术界的研究支持，而政策实施的效果，也缺乏及时、准确和全面的评估。

本书研究目的主要包括：

第一，构建会计师事务所治理结构的基本理论。目前，公司治理相关研究已比较全面和深入，其理论体系已较为成熟与合理。会计师事务所的相关研究则较为零散，虽不乏力作，但缺乏整合，尚未形成体系。本书将对现有文献进行系统回顾和梳理，借鉴代理理论、产权理论、利益相关者理论和知识理论等基础理论，构建会计师事务所内部治理的基本理论框架，包括剩余控制权（residual rights of control）[①] 安排、剩余索取权（residual claim）[②] 安排及剩余控制权和剩余索取权的对应。

第二，研究我国会计师事务所内部治理结构变革的制度背景、历程、现状及问题。我国会计师事务所的内部治理变革是在经济转

---

① 所谓剩余控制权，是指合约中无法事前规定的、对企业资产和经济活动的指挥权（张维迎，2005，第84页）。

② 所谓剩余索取权，即企业总收益中扣除了税收和各种应缴费用以及合同上注明的利息、工资等应付的费用之外，剩下的那部分收益的索取权（张维迎，2005，第84页）。

型、政府职能转换、国际交流和注册会计师职业化的大背景下发生的，经历了由脱钩改制、事务所法律组织形式变更、事务所合并浪潮和事务所内部治理规范化运动所引发的深刻制度变迁。在回顾历史的基础上，笔者利用与事务所内部治理相关的研究成果，对我国会计师事务所内部治理结构的现状进行全面的总结，对其存在的问题进行深入的分析。

第三，对我国会计师事务所内部治理现状及水平进行测度、问卷调查和统计分析。虽然在事务所内部治理的各个方面，都有不少资料可供利用，但这些资料多为实务界人士的个人看法和经验介绍，且通常为主观性描述，缺乏定量数据。对于我国会计师事务所内部治理的整体状况究竟如何，不同性质、不同规模的事务所治理水平有何差异，事务所治理中普遍存在的薄弱环节是什么等问题，目前尚无有说服力的统计结果。这一状况显然不利于政策制定者确定合理的监管策略或改革规划。本书采用问卷调查方式，获取事务所内部治理的第一手数据，运用因子分析方法探索导致事务所内部治理差异的主要因素，并构建事务所内部治理水平的综合指标，检验国际“四大”中国合作所①是否比本土事务所治理水平更高，证券资格事务所②是否比非证券资格事务所治理水平更高、本土大所是否比本土中小所内部治理水平更高的假设。

第四，对事务所内部治理经济后果的实证研究。内部治理的经济后果主要包括审计质量、审计收费和事务所经营绩效。只有当内部治理的改进能够带来审计质量的提高，事务所的内部治理变革才是有意义的。同时，只有当内部治理改进能够为事务所带来审计收

① 分别为普华永道中天、德勤华永、毕马威华振和安永华明。

② 即取得证券、期货相关业务资格的会计师事务所。在我国，会计师事务所从事证券、期货相关业务还需要获得财政部、证监会的特别许可。

费的提高和经营绩效的改善，事务所才有内在的动力进行内部治理改革方面的投入。我们将利用构建的内部治理水平综合指标和A股主板上市公司2008年至2010年的数据，检验事务所内部治理水平与审计质量、审计收费和事务所经营绩效的相关关系。

（二）研究价值

1. 理论价值

本书的理论价值主要集中于两个方面：一是对于企业治理理论的贡献，二是对于审计理论的贡献。笔者认为，公司是企业的一种基本形式，公司治理理论应该是企业治理理论的一个组成部分。目前，公司治理已得到了广泛的重视与研究，相关文献汗牛充栋，公司治理理论俨然已成“显学”。然而，除有限责任公司制（Limited Liability Company，简称LLC）以外，企业还存在其他的法律形式，例如，业主制企业（entrepreneurial proprietorship）、普通合伙制企业（general partnership）、专业公司（professional company or professional corporation）①、有限合伙（limited partnership）②、有限责任合伙等。不同的组织形式不仅意味着不同的法律责任，还意味着不同的治理结构。有限责任公司制并不适合于所有的企业，尤其不适合于提供专业服务的企业。在所有权和经营权“两权分离”基本假设基础上构筑起来的传统公司治理理论，不仅不能很好地解释非公司

① 专业公司是适用于律师、医生、会计师、建筑师、咨询师等专业人士的法律组织形式，其创立最初是为了将有限责任公司（LLC）享有的某些税收优惠给予专业人士，但专业人士所承担的法律责任要比LLC的股东要大，例如，当专业人士在专业公司的财产不足以清偿其个人不当行为带来的赔偿责任时，其个人财产也必须用于清偿。参见 http：//www. answers. com/topic/professional-corporation.

② 有限合伙制企业中，既有普通合伙人，也有有限合伙人，有限合伙人不参与企业经营决策与执行，只获取投资回报，因此只承担有限责任。有限合伙与有限责任合伙（LLP）不同。在LLP中，合伙人需要为自己和受自己直接监督的下属的不当行为承担无限连带责任，但不需要为其他合伙人于己无关的行为承担连带责任。

制企业的特殊治理问题，而且也不能很好地解释由于物质资本和人力资本（human capital）相对稀缺性发生变化而导致的治理新问题。

会计师事务所是一类特殊的专业服务企业（professional service firms），其主要的资本投入是人力资本，事务所的所有者同时也是经营管理者，由于剩余控制权和剩余索取权相分离而带来的代理问题在事务所中并不严重。事务所广泛地采取合伙制这种有利于专业人士相互监督和自我约束的组织形式（Alchian and Demsetz，1972），注册会计师通过合伙制实现了团队生产（team production）、风险分担、知识分享。与一般的专业服务企业相比，会计师事务所还有一个特殊性就是它所提供的主要服务是审计，这种服务要求事务所和注册会计师在实质上和形式上都能独立于客户，但事务所又必须竞争客户才能取得收入，这使注册会计师经常面临经济利益和独立性的艰难权衡。会计师事务所向上市公司提供的财务报表审计业务具有广泛的经济后果，社会各界要求事务所在提供此类业务时必须以投资者利益和公共利益为重，这又事实上使事务所成为“服务于公共利益的私人企业”（Brown，2007）。

对于会计师事务所治理结构的深入研究，有助于丰富和深化我们对于专业服务企业治理结构的理解，有助于克服当前企业治理理论偏重于公司制企业的弊端，有助于形成更为完整和全面的企业治理理论。不仅如此，事务所治理结构的研究对于公司治理的研究也具有启发意义。当人类进入知识社会（彼得·德鲁克，2003a，第52—72页），知识劳动者成为企业最重要的资产的时候（彼得·德鲁克，2003b，第48—62页），当人力资本对于公司竞争能力和绩效的要素贡献越来越大的时候，如何对知识工作者进行管理，如何设计人力资本的剩余控制权与剩余索取权分配方式，就成为21世纪公司治理理论必须面对和解决的根本问题之一。作为人力资本密集型或知识密集型企业，会计师事务所的内部治理理论对于公司治理理论的发展和完善具有很强的借鉴意义。

事务所内部治理研究对于审计理论的贡献也是比较明显的。长期以来，事务所由于不对外公开披露信息而成为“黑箱”，独立审计的研究不得不围绕一些外部可观测的变量而展开，例如意见类型、法律诉讼、审计师任期、审计师轮换、非审计服务、审计费用等。作为审计理论研究的核心问题，审计质量的研究长期未能取得重大突破，其重要原因就是我们无法深入事务所内部去观察审计师的行为和审计服务的提供过程。笔者认为，事务所内部治理是审计质量的微观基础，它为审计人员提供高质量服务、为事务所进行严格质量控制提供了基本的激励与约束。对于事务所内部治理的研究，有助于我们从结构与过程的角度去理解审计质量、审计定价、审计师任期等关键变量。如果会计师事务所能够像上市公司那样公开披露重要的内部治理信息，那我们完全可以期待独立审计理论在解决了数据来源之后取得重大突破。

2. 应用价值

本书的应用价值主要包括：

（1）为监管者评价事务所治理水平的高低提供理论研究支持，同时也可以使监管者更加有效地开展对于事务所执业质量的检查。中国注册会计师协会颁布的《会计师事务所内部治理指南》（以下简称《治理指南》）较为抽象和原则化，如何执行将是监管者下一步将要考虑的主要问题。本书首先可以帮助监管者“摸清家底”，了解当前我国各类事务所的治理现状，进而制定出有针对性的政策。其次，本书有助于将《治理指南》细化为可应用的评价指标体系，为监管机构对事务所治理水平进行评价和分类提供操作办法。最后，本书有助于监管机构对会计师事务所执业质量进行更为有效的检查。在对会计师事务所进行质量检查时注重对会计师事务所治理变量的评价，已成为美国公众公司会计监管委员会（PCAOB）进行质量检查的一个突出特点。例如，PCAOB 目前的质量检查开始注重对于合伙人动机（薪酬契约）的检查（Simunic，2005）。

（2）为事务所评价和改进自身的治理结构提供建议。在事务所的实务工作中，如何协调合伙人之间的关系，如何评价合伙人的绩效并据以分配利润，如何通过薪酬制度和晋升制度的设计使合伙人和各级经理重视风险管理与质量控制等问题，一直是事务所合伙人关注的重大问题。许多会计师事务所正是由于上述问题没有解决好，导致事务所运转不顺，甚至出现重大审计失败而遭到严厉处罚。本书将通过问卷调查以及统计分析，归纳出良好事务所治理应具备的特征以及行业内先进的做法，特别是“四大”在事务所治理方面的经验，为我国本土事务所完善其治理结构提供借鉴。

（3）为审计服务需求者选择审计师提供参考。正如具有良好治理结构的公司更具投资价值一样，具有良好治理结构的会计师事务所更有可能提供高质量的审计服务和其他相关服务。目前，客户公司的审计师选择更多还是基于事务所的声誉、同行业其他公司的选择、事务所的人脉关系等，而较少关注事务所内在的“质地”，包括其治理结构和管理水平等。本书则提示人们，如果事务所治理水平与其服务质量存在显著的相关关系，客户公司在进行审计师选择时应更多地考虑其治理变量。如果人们都认识到事务所治理与服务质量之间的关系并将其作为选择审计师的依据，则事务所必然会更加重视自身的治理结构建设，并将其作为一种市场竞争手段。

三 研究思路、内容安排与研究方法

（一）研究思路与内容安排

本书的研究思路如下：第一，对内部治理的概念进行界定，对相关的国内外文献进行系统的回顾与梳理，对研究的进展与不足进行评价；第二，构建事务所内部治理的基本理论框架，包括剩余控制权安排、剩余索取权安排以及剩余控制权和剩余索取权的对应；第三，分析我国会计师事务所内部治理变革的制度背景，梳理内部治理变革演进的历程，探讨事务所内部治理结构的现状及问题；第四，探索事务所内部治理水平的评价指标并进行问卷设计，以获取我国会计师事务所内部治理水平的第一手资料；第五，运用因子分析方法，提取决定我国会计师事务所内部治理水平的公共因子，并得出事务所内部治理水平的综合分数；第六，检验“四大”中国合作所与非四大本土所、证券资格所与非证券资格所、本土大所与本土中小所之间的内部治理水平是否存在显著差异；第七，利用事务所内部治理水平的综合分数，以及2008年至2010年我国A股主板上市公司的数据，检验事务所内部治理水平与审计质量之间是否存在显著相关性，以及内部治理水平的提高是否能够带来审计收费的溢价和事务所经营绩效的改善。

本书分为导论、正文和结论三大块，其中正文包括六章，分别为国内外研究现状述评、会计师事务所内部治理的基本理论框架、我国会计师事务所内部治理结构及其变革、我国会计师事务所内部治理水平的问卷调查与因子分析、会计师事务所内部治理与资本市场审计质量、会计师事务所内部治理对审计收费和事务所经营绩效的影响。本书第二章、第三章主要是规范研究，第四章、第五章、

第六章主要是实证研究。图 0—1 描述了本书的内容安排和结构。

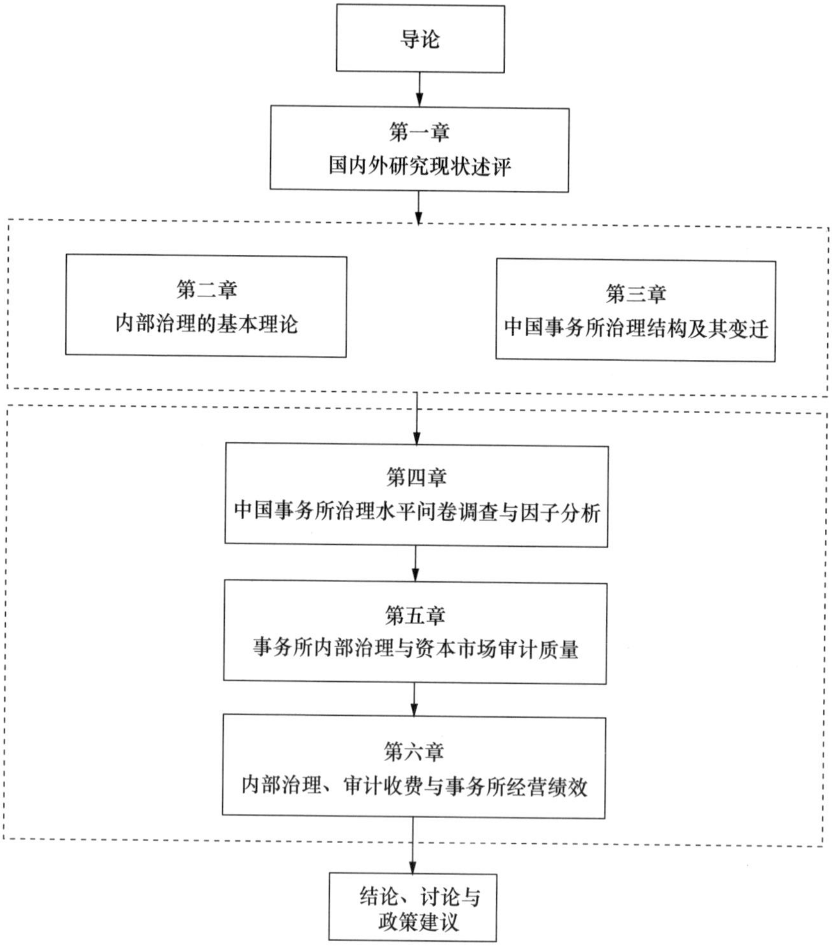

图 0—1　内容安排与结构

（二）研究方法

本书采用规范与实证相结合、实证为主的研究方法。第一章主要采用了归纳和比较的研究方法，即对国内外的研究成果进行总结和归纳，对国内外研究的现状进行了比较和评价。第二章主要采用了演绎的研究方法，即借鉴和利用代理理论、产权理论、利益相关者理论和知识理论的基本观点，结合会计师事务所的性质和特征，分析会计师事务所的起源和内部治理安排的基本原理。第三章主要采用了历史的研究方法和归纳的研究方法，对我国会计师事务所内部治理的制度背景和演进历程进行分析，对我国会计师事务所内部治理结构的现状和问题进行归纳和总结。第四章主要采用了问卷调查方法和因子分析方法，问卷调查用于收集我国会计师事务所内部治理状况的第一手资料，问卷采用了五点李克特量表（Likert scale）的形式，问卷调查所获得的信息构成了对我国会计师事务所内部治理水平进行评价的基础，因子分析则帮助我们确定了决定会计师事务所内部治理水平的主要因素，并提供了会计师事务所内部治理水平的综合评价指标。第五章、第六章主要采用了主流的实证研究方法，即大样本档案研究，具体包括相关性分析、多元线性回归等。总体而言，本书所使用的研究方法对实现研究目的是适当的。

第一章

会计师事务所内部治理国内外研究现状述评

一 概念界定与研究范畴

（一）概念界定

清晰一致的概念界定是合理划分研究范畴的前提，也是文献梳理与回顾的基础。会计师事务所内部治理（以下简称事务所内部治理）目前仍是一个较为模糊和泛化的概念，往往被混同于事务所内部管理。本书将在公司治理相关理论基础上，探讨事务所内部治理的内涵和外延，进而给出一个较为严格的定义。

公司治理是一个多角度多层次的概念，很难用简单的术语来表达（李维安等，2001，第31页）。在此，我们并不罗列有关公司治理的诸多定义。Hart（1995）指出，只有当代理问题（agency problems）存在且合约不完全（incomplete）的时候，治理结构才是重要的。治理结构旨在解决利益相关者之间的利益冲突，而这主要是通过配置非人力资产（non-human assets）的剩余控制权

（Hart，1995）[①] 实现的。剩余控制权的配置必然涉及剩余索取权的分配问题。效率最大化要求企业剩余索取权和剩余控制权的安排应该对应（张维迎，1996）[②]。在这个意义上，公司治理结构与企业所有权安排几乎是同一个意思[③]，或者更准确地说，公司治理结构只是企业所有权安排的具体化（张维迎，1996）。在上述观点基础上，我们将会计师事务所治理理解为寻求事务所剩余控制权和剩余索取权最优配置的过程。

尽管研究者所使用的公司治理具体定义并不相同，他们经常将公司治理机制划分为两类，企业内部的治理机制和企业外部的治理机制（Gillan，2006）。不同学者对于内部治理机制和外部治理机制的分类大同小异（Gillan，2006；Farinha，2004；李维安等，2001）。一般认为，内部治理机制是以董事会为中心的激励、监督和决策机制（李维安等，2001，第83页），而外部治理机制则包括法律与监管，资本市场，公司控制权市场，产品市场，劳动力市场，资本市场信息与分析机构，会计、理财与法律服务机构，媒体等（Gillan，2006）。显然，内部治理与外部治理之间并无截然分明的界限，二者之间是相互渗透、相互补充的关系。在本书中，笔者将主要研究事务所内部的治理机制，市场竞争、声誉机制、民事诉讼、责任保险、行业自律、政府监管等事务所外部治理机制不在本书探讨的范围之内。

（二）研究范畴

尽管已经作出了必要的限定，事务所内部治理仍是一个范围

---

① 即决定在初始合同中未明确其用途的资产该如何使用的权力。Hart（1995）之所以强调非人力资产，是因为他认为，在不存在奴隶制的情况下，人力资本该如何使用，其最终决定权归属于人力资本拥有者，而非他人可以决定。

② 张维迎（1996）将这种对应关系称为理解全部企业制度（包括治理结构）的一把钥匙。

③ 张维迎（1996）认为企业所有权就是对企业的剩余索取权和剩余控制权。

广泛且不够明确的研究领域。因此，有必要进一步探讨事务所内部治理研究涵盖的主要议题，为后面的文献梳理提供一个基本的框架。

事务所内部治理机制可以大致划分为两个方面，即剩余控制权的安排和剩余索取权的安排。在剩余控制权安排方面，内部治理机制主要解决不同类型的剩余控制权归谁拥有、剩余控制权如何行使等问题，具体包括：合伙人选任、进入与退出机制；事务所股权结构；合伙人会议决策议事机制；合伙人管理委员会及首席合伙人产生机制；合伙人管理委员会决策议事机制；质量控制机制；职级设计及晋升机制等[①]。在剩余索取权安排方面，内部治理机制主要解决谁分享剩余、剩余如何计算和分配等问题，具体包括合伙人、各级经理和员工的绩效考核机制、利润分享安排等[②]。除此之外，某些治理机制难以分割为剩余控制权安排和剩余索取权安排，但也属于事务所内部治理重要的研究内容，事务所的法律组织形式[③]、事务所财务报告及信息披露安排[④]、事务所总分所的一体化（integration）、事务所文化[⑤]等。本书将围绕上述议题，对事务所内部治理

① 由于传统上认为合伙制是最适合专业人士的组织形式，本文以合伙制事务所为主要讨论对象。合伙人会议、合伙人管理委员会、首席合伙人相当于公司制企业的股东（大）会、董事会和CEO。

② 剩余控制权和剩余索取权总是紧密结合在一起，上述分类只是为了讨论的方便，并不意味着事务所内部治理机制可以截然分开为剩余控制权安排和剩余索取权安排两大类。

③ 笔者认为，法律组织形式是外部治理和内部治理的契合部位，而且具有全局性的影响。例如，事务所选择有限责任公司制还是选择合伙制，可能意味着选择了不同的治理系统。

④ 财务报告和信息披露虽然很难界定为剩余控制权或剩余索取权，但是它是事务所内部治理有效运行的基础。

⑤ Blair（1995，p3）将公司治理理解为一整套的法律、文化和制度性安排。这一安排决定了上市公司可以做什么，谁来控制它们，这种控制是如何进行的，它们从事的活动所产生的风险和回报是如何分配的。张维迎（1996）指出，公司治理结构由一系列的契约所规定，所有这些契约可以划分为两大类，一类是正式契约，另一类是非正式契约。非正式契约是指由文化、社会习惯等形成的行为规范，这些规范没有在正式的合同中写明，从而不具有法律上的可执行性，但实实在在地起作用。因此，本书把事务所的文化也理解为一种非正式的，但非常重要的治理机制。

相关的研究文献（含学术文献和重要的研究报告）进行梳理和回顾。

二　国外研究现状述评

（一）主要研究议题及研究成果

国外与事务所内部治理相关的研究议题主要集中在：事务所的合伙制治理形式、事务所的所有权结构①、合伙人的利润分享规则、事务所网络与一体化管理、风险管理与质量控制、知识管理等。笔者将对以上议题的相关文献进行重点回顾，其他相关文献则合并在一起进行介绍。

1. 事务所的合伙制治理形式

法律组织形式对于事务所治理结构有着整体影响。对于普通合伙制、有限责任公司制、有限责任合伙制等法律组织形式的选择，往往意味着事务所对不同的治理结构的选择。Alchian 和 Demsetz（1972）指出，艺术的或专业知识技巧的团队生产更可能采用合伙方式，而不是其他的团队生产方式。长久以来，合伙制一直被认为是最适合专业服务企业（professional services firms）的组织形式。虽然采用合伙制会计师事务所在法律诉讼压力之下纷纷转向公司制或有限责任合伙制，但传统合伙制的特征仍然得以保留（Laurence，1999）。因此，合伙制是会计师事务所最重要的治理形式②。

企业的合伙制组织形式在 20 世纪 70 年代以后成为主流经济学

---

① 此处的所有权结构是一个狭义的概念，主要是指事务所合伙人或股东的构成、合伙人管理委员会的结构与功能等。

② 我国是一个例外。我国会计师事务所和注册会计师行业的产生并非市场经济自然演进的结果，而是政府干预的产物。在法律限定和市场经济不完善的情况下，有限责任事务所是我国事务所目前最主要的组织形式。

关注的一个领域，在此领域已经产生了诸多重要的文献（Alchian and Demsetz, 1972；Fama and Jensen, 1983a；Fama and Jensen, 1983b；Farrell and Scotchmer, 1988；Kandel and Lazear, 1992；Legros and Matthews, 1993；Gaynor and Gertler, 1995；Lang and Gordon, 1995；Miller, 1997；Morrison and Wilhelm, 2004；Huddart and Liang, 2005；Levin and Tadelis, 2005；Morrison and Wilhelm, 2008）。在这些文献中，合伙制企业，特别是专业合伙制企业（professional partnership）的性质、边界、内部结构等基本问题已经得到了深入的探讨。然而，尽管会计师事务所与律师事务所、医疗诊所等被公认为专业合伙制企业的典型代表，相关的理论研究往往只是抽象出专业合伙制的共性，而未充分关注会计师事务所的个性化特征，例如，审计服务的独立性要求、审计与咨询服务的潜在冲突等①。Balachandran 和 Ramakrishnan（1987）、Laurence（1999）的研究在利用主流经济学理论（例如代理理论）解释合伙制会计师事务所的性质及其运作方面作出了初步的尝试。欧洲 Oxera 咨询公司 2007 年公布的研究报告《会计师事务所的所有权规则及其对审计市场集中度的影响》（以下简称 Oxera 报告）② 是与事务所内部治理有关的一份重要文献，其中关于事务所合伙制的探讨颇具参考价值。本书在此重点回顾 Balachandran 和 Ramakrishnan（1987）、Laurence（1999）以及 Oxera 报告（2007）。

Balachandran 和 Ramakrishnan（1987）研究了会计师事务所与

---

① 在合伙制会计师事务所中，合伙人的个人投资机会无疑会受到限制，例如，他或她不能投资于合伙人审计的企业，这无疑会增大合伙人的风险，削弱合伙制的吸引力。类似的局限性在律师事务所、医疗诊所中并不存在。

② Oxera 报告是 Oxera 咨询公司接受欧盟委员会“内部市场与服务总署”（DG Internal Market and Services）的委托而完成的，其主要目的是研究是否有必要放松有关事务所所有权规则方面的法律与监管要求，这样做对于审计市场集中度和审计独立性有何影响。欧盟范围内独立审计人员的执业机构称为“审计事务所”（audit firms），为了保持术语一致，本书统一使用会计师事务所的说法。

客户之间的代理问题，将客户由于难以观察审计人员的努力水平并根据审计意见的正确性相机地支付审计费用而导致的预期审计成本的升高界定为代理成本①。Balachandran 和 Ramakrishnan（1987）认为代理成本产生于审计人员努力程度的不可（完全）观察性、审计过程的不确定性以及审计人员的风险厌恶态度（risk aversion）。在 Balachandran 和 Ramakrishnan（1987）的分析模型中，审计人员通过组成合伙事务所并均分收入，可以分担风险，降低预期审计费用。然而，合伙事务所面临如何使单个合伙人的选择符合事务所整体策略的问题，因此有必要引入相互的监督（mutual monitoring）。由于监督成本的存在，某位合伙人可能逃避其监督责任，从而使其他合伙人有了合谋的机会。随着事务所规模的扩大，单个合伙人的风险分担收益将上升，而单个合伙人的监督成本也将同时上升，因此事务所规模并非越大越好，而是存在一个最优值。Balachandran 和 Ramakrishnan（1987）开始从内部治理安排的角度探讨事务所规模、审计收费等外部可观测变量的影响因素，并已经涉及合伙制事务所的一些基本特征，例如，收益共享、风险分担、相互监督等。当然，其研究还是较为简单甚至有些粗糙的。

Laurence（1999）运用不完全合约的理论解释了会计师事务所的资产特征以及与其相适应的治理机制。在 Laurence（1999）看来，合伙制和公司制是两种治理机制，而不仅仅是法律意义上的组织形式。事务所的主要资产是品牌资本与人力资本，前者归事务所的合伙人共同所有，而后者则归合伙人个人所有。这两种主要资本存在着互补性（complementarity），显然，合伙人个人对于人力资本的投资是形成事务所品牌资本的主要原因。如果合伙人不能共同拥

① 因此，Balachandran 和 Ramakrishnan（1987）探讨的并非合伙事务所内部的代理问题。

有事务所品牌资本并收获维持与投资于品牌资本的收益，则其投资于两种资本的激励作用均会被削弱。与传统意义上的公司制相比，合伙制由于将品牌资本的所有权分配给所有的合伙人，合伙人将有更大的动机从事两种资本的投资，因此是一种更优的治理机制。Laurence（1999）进一步认为，资产的互补性（k）和工作任务的计量成本（measurement cost）（m）是决定事务所治理结构选择的主要因素。当 k 较高而 m 较低时，合伙制是比公司制更优的选择。当 k 较低而 m 较高时，公司制则是比合伙制更优的选择。事务所从合伙制向公司制的转型，既源自规避诉讼风险的需要，也源自事务所规模扩大而导致计量成本升高的事实。

Oxera 报告（2007）将合伙制界定为一种雇员拥有的所有权结构（employee ownership），而不仅仅是一种法律形式（legal form）①。会计师事务所的雇员所有权又有其特殊性，这种所有权并不是平均分配至所有雇员，而是分配给事务所的高级雇员，即合伙人。事务所的合伙人有两顶“帽子”或者说双重身份，一方面，他们是所有者，对事务所的管理层拥有最终的控制权②；另一方面，他们又是事务所的雇员，需要向事务所的管理层报告工作③。在事务所中，一般没有通常意义上“外部人”（outsider）和“内部人”（insider）的区别。它面临的是一类所有者（普通合伙人）如何监督另一类所有者（拥有管理权的合伙人）的问题。Oxera 报告分析

---

① Oxera 报告对于所有权结构、合伙制的界定都是狭义的。按照这种界定方式，合伙制的所有权结构不仅存在于法律形式为合伙制的企业中，还存在于其他法律形式的企业中。同时，Oxera 报告区分了两种所有权结构，雇员拥有（employee owned）和投资者拥有（investor owned），后者是典型的所有权与控制权相分离的企业。

② 在会计师事务所中，仍然存在所有权和控制权的分离，但表现形式与普通企业不同。它表现在，所有权和控制权在合伙人中的分配并不是平均的。此处的管理层是指受托行使核心管理职能的少数合伙人。

③ 因此，在普通合伙人和管理型合伙人（或高级合伙人）之间存在双向的委托代理关系。这一特征决定了事务所存在特殊的治理问题和管理问题。

了事务所选择合伙制的主要经济原因，包括：第一，服务质量的信号显示；第二，开发隐性人力资本（tacit human capital）[①]；第三，降低决策成本；第四，减轻税收负担；第五，降低市场合约成本。Oxera 报告认为第一、第二条原因在解释会计师事务所为何普遍采用雇员所有权形式方面是最为相关的，其他原因的解释力则较弱[②]。因此，会计师事务所采用合伙制主要不是因为法律法规的强制或税收上的考虑，而是因为它是一种适合于审计专业人士的所有权安排。

2. 事务所的所有权结构

对于投资者的法律保护和所有权的集中是两种相互补充的治理方法（Shleifer and Vishny，1997）。所有权结构是公司治理的重要内容并已经在学术研究中得到了应有的重视。由于会计师事务所的独特性质以及获取公开数据的困难，所有权结构在事务所治理中的重要作用还没有得到充分的研究，一些基本的问题还没有得到回答。例如，事务所是否应该允许非专业人士成为其股东？事务所是否可以在资本市场上公开发行股票并允许普通公众的认购？事务所的所有权是否应该集中，多高的集中度才是最优的？事务所的投票权（voting rights）应如何分配和行使？事务所是否也会存在由于投票权和现金流权（cash flow rights）相分离而产生的代理问题？事务所的合伙人管理委员会是否应该引入外部非执行董事？事务所合伙人是否应该进一步分工为管理类合伙人和业务型合伙人？等等。

Oxera 报告（2007）对于会计师事务所所有权结构相关的问题，

① 迈克尔·波兰尼（Michael Polanyi）（1966）明确提出了“默会知识”（tacit knowledge）的概念，即那些我们知道但无法用语言准确表述的知识。Morrison 和 Wilhelm（2004）明确提出了“隐性人力资本”的概念，认为其难以用文字或符号表述（codified）或进行正常交易（arm-length exchange）。Oxera 报告（2007）认为事务所员工的“默会技能”（tacit skills）只能通过与专家建立师徒关系（mentoring），在工作中与专家进行密切接触而获得。

② 例如，税收优惠无法解释为何合伙制广泛存在于专业服务行业，而不是工商制造业。

包括事务所吸收外部投资的可行性、事务所控制权的配置、独立非执行董事的引入、事务所国际网络的所有权安排等，进行了较为全面和深入的讨论。根据 Oxera 报告，欧盟虽然限制审计专业人士以外的人投资于会计师事务所①，但并未完全禁止事务所吸收外部投资。不仅如此，已有上市公司收购会计师事务所，通过法律及合约安排使其实质上成为自身组成部分的案例②。因此，在欧盟范围内，会计事务所的所有者可以不是审计专业人士，但他们不掌握事务所的控制权。Oxera 报告认为，放宽事务所的所有权限制，引入更多的外部投资者，有利于降低事务所的资本成本③，特别是有利于中间层次（mid-tier）的事务所拓展大公司客户市场，进而降低审计市场的集中度，为市场提供更多的审计师选择空间。事务所的所有权限制主要是为了防范对于审计独立性的威胁④，但 Oxera 报告认为，放松所有权限制未必会对审计独立性造成无法弥补的损害⑤。

---

① 2006 年生效的欧盟公司法第八号令（the Eighth Company Law Directive）要求欧盟范围内会计师事务所的大部分投票权必须由具有资质的审计人员（qualified auditors）持有。该法令在实施中被一些成员国解释为事务所 75% 甚至更多的所有者必须是具有资质的审计人员，事务所管理委员会（management board）也必须由具有资质的审计人员所主导。

② 例如，美国的 H&R Block 公司 1999 年收购了当时美国第七大事务所 McGladrey & Pullen, LLP。英国 Tenon Group plc 在 2000 年成功 IPO 之后，收购了多家地方会计师事务所，并将其重组为 Tenon Audit ltd。值得注意的是，这些事实上成为上市公司组成部分的事务所保持了法律形式上的独立。

③ Oxera 报告推测，会计师事务所由于其所有权结构，其资本成本比一般企业高出大约 10%。

④ 例如，如果允许外部投资者大量持有事务所的股份，有可能导致事务所与其审计的客户公司同属某一母公司控制。

⑤ 在 Oxera 研究的基础上，欧盟委员会“内部市场与服务总署”在 2008 年 11 月针对“会计师事务所控制结构及其对审计市场的影响”议题公开征求意见，截至 2009 年 2 月 28 日共收到各界回复 67 份。回复者基本赞同开放国际审计市场的必要性，但大部分回复者并不认为缺乏外部财务资本是阻止新竞争者出现的最主要障碍，并且绝大部分回复者都对放宽事务所的所有权限制可能对审计独立性形成的不利影响表达了关注。作出回复的审计专业人士大部分反对在会计师事务所中引入“外部投资者模式”，但他们中有一些认为事务所可以引入其他专业人士作为其所有者，但这些专业人士必须在事务所中全职工作且必须遵循相同的道德准则。

Oxera 报告（2007）提供了欧盟范围内会计师事务所治理结构的重要信息。欧盟的事务所采取的是一种类似于“双层董事会”的结构，即设有监督委员会（supervisory board）和管理委员会（management board）。前者由事务所的权益合伙人（equity partner）① 选举产生，主要负责批准新合伙人、利润分配、对管理委员会实施监督等事项②；后者则主要负责事务所战略的制定与实施，并由管理合伙人（managing partner）负责事务所的日常管理③。Oxera 报告认为，上述治理结构与公司制企业④类似，但在实际运行上则受到雇员所有权的重大影响。也就是说，事务所与公司制企业治理结构的差异主要不是在架构上，而是在实际运行上。

Oxera 报告还指出，与公司制企业不同，事务所的投票权分配与合伙人的资本投入没有直接关联，一般也不与合伙人的地位和资历挂钩，合伙人基本上都是一人一票。这一投票权安排反映了人力资本才是事务所生存和发展的关键，财务资本的多寡对于事务所的所有权配置并无决定性影响⑤。同时，这也意味着事务所的所有权基本上是分散的，而且存在着现金流权和投票权相分离的情况。

Oxera 报告的另一个重要观点是，在事务所的决策权配置中，存在着经营决策（business decisions）权力和审计决策（audit decisions）权力的分离，前者主要掌握在事务所高层管理者手中，后者

---

① 事务所的合伙人可分为权益合伙人和非权益合伙人（又称授薪合伙人，salaried partner），非权益合伙人无投票权。

② Oxera 报告指出，监督委员会的主席同时也是管理委员会的成员。

③ 管理合伙人类似于普通公司的 CEO，但他或她同时也是事务所的所有者之一。

④ 笔者将公司制也理解为一种治理形式，除了投资者的有限责任以外，其核心特征是所有权和控制权的分离。

⑤ Oxera 报告指出，合伙人的财务资本投入能够为合伙人带来利息收入，但并不是合伙人分享利润的主要依据（合伙人分享的利润主要包括两大部分：固定部分与合伙人的资历挂钩，变动部分与合伙人的业绩挂钩）。因此，财务资本投入类似于事务所向合伙人发行的无期限固定收益债券。

则主要掌握在审计业务的主管合伙人（lead partner）手中[①]。这意味着事务所高层管理者难以干预合伙人在具体审计业务上的决策权力[②]。两种决策权力的分离，无疑对事务所的内部治理安排有着重要影响。

Oxera报告（2007）还探讨了事务所引入独立非执行董事（independent non-executive directors，以下简称独立董事）的问题。在两权分离的上市公司中，引入独立董事有助于缓解外部股东与公司内部人之间的利益冲突。在事务所中，由于外部股权通常不存在或并不重要，独立董事的传统角色对于事务所而言并不适用。然而，如果事务所的管理类合伙人与全体合伙人存在利益冲突，引入独立董事以代表全体合伙人仍有其必要性。

Oxera报告（2007）对于事务所国际网络（network）的所有权结构也有所介绍和分析。与一般跨国公司不同，国际会计师事务所主要不是通过资本纽带而联结在一起的。国际所的管理决策机构是一种“联盟组织”（umbrella organisaion）（以下简称总部），它不是分布于各国的“成员所”（member firm）的母公司或控股公司，或者说，总部并不“拥有”各个成员所，每个成员所的拥有者都是其所在国的合伙人。同时，各个成员所均为法律上独立的实体，相互之间并不存在交叉持股，没有利润分享安排，也并不承担连带责任。总部虽不拥有各个成员所，也不负责具体的业务活动[③]，但对

① Oxera报告指出，事务所高层管理者只能负责审计业务的一般性风险评估，包括是否接受某一特定客户或与该客户续约，而难以影响审计业务的具体决策。

② 一般而言，合伙人的身份是三重的，他或她既是所有者，也是管理者，同时还是劳动者。这意味着事务所是一种所有权分散程度、管理分权程度都非常高的企业，是合伙人之间的合作组织。由于不同合伙人均可以带领项目组向客户提供类似的审计服务，事务所可视为一种“横向一体化”（horizontal integration或lateral integration）而不是纵向一体化（vertical integration）的产物，这与一般企业存在明显区别。

③ 相反，总部被各个成员所拥有，总部的运作依靠各成员所提供的资金。各个成员所在总部中拥有相等的所有权份额（ownership stake），但其投票权却并不相等。

于各个成员所有某些控制权力，包括保证服务质量（quality assurance）、实施网络国际战略等。总部的关键治理机构是董事会[①]，拥有的权力包括接受成员所的加入或取消其成员资格、在战略层面协调所有成员所的经营行为或专业行为、任命管理委员会的 CEO 等。Oxera 报告指出，事务所国际网络的整合程度与总部的权力大小存在密切关系，与国际网络的竞争能力也有重要影响[②]。总体来说，总部的权力有扩大的趋势。Oxera 报告认为，各国法律体制的不同是事务所国际一体化的障碍，而国际网络所有权安排的一个重要考虑是避免单个成员所面临的诉讼风险扩散到其他成员所。

Oxera 报告是 Oxera 咨询公司应欧盟委员会“内部市场与服务总署”的委托而提供的，它代表着欧盟各成员国监管机构对会计师事务所所有权结构对审计市场集中度影响的关注。这一问题也引起了证监会国际组织（IOSCO）的重视，IOSCO 技术委员会审计服务工作组在 2009 年 9 月发布了一份题为《会计师事务所非专业人士所有权（non-professional ownership）结构探讨》的咨询报告并公开征求意见。该报告试图解决的主要问题和 Oxera 报告基本相同，即事务所现行的所有权结构在多大程度上构成了审计市场的进入障碍，并导致审计市场集中度过高[③]。报告对于为何应由审计专业人士拥有事务所的多数所有权给出了较为深入的解释，认为这主要源自于对于审计独立性、审计质量、专业精神（professionalism）和胜

① 根据 Oxera 报告，董事会的构成由各个成员所投票决定，大约有 20 个席位，每个席位拥有相同的投票权，但各个成员所拥有的席位不一致。董事会构成要考虑地理分布和职能领域（例如，审计、税务、咨询等），越大的成员所（以收入来衡量）席位可能越多。在中间层次的国际事务所中，美国成员所通常在董事会中占有主导地位，拥有 25% ~30% 的投票权。

② Oxera 报告指出，“四大”国际网络要比中间层次事务所国际网络的整合程度高。

③ 截至 2010 年 1 月，IOSCO 技术委员会共收到 16 份评论信，其中有 13 份来自会计师事务所。大部分评论者都认为放松会计师事务所的所有权限制，引入非执业所有者（non-practitioner owner）无助于增加上市公司审计师的选择范围和审计服务的持续提供。有不少评论者认为审计市场集中度的问题应由市场而不是监管者来加以解决。

任能力（competence）的关注。由于注册会计师必须经过资格认证，遵循职业道德、继续教育等监管要求，与非执业者（non-practitioner）相比，他们一方面具有知识和经验上的优势，另一方面在决策时必须更加重视公共利益。非执业者在专业知识上的欠缺，对于短期经济利益的过分重视，都有可能导致他们作出对事务所长期发展不利的决策[①]。注册会计师面临的诸多监管要求难以施加于非执业者，当注册会计师作出违背执业准则的不当决策时，他们将面临更严重的后果，包括声誉的损失、执业资格的丧失以及法律赔偿责任，而非执业者失去的可能仅仅是其投资而已。总之，由注册会计师掌控会计师事务所可能更有利于事务所的长期健康发展。

3. 合伙人利润分享规则

会计师事务所合伙人的分配制度是最重要的内部治理制度（张立民，2006）。在事务所治理领域，合伙人的利润分享安排受到了广泛的重视，研究议题集中于理论上最优的合伙人利润分享安排，以及不同利润分享安排所产生的经济后果。

Holmes 和 Zimmer（1998）探讨了合伙制会计师事务所中的利润分享方案问题。他们主要关注了利润分享方案的两个维度，一个是利润分配在地理上的分散性，即利润是在多个不同城市的合伙人之间统筹分配，还是在位于同一城市的合伙人之间进行分配；二是利润分配的比例问题，是平均分配还是非平均分配。Holmes 和 Zimmer（1998）研究发现，在一国范围内或国际范围内统筹分配利润的事务所更倾向于采用非平均的利润分配方案或基于绩效的利润分配方案，而地方事务所则更倾向于采用平均的利润分配方案。前者有大量的合伙人，并且其大部分客户属于事务所的客户，而非合伙人个人的客户。显然，前者是比后者更为复杂的组织。Holmes 和

① 例如，过分追求经济利益有可能导致事务所削减用于员工培训、审计技术开发等方面的成本，对于审计质量造成长期的负面影响。

Zimmer（1998）认为，利润分配在地理上的分散性主要取决于在位于不同地点的分部之间进行有效团队合作的能力。Holmes 和 Zimmer（1998）还分析了合伙制事务所之所以存在的原因，即合伙制可以带来至少三个方面的生产效率优势。第一，规模经济，包括统一进行营销与招聘活动以及总部建立集中的技术服务部门；第二，协同效应，即通过利润分享安排而有效实现的相互指导与技术共享。第三，由于业务多样化而带来的经济效益，包括单个合伙人执业风险的降低。

Burrows 和 Black（1998）基于澳大利亚六大会计师事务所的案例，对事务所合伙人利润分享规则进行了理论探讨。他们将合伙人利润分享计划分为三大类：均等分配（equal sharing）、基于绩效的利润分配和前两者的混合型。均等分配更加有利于合伙人的合作与风险分担，能够促进“事务所专用性资本”（firm specific capital）的投资。基于绩效的利润分配则能够克服合伙人的“偷懒行为”，吸引并留住有能力的合伙人，有利于事务所的市场竞争和绩效提升。结合澳大利亚六大的资料，Burrows 和 Black（1998）发现它们一般采用“大利润池”（large pool）分享计划，合伙人的利润份额与特定专业领域的短期回报缺乏直接联系，这些特征与合伙人的风险规避态度相一致，为合伙制的风险分散（portfolio）观点提供了证据。同时，合伙人绩效对其收入具有重大影响，利润分享方案日益偏离均等分配，老资格合伙人（established partner）的薪酬存在较大差异等事实，则为合伙制的代理理论提供了有力证据。合伙人在事务所中可以取得高于其机会成本的利润份额，则为事务所专用性资本的存在及其约束效应提供了证据。

Liu 和 Simmunic（2005）指出，“与其他理性的经济人一样，审计合伙人也要作出最大化个人经济利益的决策，其决策受到合伙事务所薪酬与控制系统的影响。因此，理解会计师事务所的利润分享规则对于理解审计师的行为是至关重要的”。有效的审计需要一定程度的“团队合作”（teamwork），不同的审计人员之所以要联合成立一家合伙事务所，主要是为了获取团队合作的收益。在这种情况下，最优的利润分享安排是合伙人既分担审计的法律责任成本，又相互分享业务收入[①]。由于客户在规模、地理分布和业务复杂程度上存在差异，不同类型的客户需要不同的合伙人努力水平和合作程度，因此需要根据客户类型来确定事务所的利润分享安排。如果客户类型是可以订约的（contractable），则审计市场上只会存在一个完全竞争均衡（perfect competition equilibrium），所有的事务所都会采取同一个占优策略，即根据客户类型来决定利润分享规则[②]，而所有合伙人均会采取从事务所角度来看最优的努力水平和定价策略。然而，在现实世界中，客户类型难以验证，因此并不是一个可订约的变量。然而，客户类型的不可订约性却为不同的会计师事务所在审计市场上采取差别化策略，获取有限的垄断权利，进而形成专业化均衡（specializing equilibrium）创造了条件。在“寡占型审计市场”（audit oligopoly）上，会计师事务所可以利用不同的薪酬方案诱使审计人员根据客户类型实施有效的审计。例如，对于重点服务复杂大客户的事务所而言，就可以采取“大利润池”分享规则，而重点服务规模相对较小、业务相对简单客户的事务所，就可以采取“小利润池”（small pool）分享规则[③]。

---

① 只有当合伙人相互分担责任成本时，他们才会有团队合作（相互提供咨询和帮助）的动力。然而，如果只分担责任成本而不相互分享收入，则合伙人就不会考虑其他合伙人的努力或贡献，其报价就有可能低于事务所的成本，因为只要其报价高于个人成本，所有的收益就会归其个人所有，而由此带来的法律责任成本则会由全体合伙人共同承担。

② 利润分享规则表现为合伙人在自己的客户收入和其他合伙人的客户收入中可以占据多大的份额，以及对于自己的责任成本和其他合伙人的责任成本中分担多大的份额。

③ 对于规模大、业务复杂的客户，“大利润池”分享规则更能促进不同分所合伙人之间的相互合作。作者认为，安达信会计师事务所是“大利润池”的典型代表，而毕马威事务所则是“小利润池”的典型代表。

Huddart 和 Liang（2005）认为，传统的委托代理框架并不符合合伙会计师事务所的实际情况，因为所有权和控制权并不是分离的，而是被许多人共同拥有。由于努力水平的不可观察性，合伙人有可能偷懒。为了抑制偷懒行为，必须引入监督机制。考虑到事务所产出同时取决于合伙人的生产活动（p）和监督活动（m），以及合伙人薪酬必须同时考虑可以观察到的产出（x）和不可直接观察的努力程度的信号（s），Huddart 和 Liang（2005）构造了合伙人的效用函数。在效用函数中，合伙人的收益主要由以下部分构成：按某一比例（β）分享的产出、根据 s 的一定比例（α）给予的努力程度回报、两个交叉支付项。在 Huddart 和 Liang（2005）看来，α 是一个激励强度（incentive intensity）系数，s 则是有噪声的，监督活动的主要意义在于提高信号 s 的精确程度，从而激励合伙人提高努力程度。由于监督努力同样不可直接观察，同时对于合伙人而言是成本高昂的，合伙人在监督活动上仍然会“搭便车”和偷懒。最优薪酬合约的设计应通过 β、α 以及合伙人交叉支付系数的选择，诱使合伙人提供最佳的行动组合（p，m）。值得一提的是，Huddart 和 Liang（2005）的模型考虑了事务所规模的内生性问题，即事务所的最优规模应取决于两大因素的权衡，新增合伙人导致的风险分担收益和其他协同效应的边际增加以及监督成本上升导致的事务所产出的边际减少。在考虑了合伙人的风险态度因素（r）和生产技术风险（σ）之后，最优的事务所规模要么是小数值，要么是大数值，反映出中等规模的事务所是没有生存能力的。Huddart 和 Liang（2005）的研究结论似乎能够解释当前审计市场上小事务所和大事务所占据统治地位的现状，也启示我们事务所规模也受到合伙人风险态度、审计技术函数以及内部激励合约安排的影响，片面追求事务所的大规模并不具有坚实的理论依据。

4. 事务所网络与一体化治理

目前的大型会计师事务所，尤其是国际会计师事务所，均采取一种网络结构（network）。根据会计人员职业道德准则国际委员会（International Ethics Standards Board of Accountants，简称 IESBA）2010 年《专业会计师职业道德准则手册》的定义，事务所网络，以合作为目的，旨在共享利润或分担成本，或共享共同的所有权、控制或管理，统一的质量控制政策与程序，共同的商业策略，使用共同的品牌或重要的专业资源。从一国范围来看，大型会计师事务所往往由多个分所或业务分部（practice office）构成，这些分所以重要的城市为基地，在地理分布上较为分散，拥有自己的客户基础，拥有与特定客户审计业务相关的大部分决策权（Ferguson et al.，2003；Choi et al.，2010；Wallman，1996）。从国际范围来看，"四大"会计师事务所均为由大量成员所构成的国际网络①，这些成员所为独立的法律实体，相互之间并不承担连带责任②。对于大型会计师事务所而言，对多个分所实施有效管理，实现较高程度的一体化，降低整体执业风险，是其内部治理需要解决的关键问题。对于四大而言，在整个国际网络维持统一的执业水准，维护其品牌或声誉的价值，也是其全球治理需要解决的核心问题。对于事务所网络及其一体化治理的议题，当前的学术研究主要关注两个方面的课题，一是对于事务所国际网络的研究，特别是对于安达信"同一事务所"概念（one-firm concept）的研究（Niece and Trompeter，2004），二是从利润分享规则的角度研究事务所的一体化及其经济

① 例如，普华永道在全球 154 个国家拥有 766 个分支机构。

② 例如，普华永道中国会计师事务所在其网站上指出，PricewaterhouseCoopers 及 PwC 泛指 PricewaterhouseCoopers International Limited（PwCIL）之成员机构网络。该机构网络中的每个成员均为独立的法律实体，不代表 PwCIL 或其他任何 PwCIL 的成员机构。PwCIL 不向客户提供任何服务。PwCIL 不为其成员机构的行为和疏忽担负责任，也不能影响成员机构的专业判断。各成员机构不为其他成员机构的行为和疏忽担负责任，不影响它们的专业判断。

后果（Trompeter，1994；Carcello，Hermanson 与 Huss，简称 CHH，2000；Hay，Baskerville 和 Qiu，简称 HBQ，2007）。

Niece 和 Trompeter（2004）对安达信“同一事务所”概念的演变与覆亡进行了案例研究。安达信在其历史中一直以“同一事务所”概念区别于其竞争者，这一概念强调由中心管理机构对事务所进行集中管理，对外用一个声音发表意见，从而在世界范围内维持事务所内部的一致性。为了实现“同一事务所”的理念，安达信在会计原则的解释与运用、人力资源政策、分部管理、业务程序等方面建立了统一的政策，即使是在事务所由于快速的国际化而采取“合作社”（Societé Cooperative）架构[①]时仍然力图保持事务所的一致性。显然，“同一事务所”概念对于安达信的快速发展功不可没。然而，当事务所管理咨询业务兴起以后，尤其是 1989 年其“管理服务部”（Administrative Services Division）分拆出来成为安达信咨询公司之后[②]，对于商业利益的强调和追求，审计业务合伙人和咨询业务合伙人日益加剧的摩擦，逐步侵蚀了“同一事务所”的根基。由于咨询业务的飞速发展和丰厚利润，安达信咨询业务的合伙人日益不满于事务所的利润分享规则和咨询业务对于审计业务的“补贴”，要求更大的利润分享份额和在治理结构中更大的发言权。安达信审计业务的合伙人则为了弥补审计业务收入增长趋缓和利润摊薄导致的个人收入下降，将招揽客户和增加业务的重要性置于维持独立性和执业质量之上，甚至为了在收入上赶上咨询业务合伙人，大力发展自己的咨询业务，形成了与安达信咨询公司“同室操戈”的局面。在这种情况下，那些旨在维持执业质量的总部管理机

① “合作社”架构之下，事务所总部在法律上独立于其成员组织，同时可以为实现共同的目的而履行其协调职能。

② 安达信分为两大部分，一部分是负责审计等传统业务的阿瑟·安达信公司（AA），另一大部分是负责咨询业务的安达信咨询公司（AC）。安达信咨询公司仍然在安达信国际的“合作社”架构之下，隶属于安达信的国际网络。

构的权力被削弱，重要的业务分部成为权力膨胀的“诸侯”，甚至可以推翻总部关于重要专业判断事项的裁决。内部摩擦最终导致了安达信咨询公司与安达信国际网络的彻底决裂①，而内部之争诱发的事务所文化的嬗变导致安达信会计师事务所在偏离其历史传统的道路上越走越远，并最终由于安然事件而走向覆灭。Niece 和 Trompeter（2004）的研究表明，如何协调事务所内部不同性质的业务，包括审计业务与非审计业务，或者更准确地说鉴证业务（assurance services）与非鉴证业务的潜在冲突，是事务所一体化治理的重大课题。如今，四大高调重返咨询行业，我国行业主管部门大力推动事务所拓展管理咨询等非审计业务，在这样的背景之下，这一话题具有更为强烈的现实意义。

Trompeter（1994）、CHH（2000）和 HBQ（2007）是三篇具有延续性的论文，其基本设计均是将利润分享规则作为区分事务所一体化程度的指标，即分布于不同城市的业务分部，甚至分散于世界各地的不同成员所，其创造的收入和利润由总部集中分配的“大利润池”计划，被作为事务所一体化程度高的标志，而各个业务分部，或各个国家的成员所，其创造的收入和利润主要在分部或成员所合伙人之间分配的“小利润池”计划，则被作为事务所一体化程度较低的标志。Trompeter（1994）研究了在审计师和客户之间存在冲突的情况下，合伙人薪酬方案与 GAAP 对于审计判断的影响，发现采用“小利润池”利润分享规则的事务所更容易屈从于客户施加的压力，其客观性相对较低。CHH（2000）采用档案研究（archival research）方法，检验了薪酬方案、客户规模对于审计师向陷入财务困境的客户出具“持续经营”（going concern）审计意见概率

---

① 2000 年 8 月 7 日，巴黎国际商会（International Chamber of Commerce）正式裁决安达信咨询公司脱离安达信国际网络，其代价是放弃 Anderson 的名称，并向 AA 支付 10 亿美金的费用。裁决在宣布之后生效，安达信咨询公司更名为埃森哲（Accenture）。

的影响。研究结果显示，没有证据表明持续经营审计意见受到合伙人薪酬方案的直接影响，但对于规模大的客户，“小利润池”事务所出具“持续经营”审计意见的可能性更低。HBQ（2007）将“大利润池”和“小利润池”作为“财务一体化程度”（financial integration）的指标，研究了财务一体化程度与客户选择之间的关系。利用新西兰1985年至1994年的数据，HBQ（2007）发现“大利润池”事务所提供了合伙人相互合作以审计高风险客户的更大激励，其客户组合的风险明显高于“小利润池”事务所。HBQ（2007）的研究意味着“大利润池”事务所具有更高的风险承受能力，但并不意味着其具有更高的执业质量。以上研究均反映出事务所的利润分享规则以及由其代表的事务所一体化程度，对于事务所和注册会计师的执业行为有着重要影响。

5. 风险管理、质量控制与事务所治理

在会计师事务所中，风险管理、质量控制与内部治理存在着密切的关联。会计师事务所之所以形成的一个重要原因是它提供了审计专业人士分担风险的机制（Balachandran 和 Ramakrishnan，1987）。然而，专业合作与风险分担必然存在外部性，即由于团队成员的个人贡献难以精确计量而导致“偷懒”和“搭便车”的行为，这不仅会降低事务所的效益，还有可能导致事务所由于单个合伙人的重大过失而遭受灭顶之灾。为了降低代理成本，使外部性内部化，事务所必须建立以相互监督为核心的风险管理与质量控制机制。因此，风险管理与质量控制是事务所内部治理的重要内容。

围绕事务所风险管理与质量控制的话题，已经产生了较多的文献，Bedard 等人（2008）对相关的文献进行了综述。Bedard 等（2008）将事务所的风险监督与控制机制划分为三大类，一是业务承接前的风险管理机制，包括客户组合的选择，客户组合风险的定期重新评价以及与事务所与合伙人轮换、客户雇佣前任审计师、审计师提供非审计服务、合伙人薪酬相关的审计独立性风险的监控；二是业务执行过程中的风险管理机制，包括电子辅助决策工具（electronic decision aids），事务所内部的研究与咨询单位，举报机制（whistle blowing）等；三是业务执行后的风险管理程序，包括内部的业务质量复核与检查机制、同业互查（peer review）和监管机构的复核与检查。显然，Bedard 等（2008）的分类采用了一种基于过程的视角，显示出风险管理与质量控制贯穿于整个业务过程。他们对于风险管理与质量控制机制的探讨是具有选择性的，体现了学术界和监管者所关注的重点与热点内容。从内部治理的角度来看，客户组合选择及其风险的定期重新评价、合伙人薪酬方案设计、事务所内部的质量控制复核（quality control review）是层次更高、地位更重要的风险监督与控制机制。客户的接受与续约是事务所风险控制的首要关口，它不仅关系着风险最终是否可控，还关系着合伙人是否能够均衡的分担风险，因此对于客户组合进行控制并对相关风险进行定期重新评价非常关键。合伙人薪酬方案因为影响到合伙人保持独立性的动机与能力，因此构成了其他质量控制机制有效运行的条件。事务所内部的质量控制复核，尤其是独立合伙人的复核（concurring partner review），则是合伙人对于已承接业务的质量进行相互监督的重要机制，它有利于对可能存在的重大潜在风险及时采取补救措施。

Jenkins 等人（2008）也对事务所治理与控制机制相关的文献进行了综述。他们指出，现有的事务所质量控制准则强调合理保证公认审计准则得到遵守，但并未包括与事务所文化和治理相关的明确要求。事务所治理之所以至关重要，是因为事务所需要协调可能存在潜在冲突的众多利益相关者，同时其经营环境异常复杂。由于会计师事务所具有独特的经营与所有权特征，公司治理相关的大量研究发现对于事务所可能是不适用的。Jenkins 等人（2008）重点总结与回顾了咨询机制、独立的监督委员会、道德培训与文化适应（acculturation）相关的治理与控制机制。他们将事务所的咨询机制区分为正式咨询机制和非正式咨询机制，前者适用于可编码的显性知识的分享，后者则适用于宜于师徒相授（mentoring）、“干中学”（learning by doing）的默会知识（tacit knowledge）的分享。在事务所中引入独立监督委员会类似于上市公司董事会中建立由独立董事主导的审计委员会，Jenkins 等人（2008）探讨了将这一做法作为正式治理机制的必要性和可能性①。同时，他们也专门探讨了在职业后续教育中强化道德培训（ethics training）以及如何通过文化适应机制使事务所员工尽快接受事务所文化和价值观的问题。

6. 事务所知识管理、师徒制与事务所治理

会计师事务所是基于知识的专业服务企业（Gibbins and Jamal, 2001），事务所出售的关键资源是知识（Gibbins and Wright, 1999），其基本职能之一是为专业人士提供知识或专长（expertise）② 的创造与分享机制，尤其是默会知识（tacit knowlege）③ 的创造与分享机制。会计师事务所内部治理必须促进知识的有效分享，而师徒制（mentoring）④ 是一种有利于默会知识传授与学习的重要机制。

会计师事务所知识管理或专长管理的研究已形成了多篇重要文献，在此择要阐述。Gibbins 和 Wright（1999）认为事务所的知识管理主要包括两个主题，一是知识分享，即从拥有知识的人那里获

---

① Jenkins 等（2008）指出已有两家大型事务所，Moss Adams 和 BKD 建立了监督职业道德职能的独立委员会。

② 专长可以理解为有效率和有效果地执行特定任务的知识（Davis and Solomon, 1989），因此专长是一种应用型知识。

③ Polanyi（1966）将知识划分为两种类型：显性（explicit）知识和隐性（tacit）知识。隐性知识又称为默会知识，即行动中的知识，或知道如何去做但无法言传的知识。

④ Mentoring 本意是指师父对于学徒的当面传授、辅导。在专业服务企业中，师徒制是一种知识传承的正式机制。

取知识并将其转移至事务所中有可能利用知识的其他人，二是运用知识服务于客户，以实现知识对于事务所的价值。Gibbins 和 Wright（1999）将知识管理划分为三个阶段，即知识的获取、存储与利用，并基于文献回顾和对来自“五大”中 3 家事务所共 6 名合伙人的访谈，归纳了事务所知识管理的关键成功因素。他们指出，相对于客户的保密责任以及知识更新速度的加快，导致会计师事务所的知识分享与利用变得更为复杂。营造鼓励信息分享的文化，将信息以易于获取和调整的形式加以存储，将知识的记录作为预期工作成果的一部分，将知识分享纳入正式绩效评价体系，利用信息技术实现知识的及时沟通与分享等做法，被认为是事务所知识管理的关键成功因素。

事务所有着复杂的知识结构，对于事务所内部不同级别的专业人士，各类知识的相对重要性并不相同。Bhamornsiri 和 Guinn（1991）在其研究中要求审计合伙人对影响晋升的 5 项能力的重要性进行排序，发现从助理审计人员（staff）到高级审计人员（senior）的晋升决策以及从高级审计人员到经理的晋升决策，技术专长被排在首位，而沟通技巧和人际关系技能则依次排在第二、第三位。然而，从经理到合伙人的晋升决策中，这三项技能的排序发生反转，技术专长的重要性下降到第三位。Tan 和 Libby（1997）利用来自“六大”中某家事务所的一个大业务分部实际的绩效评价数据，研究不同级别专业人士知识结构的差异。其研究表明，在助理人员层次，其技术知识越丰富，越能够得到优异的绩效评价结果；在高级审计人员层次，技术知识和问题解决技巧是导致绩效评价结果差异的主要因素；在经理层次，绩效评价结果则主要受到默会的管理知识（tacit managerial knowledge）水平影响。上述研究均表明，随着事务所员工职位级别的升高，技术专长的重要性逐步下降，而管理技能的重要性则逐步上升。事务所在其人员招聘与培训、绩效评价与晋升决策中，应该考虑不同级别的岗位对于知识结构的不同要求。

Gibbins 和 Jamal（2001）认为，专长不仅存在于个人和团队层次，还存在于事务所整体层次。在专长管理上，事务所有三种策略可以选择：知识型事务所策略、全面服务型事务所策略和关系型事务所策略，知识型事务所开发并且向特定的客户市场出售专业知识，全面服务型事务所开发并向广泛的客户市场出售通用的专业知识，关系型事务所则介于二者之间。采取的策略不同，事务所在客户选择、事务所内专长的集中与分散程度、专长的分享以及质量控制过程的正式化程度上将有不同的选择。通过对于包括五大在内的 15 家会计师事务所的 219 位合伙人的问卷调查，证明现实中三种类型的事务所均存在。

Vera-Muñoz，Ho 和 Chow（VHC）（2006）研究了事务所知识分享的影响因素。他们指出，新的监管环境和审计准则对会计师事务所施加了更大的压力，要求其提高审计过程的质量、效果和效率，而知识和专长在审计小组成员之间的分布并不均衡，在此背景之下，会计师事务所有效安排其知识分享活动的能力对于其形成竞争优势越来越重要。在会计学、组织学习理论、心理学和知识管理理论的研究基础上，VHC（2006）探讨了三个因素，即信息技术、审计人员之间正式与非正式的互动和薪酬体系，在促进事务所知识分享方面的角色。VHC（2006）认为，以 IT 为基础的专家知识系统为事务所的知识共享创造了重要的条件，但 IT 本身并不足以保证有效的知识共享。换言之，有效的知识共享最终取决于组织因素而不是技术解决方案。VHC（2006）还认为，一种鼓励以知识囤积（knowledge hoarding）为手段获取权力与保障的组织文化将阻碍知识的分享，而以团队为基础的事务所结构则有助于促进个人关系的发展，并增强审计人员的合作动机与知识共享。

Sanders 等人（2009）研究了 SOX 法案有关审计师轮换的要求对于事务所内部知识转移的影响。他们认为，强制轮换可能导致审计团队遭受知识上的损失，为利益相关者带来了很大的成本和风险。为了帮助减少知识的损失，便利知识从离开的合伙人向接任的合伙人的转移，他们提出了四条主要的知识转移方法：第一，在每位合伙人离任之前就及早作出充分的计划；第二，对续任合伙人、客户、行业和团队的战略匹配性作出考量；第三，改进离任合伙人知识的记录，以利于续任合伙人分享其知识；第四，加强轮换的合伙人（包括离任与续任的）与客户之间的互动，以利于关键的、但难以转移的默会知识的分享。

作为与知识管理密切相关的一个话题，师徒制被认为有利于默会知识的分享（Jenkins 等，2008），影响到员工的满意度及其离职的意图，是帮助会计师事务所吸引并留住优秀员工的重要机制。师徒制与培训不同，前者强调经验丰富者（“师父”）与经验欠缺者（“学徒”）之间直接的人际交流，即“师父”的当面传授和“学徒”的现场观察与模仿，达到分享那些“只可意会，不可言传”的知识、经验和技能的目的，这种师徒相授的关系可能延续较长时间，而后者则通常采取正式的课堂教学形式，在短期内达到传授知识、分享经验的目的，因此适合于显性知识的传授。一般而言，在师徒制关系中，师父会向学徒提供与职业生涯计划和个人发展有关的指导、支持和反馈。

当前对于会计师事务所中师徒制的研究侧重于探讨师徒制的职能及其对员工流动率的影响，并已形成了众多的文献。Dirsmith 和 Covaleski（1994）将师徒制作为会计师事务所中一种非正式的、非规则导向的控制方法，发现师徒制涉及审计任务的执行、事务所的社会化过程（socialization）以及对于组织中政治与权力的指导，虽然耗费一定成本，但对于学徒、师父和事务所均是有利的。Scandura 和 Viator（1994）则认为会计师事务所中的师徒制具有三项独立的职能，即社会支持（social support）、职业发展（career development）和角色塑造（role modeling）。他们发现师徒制中的职业发展职能有助于降低员工的离职意图，而由合伙人担任师父的员工其离职意图更低。Hall 和 Smith（2009）对相关文献进行广泛回顾后指出，有关会计师事务所师徒制与员工离职意图（turnover intensions）之间的众多研究并未得到一致的研究结论。他们认为，影响员工离职意图高低的，不是会计师事务所中是否存在师徒关系，而是这种师徒关系的有效性，师徒制并不必然导致员工离职意图的下降。他们的研究结论显示，师徒制的两大职能，心理支持（psychosocial support）和职业发展（career development），对于员工离职意图具有不同的影响，心理支持职能有助于降低员工离职意图，而职业发展职能则有可能提高员工离职意图。

7. 其他重要议题

在会计师事务所内部治理这个范围广泛的议题中，现有文献还涉及了人员流动率、绩效评价、晋升机制、信息技术与文化的治理作用、信息披露等重要研究领域。

人员流动率（turnover）是一个反映会计师事务所内部治理效果的重要指标。事务所每年都花费大量的成本用于员工招聘与培训，其目的是吸引并留住高素质的员工。然而，早在 20 世纪六七十年代，已有不少研究发现注册会计师行业的员工流动率相对而言高于其他职业（Rhode，Sorensen 和 Lawler，简称 RSL，1977）。RSL（1977）将员工流动划分为自愿流动和非自愿流动，通过对于 39 个问题的访谈结果进行因子分析，提炼了 3 个导致员工离职的主要因素，即工作要求的不确定性、过重的工作负荷和对于工作地点的不满意，并发现自愿流动和非自愿流动的员工在工作要求的不确定性这个公共因子上存在显著的差异。Stolle（1977）发现“八大”

的新进员工在选择其雇主时，最看重的排在前三位的因素是更为宽松的工作氛围、更为友好的同事、更多的晋升机会，而更高的起薪仅列第六位。Stolle（1977）的研究间接表明，如果大型事务所不能提供上述条件以满足员工的期望，他们就有可能离开事务所。Strawser，Ivancevich 和 Lyon（简称 SIL）（1969）研究了大型事务所中的员工满意度问题，而员工满意度显然是员工流动率的直接影响因素。SIL（1969）发现，“八大”和“非八大”不同级别的专业人士在不同的需求层次上，其满意度存在显著区别，例如，“八大”的高层专业人士在“自我实现”（self-actualization）这个维度上表现出更高的满意度，而“非八大”的高层专业人士则在工作自由度上表现出更高的满意度；“八大”的中层专业人士在安全需求上表现出更高的满意度，而“非八大”的中层人士则在社交需求上表现出更高的满意度。SIL（1969）的研究结果似乎表明，在吸引并留住专业人才这个维度上，“八大”与“非八大”各有其比较优势，其差异有些类似职业经理人与创业者的差别，“非八大”在人才竞争中未必一定会输给“八大”。

会计师事务所中的人员流动率除了员工流动率，还包括合伙人的流动率。根据一般的理论推导，合伙人与员工相比，应该有更低的“跳槽”动机。利用安永会计师事务所 1989 年 10 月至 1991 年 3 月间 2123 名合伙人的解聘（terminate）与辞职（quit）数据，Lane 和 Parkin（1998）对人员流动率的两大模型，即 Jovanovic（1979）提出的匹配模型（matching model）和外部冲击模型（external shock models）进行了检验①。Lane 和 Parkin（1998）发现安永合伙人任职期间的解聘率和辞职率均经历了一个先上升、后下降的过程，其峰值大约在任职年限为 10 年时达到，从而为流动率的匹配模型提

① 在匹配模型中，员工流动率会随着企业对于员工特征的了解程度的加深，经历一个先上升后下降的过程。而在外部冲击模型中，员工流动率被认为仅仅受到外部环境变动的影响。

供了证据。他们还发现，大型会计师事务所合伙人的解聘率高于辞职率，与其他行业相比，其解聘率和辞职率都显著更低，而且达到峰值的年限更长。作者认为，在大型会计师事务所中，作出错误人力资源决策的代价要高于大多数企业。因此，事务所员工在取得合伙人资格之前要经过漫长的甄别过程（screening process）。而要维持合伙人资格，合伙人必须证明自己是合格的“创收者”（rainmaker），而这也需要事务所花费多年时间、每年进行年度绩效评价才能得出正确的结论。

绩效评价与晋升机制是会计师事务所内部治理中的重要领域，但遗憾的是，目前相关的研究不多，尤其缺乏有深度的专项研究。Burrows 和 Black（1998）指出，在合伙人绩效评价领域，存在可以进行量化评价的指标，例如新增客户、盈利能力等，问题是如何为不同的指标确定权重，为了保证绩效评价的公平性，事务所通常需要建立薪酬委员会。Zeff（2003）指出，对于获利能力和竞争的过度强调导致大事务所的合伙人不再以审计质量为关注焦点。这就意味着在事务所合伙人的绩效评价中，不能仅仅重视商业贡献，还应该重视业务质量、相互监督、培训辅导等指标，而这些指标通常不易量化，主要依赖于主观评价。在员工绩效评价领域，Laurence（1999）将审计人员需要执行的多种任务划分为两类，一类与产出直接相关，另一类则旨在增加品牌资本，并认为如果只按照审计人员的边际产品来确定报酬，则会创造出最大化个人收入的动机，导致审计人员没有动机花费时间在不能收取费用的活动上，例如监督同事。Almer，Higss 和 Hooks（简称 AHH，2005）关于会计师事务所雇佣合约的理论模型将会计师事务所与其员工之间的关系理解为一种交换关系，事务所员工获得的薪酬应等价于其专业贡献，而事务所员工的专业贡献是其努力程度、专业能力、偷懒行为（shirking）和自然状态的函数，从而指明了事务所员工绩效评价应关注的主要因素。AHH（2005）还指出了事务所员工绩效评价将会面临的一个特殊问题，即员工可能会低报其工作时间。由于事务所对于员工的绩效评价往往强调其在预算时间内完成工作的能力，导致员工为了完成时间预算或获得与同事相比更为有利的绩效评价结果，所报告的时间低于其实际工作时间。这一行为看似对事务所有利，但 AHH（2005）认为它会影响管理层准确评估员工绩效的能力，有可能导致不准确的时间预算和不正确的审计定价，甚至有可能导致审计质量的下降。

晋升是一种重要的激励机制，对于会计师事务所这样的专业服务企业尤其具有重要的意义。经济学、管理学中对于一般企业的职务晋升问题已有众多的深入研究，但尚缺乏专门针对会计师事务所的研究。Laurence（1999）指出，在会计师事务所采用的晋升系统中，较低级别的审计人员将接受相对较低的报酬，由于报酬偏低而产生的损失将随着他们能力的逐渐揭示而在更高的职位上得到补偿[①]。从历史上来看，会计师事务所广泛采用“要么升职，要么出局”（up-or-out）的晋升政策（Almer，Higss 和 Hooks，2001），这一政策在某些大型会计师事务所的审计部门中得到严格执行，例如毕马威的荷兰成员所（Laurence，1999）。Laurence（1999）认为，由于审计市场趋于饱和，无法容纳员工的无限制增长，并且在每一组织层级上的岗位数目是相对固定的，没有被提升到上一级别的员工将成为下级审计人员晋升的障碍，因此采用“要么升职，要么出局”的晋升政策有其合理性。Almer，Higss 和 Hooks（2001）则指出解聘那些表现良好但没有晋升至更高级别职位的员工对于会计师事务所而言是一种奢侈，在市场竞争加剧、熟练审计人员的劳动力供给欠缺、员工工作态度发生变化的情况下，会计师事务所无法再

---

① Almer，Higss 和 Hooks（2001）将这种预期收益称为“递延报酬”（deferred compensaion）。

采取“要么升职，要么出局”的晋升政策，而转而采取“要么作出贡献，要么出局”（contribute-or-out）的晋升政策。对于会计师事务所采用特殊晋升政策的原因，显然需要更加深入的理论探讨。

信息技术是会计师事务所内部治理的重要手段，具有重要的治理功能，这一点已得到了不少学者的认同。Berdard等（2008）将电子决策辅助工具作为会计师事务所业务执行过程中重要的风险管理工具之一，指出这些工具有利于事务所总部对于审计过程的集中控制，有利于审计效率和效果的提高，增强了事务所管理层监控质量的能力以及内部复核人员和外部检查者监督审计过程的能力。基于信息技术的专家知识系统便利了各种形式显性知识的“编码”与搜索（Vera-Muñoz，Ho和Chow，2006），促进了会计师事务所的知识分享（Jenkins等，2008）。Winograd等人（2000）对普华永道的审计方法进行了系统的案例研究，发现作为全球领先的会计师事务所，普华永道审计方法的一大特色就是不遗余力地应用最先进的信息技术来执行业务并分享知识。早在20世纪90年代，普华永道就实现了客户资料、业务记录与操作指南的电子化，形成了大型的电子数据库，并在Web、Lotus Notes等软件平台上开发了各种专用应用软件，以辅助审计过程中的风险评估、决策支持、信息检索、沟通、咨询等活动。因此，普华永道的审计方法与信息技术是融合在一起的，极大地提升了内部管理和业务执行的效率和效果，是普华永道竞争优势的重要来源。

会计师事务所文化通过共同的价值观、道德准则来引导合伙人和员工的行为，化解潜在的利益冲突，因此也是重要的治理工具。围绕会计师事务所文化及其影响，已经形成了较多的研究成果，Jenkins等人（2008）对相关文献进行了述评。Jenkins等人（2008）将相关研究主题划分为以下几个方面：文化的角色、组织目标与个人目标的冲突、组织内亚文化（subculture）的角色、社会影响、师徒制、与外界的文化沟通和文化的度量。Jenkins 等人（2008）从中归纳出了多项重要研究结论，例如，事务所文化以及“高层基调”构成了审计质量的基础；对于员工的文化培育（acculturation）影响组织的绩效；会计师事务所可以利用技术和弹性工作时间来化解组织目标与个人目标的冲突等。Jenkins 等人（2008）指出事务所文化是一块充满研究机会的领域，他们提出了大量值得进一步研究的问题，例如，事务所文化与审计质量的关联究竟是什么，事务所文化的变化如何影响审计质量，等等。

公开透明的信息披露被经济合作与发展组织作为一项重要的公司治理原则（OECD，2004），它可以缓解委托人和代理人之间的信息不对称，降低代理成本，提高公司价值。信息的公开强制披露要求只针对上市公司，会计师事务所作为私人企业则不在要求之列。近年来国际上注册会计师行业监管的一个重要动向，是要求审计上市公司的会计师事务所遵循与上市公司类似的信息公开披露要求，欧盟国家、英国、美国、日本、中国以及其他主要经济体纷纷公布了相关的监管规定。由于针对会计师事务所的强制信息披露制度在最近几年才开始实施，所以尚未引起主流学术界的足够重视。到目前为止，笔者只发现 Pott，Morck 和 Watrin（以下简称 PMW，2008）深入研究了会计师事务所信息披露问题。利用问卷调查研究方法，PMW（2008）考察了资深审计人员和会计人员对于会计师事务所发布透明度报告（transparency report）是否会影响审计独立性的看法。其研究结果显示，在资深审计人员和会计人员看来，审计独立性并不会受到透明度报告是强制披露还是自愿披露以及是否经过审计的影响。同时，审计人员和会计人员对于此问题的看法也不存在显著差异。PMW（2008）的研究结果似乎表明，处于探索阶段的会计师事务所信息公开披露制度，尚未得到广泛的重视和深入的了解。

（二）国外研究现状的评价

作为一类与众不同的专业服务企业，会计师事务所的研究价值已得到了国外学术界的广泛重视。由于内部治理涉及的研究领域非常宽泛，国外在会计师事务所内部治理领域已经形成了大量的文献，产生了重要的研究成果。相关研究成果不仅有助于我们深入理解会计师事务所的特殊性质以及审计质量的微观基础，还有利于我们进一步总结和归纳知识型、人力资本密集型企业的治理规律，推导出更加具有普遍理论意义和应用价值的结论。

国外有关会计师事务所内部治理的现有研究主要有以下特色：第一，会计师事务所内部治理的关键领域与问题基本上已有涉及，其中，会计师事务所合伙制治理形式的性质与特征、合伙人的利润分享规则等有关问题的研究产生了有分量的研究成果，得以发表于顶尖学术期刊上；第二，由于会计师事务所内部治理问题的特殊性，目前主要的研究方法为分析模型、案例研究、问卷调查等，大样本实证研究尚不多见；第三，关于会计师事务所内部治理的研究表现出明显的多学科交叉性，应用经济学、管理学、社会学等基础学科为相关研究提供了主要的概念、理论和工具。

国外有关会计师事务所内部治理的现有研究尚存在诸多值得改进的领域，主要表现在：第一，会计师事务所内部治理目前尚不是一个界定良好的概念，其基础理论研究较为薄弱，缺乏共同的分析框架，导致相关的研究较为零散，难以进行有效的整合；第二，由于缺乏公开可获得的数据，对于会计师事务所内部治理只能采取小样本的或个案性的研究，这制约了研究结论的普遍性，也降低了相关话题对于主流学术界的吸引力；第三，在会计师事务所内部治理研究领域，有些重要的研究课题，例如会计师事务所合伙人的利润分享计划、晋升机制、师徒制、绩效评价、信息披露等，有待更深入的研究，而另一些很有价值的研究课题，例如会计师事务所内部治理的评价、会计师事务所内部治理水平对于资本市场审计质量的影响，目前尚缺乏相关的研究；第四，当前国际上有关会计师事务所内部治理的研究，主要以欧美发达国家的会计师事务所为研究对象，对于其他国家的会计师事务所，尤其是经济转型国家的会计师事务所则重视不够。

三　国内研究现状述评

（一）主要研究议题及研究成果

在我国，审计市场的发展具有明显的政府主导与推动的特点，会计师事务所治理结构的形成、发展与演变，也深深地打上了政府干预的烙印。由于学术市场尚未完善和成熟，我国会计、审计领域的学术研究具有明显的政策导向，关于会计师事务所内部治理的研究主要是围绕特定时期的政策热点来进行的，相关的研究主题主要包括：对于事务所合伙制和法律组织形式的理论探讨、对于事务所"脱钩改制"的分析、对于事务所客户资源归属及其影响的探讨、对于事务所合并过程中治理问题的研究等。本部分先详细回顾有关的学术研究成果，而后简单介绍中国注册会计师协会主办的会计师事务所内部治理论坛的有关研讨成果。本部分回顾的文献，既包括由国内学者发表的中文论文，也包括由国外学者或中外学者合作完成的，涉及我国会计师事务所内部治理相关议题的英文论文。

1. 事务所合伙制与法律组织形式

在我国，由于法律法规的限制，会计师事务所只能采取两种法律组织形式，即合伙制和有限责任公司制[1]。在我国当前的制度背景下，大部分事务所选择了有限责任公司制这种传统上被认为不适合会计师事务所的组织形式。我国政府主管部门数次采取措施推动会计师事务所向合伙制转型，但截至目前，这一目标尚未完全实现。余玉苗、陈波（2002），朱小平、叶友（2003）对会计师事务所的合伙制组织形式进行了深入的理论探讨，而原红旗、李海建（2003），Firth，Mo和Wong（2005）则研究了事务所法律组织形式的经济后果。

余玉苗、陈波（2002）将会计师事务所的资本划分为人力资本和品牌资本，将人力资本划分为通用人力资本和专用人力资本，并认为会计事务所的资产具有高度的专用性，这一特征是分析事务所治理结构的前提。在不完全契约和交易成本理论的基础上，他们提出并论证了“会计师事务所治理结构的设计必须有利于解决注册会计师进行专用性资产投资的激励问题，而是否能够提供注册会计师提高专业胜任能力和保持独立性的足够激励也就成为判断不同治理结构优劣的主要标准”的理论观点。在他们看来，事务所不同的组织形式，包括独资、普通合伙、公司制、有限责任合伙，既代表着不同的法律责任安排，也意味着不同的治理结构安排。这些组织形式，在重大决策权配置、薪酬制度、工作自由度等方面各有其不同的特征和相对的优势。在理论分析的基础上，余玉苗、陈波（2002）认为政府在推动会计师事务所由有限责任公司制转为合伙制的过程中，应遵循自愿而非强制的原则，并应该允许事务所自主选择符合自身特点的组织形式。

---

① 1994年颁布的《中华人民共和国注册会计师法》规定会计事务所只能采取普通合伙制和有限责任公司制。在我国制度背景下，大部分会计师事务所采取了有限责任公司这种通常被认为不适合专业服务企业的组织形式。近年来，财政部和中国注册会计师协会推动大型会计师事务所转型为特殊的普通合伙制，类似于国外的有限责任合伙制（LLP）。截至目前，40家拥有证券期货业务资格的大型事务所已全部完成了向特殊普通合伙制的转型。

朱小平、叶友（2003）运用企业理论，探讨了会计师事务所为何应采取合伙制而不是公司制。他们指出，认为合伙制有助于增大事务所和注册会计师的法律责任，提高其风险意识，从而保证审计质量的观点只是看到了事务所的外部因素，而没有从事务所的内部关系、从事务所本身来探讨合伙制的合理性和必要性。朱小平、叶友（2003）认为，从所有权结构的角度来看，合伙制能够实现剩余索取权和剩余控制权的对应；从内部委托代理关系的角度来看，合伙制能够实现监督与激励的平衡；从事务所生产要素的特点来看，合伙制是劳动者管理型企业的一种特殊类型，事务所符合劳动者管理型企业产生的全部条件，因此应采取合伙制形式；从内部决策程序的角度来看，合伙制正是那些将决策管理和决策控制集于一身的内部代理人占有绝大部分剩余求偿权的最好的组织形式。

原红旗、李海建（2003）以 2001 年沪市 640 家上市公司及负责其年报审计的 69 家会计师事务所为研究样本，对事务所组织形式、出资方式、规模等变量与审计质量的关系进行了实证检验。检验结果显示，事务所组织形式（合伙制和有限责任公司制）、出资方式（内资所和合资所）、规模大小（“十大”和“非十大”）都对审计质量没有显著影响；控制变量（客户公司财务特征）则和审计意见有显著相关性。因此，原红旗、李海建（2003）得出结论：目前影响我国上市公司审计报告意见的主要因素是公司本身的特征，会计师事务所的类型没有对审计意见产生明显影响，这可能是因为我国会计师事务所在优化组织形式和扩大规模的进程中存在一些问题，使目前会计师事务所的组织形式和规模没有达到理论上应有的效果以及我国审计市场的买方市场特征所造成的。

Firth，Mo 和 Wong（2005）考察了中国会计师事务所的法律组织形式与审计师出具报告的谨慎性之间的关系。利用上市公司 2000 年至 2002 年 2767 个观察值的样本，他们发现为了补偿所承担的更高的风险与责任，无限责任的合伙制事务所更可能提高签发清洁审计报告的门槛，因此在报告过程中表现得更为谨慎。同时，如果客户公司将其有限责任公司制的事务所变更为合伙制事务所，更有可能获得非标准的审计报告。与原红旗、李海建（2003）的结论不同，Firth，Mo 和 Wong（2005）提供了中国资本市场上事务所采取合伙制组织形式有助于提高审计质量的证据。

2. 对于我国事务所“脱钩改制”的研究

事务所的“挂靠”体制在相当长的历史时期内，是具有中国特色的事务所产权安排和治理结构，而在 20 世纪 90 年代后期完成的“脱钩改制”改革，具有深远的影响，是我国经济转型在特定领域的一个缩影。刘峰、林彬（2000）、张立民、唐松华（2008）对事务所“挂靠”体制及“脱钩改制”的性质进行了深入的理论分析，而 Yang 等（2001），Gul、Sami 和 Zhou（2009）则对“脱钩改制”（disaffiliation program）对中国资本市场审计质量的影响进行了实证研究。

刘峰、林彬（2000）指出，在我国 20 世纪八九十年代的资本市场上，会计服务市场主要是因为政府干预所形成的，不存在对于会计服务大量、有效的需求，在这种情况下，“挂靠”体制是一种“有效”的选择。他们同时认为，“脱钩”只能由政府部门强制执行，它只是为会计服务市场的改进提供了可能条件，真正改进会计师事务所执业行为的驱动力来自两个方面：一是市场对高质量会计服务的需求，二是会计师事务所的法律风险。张立民、唐松华（2008）则认为，1999 年完成的事务所“脱钩改制”事实上是一个公有产权私有化的过程，而“脱钩改制”完成之后，事务所就进入了一个内部产权重新调整的时期，事务所内部治理建设体现了产权重新调整的内在要求。

Yang 等人（2001）假设“脱钩”后的会计师事务所面临的市

场风险比仍“挂靠”的事务所更高，因此将会表现得更加独立。他们发现非标准审计意见的数量和比例在1997年以后急剧增加，并将这一现象归因于“脱钩改制”。Yang等人（2001）提供的证据主要是描述性的，Gul、Sami和Zhou（2009）的研究则更加深入和全面。他们发现，当事务所“脱钩”以后，其上市公司客户收到非标准审计意见的概率显著上升，而非核心经营性收益（non-core operating earnings）则显著下降，显示出脱钩后的事务所审计质量显著提高。同时，那些并未挂靠于政府部门的事务所在1997年以后的审计质量也有了显著提升，Gul、Sami和Zhou（2009）将其归结为与“脱钩”改革相伴的更严厉的政府监管。他们还发现，对于小规模的会计师事务所，以出具非标准意见的可能性来衡量的审计质量提高更为显著，但对于利用非核心经营性收益衡量的审计质量而言，事务所规模并没有显著影响。

3. 事务所客户资源控制权归属及其影响

客户资源是企业的一项重要无形资产，吸引并保持客户资源的能力是企业生存和发展的关键，对于会计师事务所而言亦是如此。相对于普通企业而言，会计师事务所的合伙性质导致了客户资源归属的特殊问题。对于普通企业特别是拥有强势品牌的企业，客户资源主要是企业的资产，而非员工个人的资产。在会计师事务所中，由于与客户的接洽、沟通和服务的提供均由项目合伙人直接负责，客户与合伙人之间会形成较为密切的关系，导致客户资源有可能归属于合伙人个人，其典型表现就是一旦合伙人离开事务所，他或她所负责的客户也会随之而流失。显然，如果客户资源完全归属于合伙人个人，会计师事务所就会变成合伙人之间松散的、不稳定的联合，事务所规模的扩大就并不必然会导致独立性的提高。因此，客户资源归属问题是事务所内部治理的一个重要方面，在我国当前的制度背景下尤其重要。

关于我国会计师事务所客户资源的归属问题，已出现了若干重要研究成果。刘峰、张立民、雷科罗（2002）对中天勤会计师事务所原来的63家客户流向进行统计后发现，有21家（38%）客户跟随签字注册会计师更换了事务所。他们的发现显示出合伙人个人对于客户资源拥有很强的控制力。他们认为，以上研究发现表明我国事务所规模与独立性之间没有必然联系。谭燕（2006）认为，我国会计师事务所资源控制权的个人化实际上是市场环境和内部治理诱发的结果，审计市场供求关系的失衡是导致客户资源控制权个人化的决定性因素。类似签字注册会计师强制轮换这样的监管政策，虽然有可能切断上市公司与审计师个人之间的利益联系，但如果完全依赖对于市场供求关系的单边治理（即对作为供方的会计师事务所的监管），其结果可能收效甚微，因为注册会计师可以通过私下交易，例如互签审计报告而规避监管政策。谭燕（2006）认为，事务所资源控制权个人化而导致的控制权收益，是我国会计师事务所合并的主要障碍。王少飞等人（2010）利用1993年至2004年121家发生审计师变更的上市公司样本[①]，检验了盈余管理、事务所客户资源控制权的归属与审计质量的关系。通过对比签字注册会计师离开事务所并带走客户的公司与签字注册会计师离开事务所但没有带走客户的公司后，发现在签字注册会计师“跳槽”之前，公司的盈余管理越强，越会跟随注册会计师到新的事务所，这表明客户资源的控制权归签字注册会计师而非事务所所有。同时他们还发现，这类公司在审计师变更前的审计质量更差。上述研究均表明，在我国相当多的事务所中，项目合伙人而不是会计师事务所掌握着客户资源控制权，且这种情况不利于审计质量的提高。

---

① 其中，签字注册会计师离开事务所并带走客户的公司共55家，而签字注册会计师离开事务所但没有带走客户的公司共66家。作者认为，如果签字注册会计师离开事务所时能够带走客户，这表明客户资源的控制权归签字注册会计师个人所有，而非事务所所有。

4. 事务所合并中的内部治理问题

合并或收购是会计师事务所在短期内迅速扩大规模的常用手段，但合并在扩大事务所规模的同时并不必然带来事务所竞争力的提升。不仅如此，如果合并各方不能进行有效的整合，由此带来的利益冲突或内部摩擦完全有可能抵消甚至超过合并的潜在收益。会计师事务所合并将会导致特殊的内部治理问题，例如，如何协调参与合并各方的利益，使合并后的事务所在各方面实现实质性的统一等。对于会计师事务所合并中内部治理问题的研究，既具有重要的理论意义，又具有重要的政策含义。从理论角度来看，它提供了检验事务所规模与审计质量关系的外生条件，提醒研究者重视事务所规模扩大的途径及其影响。从实务角度来看，它提醒政府主管部门和会计师事务所重视合并风险以及如何通过内部整合获得预期的协同效应，而不是片面追求合并导致的规模扩大的效果。

吴溪（2006）通过中天勤合并案例，考察了会计师事务所在合并上规模过程中的两个重要问题：合并各方的风险匹配与合并后的质量控制与整合。吴溪（2006）的分析结果显示：在合并形成中天勤之前，深圳中天的上市公司客户群风险比天勤客户群更高，质量控制状况（采用签字注册会计师的签字集中度衡量）比天勤更加薄弱；在合并后，合并双方的质量控制指标差距进一步拉大，且未观察到合并双方进行适当的质量控制与整合。吴溪（2006）认为，中天勤合并双方合并前风险不匹配与合并后的整合缺陷，抵消了合并的预期积极作用，因而从内因角度为中天勤合并后的迅速崩溃提供了一种解释。

王英姿、陈信元（2004）对安永大华合并前后客户构成的变化进行了案例分析，发现安永大华合并后的上市公司客户数量大规模减少。他们认为，事务所出具不清洁审计意见、控股股东或高层管理人员变更、公司财务状况恶化、行业竞争、原签字注册会计师跳槽、异地审计都可能是导致安永大华合并之后客户变更事务所的原因。Chen、Su 和 Wu（2010）对安永和大华的合并案例进行了更加深入的研究。他们指出，大华会计师事务所在与安永会计师事务所合并后的2002 年至2004 年，其上市公司客户由合并时的46 家锐减至 16 家。传闻证据（anecdotal evidence）将大华客户的大量流失要么归结为合并后两家事务所缺乏管理与文化上的融合，要么归结为中国资本市场缺乏对于高质量审计的需求。Chen、Su 和 Wu（2010）的研究发现，对于2002 年的客户流失现象，可以用客户结构特征、合并后客户组合管理、客户与审计师在会计处理上的摩擦等一般因素来解释，而 2004 年的客户流失则无法用这些原因来解释。他们进行时间序列分析之后，发现 2004 年的客户流失有可能是因为这些客户为了在会计处理上获得更大的操控空间，在大华的某些合伙人跳槽到地方事务所之后，追随他们而变更了会计师事务所。通过半结构化的主题访谈（semi-structured focused interviews），他们发现 2004 年流失的客户认为合并后的安永大华过于谨慎且难以满足客户的要求。总而言之，Chen、Su 和 Wu（2010）认为，安永大华的客户之所以弃四大而就本土事务所，主要是为了获得会计处理上更大的操纵空间。Chen、Su 和 Wu（2010）的研究提供了在中国特殊的制度背景之下，国际四大合并本土事务所遭遇的治理困境，即审计质量的提高不仅不能转化为市场份额的上升，反而会导致劣币驱逐良币，其发现与 DeFond、Wong 和 Li（2000）是一致的。

Chan 和 Wu（2011）认为，会计师事务所合并是否能够提高审计质量要看合并是否会导致汇总“准租金”（quasi rent）显著上升。他们搜集了中国审计市场上 1999 年到2006 年的59 起会计师事务所合并案例，并将其区分为两类，一类是 21 起发生在均拥有证券业务资格的事务所之间的合并（以下简称第一类合并），另一类是38起发生在一家拥有证券业务资格的事务所和其他无此资格的事务所之间（以下简称第二类合并）。由于无证券资格的会计师事务所只能审计非上市公司，其面临的监管和处罚力度非常弱，同时由于审计师变更的成本，其非上市公司客户即使在违规行为被发现时往往也不会选择更换事务所。因此，Chan 和 Wu（2011）认为，第二类合并不能导致汇总准租金金额的显著上升。利用签发非标准审计意见的频率作为审计质量的替代变量并运用“双重差分”（difference-in-differences）研究方法，Chan 和 Wu（2011）发现只有第一类合并能够提高审计质量，并且审计质量提高的程度与汇总准租金变化的幅度正相关。Chan 和 Wu（2011）的研究结论似乎意味着，证券业务资格的有无对于合并的社会效益有着重要的影响，必要的外部监管有助于提高合并的社会效益。

5. 对于事务所内部治理相关实务问题的探讨

会计师事务所内部治理是一个与实务密切相关的话题。针对这一话题，除了上述学术研究成果，还产生了由学者、实务界人士贡献的大量经验总结、心得体会与实务探讨。学术研究成果侧重于回答是什么和为什么的问题，而实务探讨型文献则主要关注如何去做的问题。在大量实务探讨型文献中，由中国注册会计师协会编辑部汇集《中国注册会计师》1999年第1期至2006年第8期上发表的与事务所治理有关的62篇文献并已结集出版的《会计师事务所内部治理》（以下简称论文集），是其中具有代表性的成果，基本上反映了近十年学术界和实务界在事务所治理研究方面关注的主要问题和有代表性的观点。论文集共分为经验与认识、股权结构与分配关系、人力资源管理、绩效考核与激励机制、合伙文化五大板块。其中不乏既有理论深度，又极具现实指导意义的力作。

论文集为笔者对事务所治理开展深入的理论研究提供了重要的经验素材，来自各界专家的真知灼见也为笔者提供了思想的火花。

在这些论文中，中山大学张立民教授对于事务所内部治理目标、思路和核心问题的基本看法（张立民，2006），对于事务所股权结构安排的探讨（张立民，2004）；上海交通大学胡奕明教授对于“志同道合”合伙理念、合伙人贡献的衡量、合伙人分工与组织架构、合伙人的进入与退出机制等关键问题的研究（胡奕明，2005a），对于事务所权益性质、事务所分配原则与基础、资合权益与人合权益的差异、有限责任公司制与合伙制的比较、国际所与国内所分配模式的比较等问题的探讨（胡奕明，2004a），对于国际会计师事务所战略选择、成本战略、客户战略、业务质量和风险控制战略、人才战略等与绩效评价的关系所进行的分析（胡奕明，2005b），对于会计师事务所绩效评价指标、评价过程等问题进行的述评（胡奕明，2004b），对于事务所合伙文化的调研结果（胡奕明，2006）等；厦门大学常勋教授对于事务所绩效考核的一般原则、考核指标体系的设计与评价标准的制订、分级考核指标体系可能涵盖的范围、以绩效考核为基础的激励机制等问题的深入分析（常勋，2006）等，尤其值得我们关注。

（二）国内研究现状的评价

根据掌握的文献资料，笔者认为，中国会计师事务所内部治理研究已得到了学术界和实务界的广泛重视，在事务所合伙制与法律组织形式、事务所“脱钩改制”、事务所客户资源控制权归属及其影响、事务所合并中的内部治理问题等领域，业已形成不少重要研究成果。然而，国内的相关研究存在与国外相关研究类似的局限性，例如缺乏对于概念的良好界定和理论分析框架等。同时，国内的相关研究与国外相比，还存在一定的差距，主要体现在：第一，关于会计师事务所内部治理的国内研究，所涵盖的领域还不够全面，一些重要的研究领域，例如合伙人利润分享规则、总分所管理模式、事务所绩效评价与晋升机制、师徒制等，在国内还缺乏严谨、规范的学术研究；第二，国内的相关研究在研究方法上还相对单一，分析模型、案例研究、实验研究、大样本统计分析等在国外广泛使用的研究方法，在国内的应用还不够普遍；第三，国内相关研究在理论上往往开掘不深，研究视角还不够多样化，研究成果尚不够丰富，在理论上有明显创新与贡献的力作尚不多见。

四　总结与评价

本章对会计师事务所内部治理的国内外研究现状进行了回顾和评价。从国外的现状来看，会计师事务所内部治理问题长期以来一直得到不少学者的重视和关注，相关的研究成果涵盖了内部治理的各个领域和层面，尤其是事务所的合伙制治理形式、事务所的所有权结构、合伙人利润分享规则、事务所网络与一体化管理、风险管理与质量控制、知识管理等。从国内的现状来看，学术界对于会计师事务所内部治理问题的研究具有明显的政策导向特征，在事务所合伙制与法律组织形式、事务所“脱钩改制”、事务所客户资源控制权归属及其影响、事务所合并中的内部治理等方面形成了不少重要研究成果。总体而言，会计师事务所内部治理是一个已经产生丰富研究成果但仍有待于进一步开掘的研究领域。

国内外有关会计师事务所内部治理的研究还存在着如下局限性。首先，基本理论的研究较为薄弱，缺乏对于相关概念的良好界定以及适用的理论分析框架，制约了研究的深入开展。其次，相关的研究较为零散，缺乏系统性，研究主线和重点不够明确，一些重要的课题尚未得到深入的研究。再次，受制于公开可获得数据的匮乏，研究成本较高，制约了学者的研究兴趣，同时由于难以执行大样本的统计研究，相关论文难以发表在顶级学术期刊之上。最后，对于中国等经济转型国家的会计师事务所内部治理问题的研究还不够深入，特殊的政府与事务所关系、缺乏高质量审计需求的资本市场等制度背景对会计师事务所内部治理有何影响等问题还没有产生高质量的研究成果。本书力图在一定程度上克服现有研究的局限性，填补其中的空白。

第二章

会计师事务所内部治理基本理论问题研究

一 引言

会计师事务所的内部治理问题已引起监管者、行业内人士及其他利益相关者的广泛关注。欧盟的立法者已强制要求负责上市公司审计的会计师事务所公布年度透明度报告，而美国的上市公司会计监管委员会（PCAOB）也已将会计师事务所的内部治理状况作为履行其监管职能时重要的考虑因素。行业自律组织，例如英格兰与威尔士特许会计师公会（ICAEW）、中国注册会计师协会等，也已发布会计师事务所内部治理方面的准则或指南。一些原本只适合于上市公司的治理安排，例如引入独立非执行董事，也开始被安永等国际会计师事务所采纳。因此，会计师事务所内部治理领域正在发生深刻的变革。

会计师事务所是一类特殊的专业服务企业，对于其内部治理结构的研究，不仅有助于我们深入理解审计等专业服务的生产过程，理解审计质量的微观基础，而且对于知识社会（彼得·德鲁克，

2003a，第 52—72 页）中“新型企业”（new enterprise）[①]（Rajan 和 Zingales，2000）治理问题的研究具有重要的理论价值。然而，虽然会计师事务所作为合伙制企业的典型代表，在企业理论的经典文献中经常被提到（例如，Alchian 和 Demsetz，1972；Fama 和 Jensen，1983a；Fama 和 Jensen，1983b 等），但这些文献只是在讨论企业的所有权与法人治理结构、内部控制与监督、所有权与经营权相分离等问题时将会计师事务所作为一个例子附带加以讨论（朱小平、叶友，2003）。对于会计师事务所内部治理的基本理论问题，目前只有少数文献对其进行深入的学术探讨（Laurence，1999；朱小平、叶友，2003；余玉苗、陈波，2002 等），显示出学术界对于这一具有重要价值议题的忽视。

本章第二部分深入分析了会计师事务所的性质和特征，这构成了我们理解事务所内部治理安排的基础；第三部分以代理理论、产权理论、利益相关者理论和知识理论为基础，分析了会计师事务所内部治理的目标；第四部分探讨了事务所内部治理的基本安排，包括剩余索取权的安排和剩余控制权的安排；第五部分总结了前文并进行了进一步的讨论。

二　会计师事务所的性质、特征与成因

（一）会计师事务所的性质与特征

对于会计师事务所性质与特征的理解是研究其内部治理的基本前提。作为一类特殊的专业服务企业，会计师事务所不仅与一般的工商企业存在显著区别，与律师事务所等专业服务企业也有明显不

① 即与传统企业相区别的，作为创新源泉的人力资本，其重要性超过实物资产的企业。

同。本书将会计师事务所定义为以注册会计师为主体的专业人士相互合作以提供审计等专业服务的组织，其特殊性源于审计这一专业服务的特殊性，同时表现在资产、生产过程、组织与管理等各方面。

1. 业务特征

会计师事务所的主要产品是审计服务。审计作为一种信息产品，其主要功能是鉴证，即为其他信息提供可信性，是人们获得可靠信息、降低信息风险的主要途径（Arens 等，2006，pp. 9 – 11），是保证合约履行的重要监督机制（Jensen 和 Meckling，1976；Watts 和 Zimmerman，1986，p. 311）。既然审计师为信息（特别是财务报表信息）提供可信性，他们必须首先获得信息需求者的高度信任，而这只有当人们相信审计师发现并报告违约行为的概率不等于零的情况下才有可能（Watts 和 Zimmerman，1986，pp. 312 – 313）。高质量的审计要求审计师兼具专业胜任能力（competence）和独立性（independence），对于独立性的要求使审计具有一种近乎司法的功能，而会计师事务所则成为“服务于公共利益的私人企业”（Brown，2007），这对于其他营利性行业是罕见的。享有独立性的声誉是会计师事务所成功的关键，而丧失独立性是会计师事务所失败的根源。会计师事务所内部治理需要解决的两难问题就是如何在维持相对于客户的独立性，取信于社会公众的同时，还能够赢得更多的客户，以保证事务所的经济效益。

虽然审计是在没有政府管制的情况下基于市场需求自发产生的（Watts 和 Zimmerman，1983），但如果没有政府管制，同时市场本身又缺乏有效性，很难想象对于审计的广泛、稳定需求能够产生，而审计的质量又能够得到有效的保障。由于审计的质量难以观察、计量和验证，因而是一种基于信任的产品（credence goods）（陈波，2009，第 35—38 页），同时审计作为一种信息产品又影响到广泛的社会公众利益，相关的法律责任安排对于审计师而言较为严苛，而来自政府、行业协会和独立机构的监管也甚为严格①。这些因素导致审计成为一个高风险的行业，同时促使会计师事务所内部治理机制与市场约束、法律责任安排、行业自律、政府监管等外部治理机制形成了复杂的互动关系。例如，会计师事务所及其注册会计师一般是行业协会的成员，行业协会通过制定并执行审计准则、职业道德准则及质量控制准则等，发挥着重要的外部治理功能，与事务所的内部治理形成了既相互补充又相互替代的关系。

2. 资产特征

与其他专业服务企业类似，对于会计师事务所而言最有价值的资产不是其货币或实物资本，或者说其竞争能力主要不是取决于其货币或实物资本的雄厚程度。由于现代会计计量与报告的局限性，人力资本、客户资源、品牌等无形资产在正常情况下无法在资产负债表中得到反映。因此，如果仅仅阅读会计师事务所的资产负债表，人们很有可能被误导，因为资产负债表所反映出来的事务所实力的差异，可能远不如实际情况那么大。Laurence（1999）认为，会计师事务所的主要资产是人力资本和品牌，这是一个富有洞察力的见解。

人力资本是审计服务最主要的生产要素，它不仅决定着注册会计师是否能够洞察客户的财务信息，作出正确的专业判断，还影响着客户关系的建立和维持以及专业团队的工作效率，因此是会计师事务所最主要的资产之一。人力资本的数量和质量，直接影响甚至决定着会计师事务所的竞争能力和绩效。人力资本具有与非人力资本截然不同的特殊性，而其特殊性首先表现在人力资本与其所有者

---

① 各国的注册会计师行业均有自己的协会，而行业协会的根本职能之一就是行业自律。在2002年以后，美国和英国的注册会计师行业监管制度均转向以独立监管为主的体制，美国负责上市公司审计的会计师事务所主要接受公众公司会计监管委员会（PCAOB）的监管，而英国则由财务报告理事会（FRC）负责。

不可分离，或者说人力资本的所有权天然属于个人，而且是活生生的个人（周其仁，1996）。人力资本无法转让，难以“抵押”，因此其承担风险的能力不如非人力资本。同时，人力资本的数量与质量难以直接观察，亦缺乏简单可靠的信号显示手段。另外，人力资本并非与生俱来、一成不变，它可以通过教育、培训和“干中学”（learning by doing）来获得，有价值的人力资本需要花费大量的直接或间接成本才能获得，对于个人而言，它是一种投资行为。如同投资于股票等资产一样，投资于人力资本同样是有风险的。由于缺乏保险、组合投资等适合于非人力资本的风险分散或转移途径，人力资本投资的风险可能更大。根据其性质，人力资本可以划分为通用性（general purpose）人力资本和专用性（specific）人力资本（Laurence，1999）[①]，影响组织竞争能力和绩效的关键因素往往不是通用性人力资本，而是专用性人力资本，但由于专用性人力资本投资风险大大高于通用性人力资本，人们投资于专用性人力资本的积极性往往不足。人力资本的上述特性，是理解会计师事务所的产生原因及其内部治理结构设计基本原则的关键因素之一。

会计师事务所另外一项主要资产是其品牌资产。事务所的品牌资产主要表现在能够将其产品或服务与竞争者有效区别开来的事务所名称之上，其价值建立在事务所声誉（reputation）的基础之上。由于事务所提供的审计等专业服务具有质量难以衡量的特点，事务所通过对于声誉的投资[②]，建立起能够被消费者高度认可的品牌，就可以获得进行信号显示的有效手段，进而得到溢价收入或者说

---

① 通用性人力资本是具有广泛用途的人力资本，专用性人力资本则只适合于特定的企业或雇主。离开了某企业或雇佣关系，通用性人力资本的价值不会下降，而专用性人力资本则会大大贬值甚至一文不值。

② 主要体现在声誉确立之前，企业提供高质量的产品或服务，但只能按照市场的平均质量水平为产品定价，从而承受亏损，而声誉确立之后，则可以获取溢价，补偿对于声誉的投资（Sharpiro，1983）。

“准租金”（quasi-rents）。品牌的建立异常困难，对于会计师事务所而言尤其如此，因为事务所不仅需要证明其专业能力，还要证明其具有独立性。然而，品牌的价值又容易受到损害，事务所任何成员的不当行为，都有可能削弱事务所整体的品牌价值，因为消费者会将对于事务所某个成员个人行为的负面评价，延伸到使用同一品牌的所有成员之上。品牌的这一特性使它已成为事务所提供高质量服务的担保品，事务所及其成员均有动力进行自我约束与相互监督，确保品牌的价值不受损害，使其成为“准租金”的稳定源泉。

对于事务所而言，品牌不仅是一项价值巨大的无形资产，而且是内部治理的重要工具。与人力资本的不可分离性不同，事务所品牌资产可以让渡甚至出售，凡是加入事务所的从业人员，均可以从品牌资产中获得益处。拥有知名品牌的会计师事务所，实际上获得了一种对于进入特权（privileged access）（Rajan 和 Zingales，2000）的控制权[①]，它使想加入事务所并从其品牌资产中持续获益的专业人士，自愿接受事务所的约束与控制，包括进行事务所亟需的专用性人力资本的投资。品牌资产与人力资本具有高度的互补性（complementarity）（Laurence，1999），即增加一项资产将会提高另一项资产的边际盈利能力。例如，注册会计师深入研究特定行业并成为行业专家，其人力资本特别是专用性人力资本得以增加，而事务所对于特定行业中客户的服务质量也得以改进，这显然有助于事务所声誉和品牌价值的提升；声誉和品牌价值的提升，又增加了事务所拥有的进入特权的价值，进而增强了注册会计师通过专用性人力资本投资维系与事务所关系的动机。总而言之，品牌资产的价值与特征，包括其与人力资本的互补关系，是理解事务所内部治理结构的一个关键因素。

---

① 即通过允许或剥夺对于关键资源的使用权而获得的对于人力资本的控制权。

3. 生产特征

由于审计这一服务的特殊性，会计师事务所内部的生产活动是一个受到强烈外部干预的过程。从投入的角度来看，审计项目的负责人和项目组的主要成员必须是受过良好教育、具有一定经验并通过考试取得执业资格的注册会计师，政府主管部门或行业自律组织在此方面实施着非常严格的准入控制。从生产过程来看，审计等专业服务的提供必须遵循权威机构颁布的业务准则、质量控制准则和职业道德准则。从结果的角度来看，业务质量必须经过内部的多层次复核，在特定情况下还会接受行业协会的同业互查（peer review）和监管机构的质量检查（quality inspection）。除此之外，审计的生产过程还受到审计定价、审计师任期、非审计服务提供等方面监管规定的重要影响。显而易见的是，审计质量是外部监管的重心和主线，无论是从满足监管要求的角度，还是从事务所长远发展的角度，质量控制均应该成为事务所内部治理需要解决的核心问题。

会计师事务所提供的绝大多数专业服务，需要多个专业人士进行合作才能完成。从这个角度来看，事务所的生产活动是一种典型的团队生产（team production）。团队生产面临的一大困境是难以确定团队成员对于最终产品的边际贡献并在此基础上确定其报酬，同时由于监督成本的存在，团队成员将会有很强的“偷懒”（shirking）动机，这将降低团队的生产力和合作的价值（Alchian 和 Demsetz，1972）。Holmtrom（1982）指出，在多个代理人（multi-agent）的团队中，作为道德风险（moral hazards）的一种典型表现，封闭的合伙制企业中的“搭便车”（free riding）问题比在所有者和劳动者分离的资本型企业（capitalistic firms）中的类似问题更为严重。这意味着，传统上采用合伙制形式的会计师事务所，更需要解决团队生产中的“偷懒”问题或“搭便车”问题。

审计项目组是会计师事务所的基本业务单元，其团队生产的性质和特征，包含了会计师事务所内部治理需要解决的若干基本矛盾。分工是合作的前提，审计项目的团队生产同时包含了横向的分工和纵向的分工，横向的分工是指不同的项目组成员分别完成不同业务循环和相关报表项目的审计，纵向的分工是项目组中肩负管理职能的项目合伙人和项目经理一般重点负责审计项目的计划、审计结果的复核和审计报告的出具，而其他项目组成员则主要负责审计计划的执行和具体的审计测试。不同项目组成员的工作相互关联，同时也具有较大的相对独立性，他们虽然大部分时间在一起工作，但由于智力劳动的特点，某个成员对于工作的投入情况和完成情况，即使是其他成员，也未必能够很方便地观察到，当然也难以准确地加以评价。事后的复核，能够在一定程度上揭示某个项目组成员的工作成效，但由于监督成本的存在以及事后监督存在的其他固有局限性，项目组成员“偷懒”、弄虚作假等机会主义行为以及判断的失误，并不能以足够高的概率被发现，而一旦项目组成员出现上述不当行为，就会影响到那些基于他们的工作而得出的结论，严重时甚至会导致整个项目出现审计失败。考虑到审计项目中大量的基础性工作是由经验不够丰富、能力有待提升的助理审计人员完成的，情况就更不容乐观，如果不能对其工作进行有效的督导，审计质量的基础就会被侵蚀。以上分析表明，事务所需要制定复杂、有效的质量控制系统以约束项目组成员的机会主义行为，促进他们之间的有效合作。事务所内部治理结构的安排，除了要制定督导、咨询、复核等质量控制措施，更重要的是要通过激励机制的设计，使事务所成员自愿约束其机会主义行为，同时保证质量控制措施切实得到执行。

4. 组织与管理特征

会计师事务所是一种组织结构上具有鲜明特征的企业。第一，由于专业服务工作的特点，会计师事务所中即使级别较低的员工，也对自己负责的事务具有较大的自主决策权，大型会计师事务所分布于不同城市的业务分部，也通常处于“半自主”（semi-autonomous）的状态（Ferguson 等，2003；Choi 等，2010），这说明会计师事务所是分权程度很高的组织。第二，事务所中虽然也有职位级别的差异，而且最低级别和最高级别之间职位层次的多寡较之一般工商企业并无显著差异。然而，事务所由于决策权的分散化以及项目团队的工作形式，并不具备典型“层级制”（hierarchies）企业的特点，组织的正规化（formalization）程度较低。第三，会计师事务所的组织结构是一种典型的有机式组织（organic organization）（罗宾斯和库尔特，中译本，第 274 页）它广泛采用基于团队的结构、矩阵型结构和项目型结构，能够根据环境、客户和业务的变化进行灵活调整，当然这也导致会计师事务所的组织结构不够稳定，员工可能经常需要变换工作地点和工作内容。

会计师事务所在管理上也颇具特色。第一，在会计师事务所中不存在股东与经理的分离，合伙人集所有者、管理者、劳动者和技术人员的身份于一身（漆江娜，2004），事务所中通常不存在独立的职业经理人阶层，或者即使有，也属于少数派，这导致会计师事务所，尤其是中小会计师事务所，其管理的专业化程度相对较低。第二，决策权的分散化导致命令、指挥式的管理方法和专断式的管理风格不适合会计师事务所，会计师事务所宜于采取民主、平等、协商、凝聚共识的决策方式（Greenwood 等，1990）。第三，鉴于人力资本对于会计师事务所的重要性，包括招聘、培训、工作分派、绩效评价、薪酬和晋升等工作在内的人力资源管理，在事务所管理中处于中心位置。第四，由于审计质量是会计师事务所的生命线，围绕审计质量的内部控制和风险管理，在会计师事务所管理中占据着突出的战略地位。

（二）会计师事务所的成因

本可独自执业的注册会计师，为何要联合起来组成会计师事务所？关于会计师事务所成因的探索，有助于我们深入理解事务所内部治理的目标和基本原则。Coase（1937）早已指出，市场的运行是有成本的，通过形成一个组织，并允许某个权威（一个“企业家”）来支配资源，就能节约某些市场运行成本。在 Coase（1937）看来，企业的显著特征就是作为价格机制的替代物，是一种节约市场交易费用的机制。Coase（1937）的论述为解释会计师事务所这一特殊企业的起源提供了抽象的、一般的理论指导，但我们还需要运用其他理论分析工具，在会计师事务所特征分析的基础上，对会计师事务所的成因提供更为具体、更具说服力的理论解释。

1. 会计师事务所成因的传统经济学解释

能够单独执业的注册会计师选择组成会计师事务所，是因为在会计师事务所之中，他可以获得比单独执业更大的经济利益或者效用。从传统经济学的角度来看，加入或组成会计师事务所对于单个注册会计师而言，能够获得规模经济（economics of scale）或范围经济（economics of scopc）的益处。

从规模经济的角度来看，会计师事务所能够获得相对于单独执业注册会计师的成本优势。这种成本优势主要来源于：第一，多个注册会计师可以分摊某些固定成本，例如，办公场所的租金、电脑等办公设备的购置费用、助理审计人员的薪酬和培训费用等，这些固定成本的分摊有助于降低单个业务项目的成本；第二，会计师事务所可以通过设置专业化的管理部门，例如人力资源管理部门、财务部门等，来降低业务支持活动的运行成本；第三，多个注册会计师合作完成业务项目，可以获得分工和专业化的优势，提高工作效率，降低单位成本；第四，会计师事务所能够使单个注册会计师在相同的时间内负责或参与更多的业务项目，积累更多的知识和经验，更快地提高专业技能，从而带来有利的学习曲线（learning curve）效应[①]；第五，会计师事务所便利了不同注册会计师知识和经验的分享，可以更快地提升每个注册会计师人力资本的数量和质量，带来效率和成本上的优势，而这在各个注册会计师单独执业并成为竞争者的情况下显然不可能。

从范围经济的角度来看，会计师事务所使得注册会计师能够以更低的成本提供多种相关的专业服务。Simunic（1984）指出，在会计师事务所提供的审计服务与咨询服务之间存在着一种“知识外溢”（knowledge spillover）效应。例如，注册会计师在审计服务中获取的客户信息，有助于他以更低的成本向客户提供咨询服务，从咨询业务中获得的客户信息，也有助于他以更低的成本向客户提供审计服务[②]。显然，这无论是对于事务所，还是对于客户，都能获得成本节约的益处。类似的知识外溢效应，不仅仅存在于审计服务与咨询服务之间，还存在于审计服务和其他非审计服务之间。如果多个注册会计师组成会计师事务所，他们显然可以相互合作以更好地利用由于知识外溢效应而带来的范围经济，包括更好地开发和满足客户的潜在需求，创造更多的业务机会。如果注册会计师单独执业而不是组成会计师事务所，当他试图向审计客户同时提供咨询服务而时间、人力等资源不允许时，通常只能放弃提供咨询服务的机会。

---

① 例如，一个注册会计师完成一个项目需要三个月，三个注册会计师完成该业务项目只需要一个月，如果三个注册会计师各有一个业务项目，他们组成事务所并合作完成每一个业务项目，在三个月之内他们每人均可参与三个业务项目，这显然有利于人力资本的积累和服务提供成本的下降。

② 2002 年美国国会通过的萨班斯—奥克斯利法案出于对同时向客户提供审计服务和咨询服务会损害审计质量的担忧，禁止会计师事务所向上市公司审计客户同时提供管理咨询等非审计服务。在美国，上市公司及其审计师在 2002 年以后均无法获取审计和咨询服务同时提供所带来的知识外溢效应。

即使不存在规模经济和范围经济效应，注册会计师也有成立会计师事务所的动机，因为大多数专业服务，特别是针对大型客户的专业服务项目，并非单个注册会计师可以胜任。显然，业务项目的承接和完成需要专业人士合作组成具有最低规模（minimum scale）的专业团队（Gilson 和 Mnookin，1985）。Gilson 和 Mnookin（1985）指出，规模经济、范围经济、最低规模和专业化等传统经济学理论在解释专业服务企业的成因上并不理想，因为它们很难解释清楚专业人士之间为何不签订临时的合作协议而要组成一家企业。笔者则认为，由于事前的订约成本以及事后机会主义行为导致的重新谈判成本（renegotiation cost），将会使专业人士之间的市场合约饱受逆向选择和道德风险（例如，"敲竹杠"问题，hold-up）的困扰，从而在事实上变得难以执行。对此，企业理论的经典文献早已有透彻的分析。然而，Gilson 和 Mnookin（1985）的观点又是具有启发意义的，传统的经济学理论由于没有考虑专业服务企业的特殊性质，在解释其起源上的确缺乏足够的说服力。

2. 基于专业服务特殊性的理论解释

笔者认为，审计等专业服务的特殊性是理解会计师事务所为何会产生的一把钥匙。单独执业的注册会计师除了无力承担大的业务项目之外，还面临着难以取信于客户和社会公众的困境。会计师事务所的成立，提供了建立声誉和品牌的有效途径，为单个注册会计师提供了分散人力资本风险的机制，同时满足了客户对于审计的保险价值的需求，因此成为注册会计师的理性选择。

审计师的声誉是其保持独立性的担保品（Watts 和 Zimmerman，1986，p315）。对于单个注册会计师而言，建立起提供高质量服务的声誉即使不是不可能，其成本也可能高到令人不可接受。单个注册会计师也许能够通过长期的诚信执业形成被市场所认可的声誉，但问题是在没有声誉之前市场可能根本不给他证明自己能力的机会。相对于注册会计师个人，会计师事务所在建立声誉和品牌上具有先天的优势。第一，会计师事务所集合了多个注册会计师的人力资本和非人力资本投资，即使它尚未创立知名的品牌，市场也更容易相信它具有提供高质量服务的动机，因为会计师事务所这一组织相当于一群注册会计师为他们的执业行为相互担保，它不仅为其成员的执业行为提供了更多的担保品，还提供了成员间相互监督（mutual monitoring）以提供高质量服务的可信动机。正如 DeAngelo（1981）分析的那样，由于首次审计的高成本投入，在后续审计中审计师可以获得“准租金”，准租金导致审计师对于客户具有经济依赖性，但当审计师有众多客户时，如果为了获得来自某一客户的准租金而屈从于客户压力，就有可能失去来自其他客户的准租金，来自其他客户的准租金实际上成为审计师在某次审计中保持独立的担保品。DeAngelo（1981）分析虽然用于证明事务所规模、声誉和审计质量的关系，但对于我们理解会计师事务所的成因与相对优势显然也是适用的。第二，会计师事务所提供了审计师质量的甄别机制（screening device）（Laurence，1999），这也有助于获取市场的信任，建立声誉和品牌。注册会计师的水平、能力和诚信状况，客户缺乏直接观察的机会，即使有这样的机会，他们由于缺乏专业知识，也难以作出准确的评价。在事务所建立和运作的过程中，注册会计师由于具备必需的专业知识，同时由于朝夕相处，能够更好地对合作伙伴的水平、能力和诚信状况进行观察和评价。因此，有效的选择是让客户选择会计师事务所，而由会计师事务所选择单个注册会计师（Laurence，1999）。第三，会计师事务所作为一个组织，有更多的传递质量信号的手段，这也有利于声誉和品牌的建立。例如，事务所可以通过采取法律上承担无限连带责任的合伙制组织形式，向市场传递审计师提供高质量服务并愿意为违背承诺付出高昂代价的信号。又如，事务所比单个注册会计师更有能力主动进行提升品牌价值的活动，包括运用监管机构和自律组织允许的营销手段[①]，向市场传递质量信号。

会计师事务所提供了注册会计师和其他专业人士分散人力资本投资风险的基本机制。Gilson 和 Mnookin（1985）借鉴金融学中的投资组合理论（portfolio theory），指出人力资本和资本资产（capital assets）一样，其风险也可以划分为系统性风险（systematic risk）和非系统风险（unsystematic risk）两种，前者是专业人士来自执业活动的收入随总体经济状况而变动的程度，后者则是执业收入由于专业人士的个人特征（例如，智力、健康状况）而变动的程度。资本资产的非系统风险可以通过组合投资而消除，而人力资本无论是系统性风险还是非系统风险，均缺乏有效的分散化途径，致使人力资本投资成为一种风险很高的活动，专用性人力资本的投资尤其如此。由于专业人士主要的资产就是其人力资本、如果不能解决人力资本投资风险分散的问题，就不可避免会导致人力资本，尤其是专用性人力资本投资不足的困境。例如，注册会计师可以专攻与特定行业相关的知识，成为行业专家，但其成为行业专家以后，收入却会受到该行业景气程度的重大影响，预期到这一点，风险厌恶的注册会计师就不会选择成为行业专家。又如，注册会计师可以深入了解某特定客户的环境和业务，开发出具有客户专用性的人力资本，但如果客户一旦解除业务委托，注册会计师针对特定客户开发的人力资本就会迅速贬值，预期到这一点，注册会计师就不会在与特定客户有关的知识和经验积累上花费大量的时间。如果多个注册会计师合作组成会计师事务所，他们的人力资本集合在一起，采取平均分配、基于资历（seniority-based）的分配方式等，人力资本投资的风险就有可能得到有效的分散。例如，甲注册会计师选择成

① 世界上许多国家都禁止会计师事务所采取商业广告等业务招揽形式。

为A行业的专家，乙注册会计师选择成为B行业的专家，A行业和B行业的景气程度正好相反，事务所赚取的利润由甲和乙平均分享，则甲和乙由于行业景气程度波动而带来的收入变动风险正好抵消，行业专门化投资的风险得以消除或控制。总而言之，会计师事务所可以为注册会计师提供分散人力资本投资风险的有效途径，促进注册会计师之间的专业化分工，激励具有行业、客户专用性的人力资本的开发，提升服务质量，获取溢价收入。

审计同时具有信息价值和期权价值（Dye，1993）。期权价值与审计起源的保险假说有关，即通过购买审计服务，不仅可以增强信息的可信度，而且投资者在由于信赖审计结果而遭受损失时，可以通过起诉审计师而获得赔偿，支付的审计费用在实质上成为一种保险费。会计师事务所之所以产生的一个重要原因，就是它能够比单个执业的注册会计师提供更高的审计期权价值，在事务所采取普通合伙制等无限责任形式时，这种期权价值表现得更为明显。为了尽可能减少被起诉的可能性以及被起诉之后可能的赔付，会计师事务所有很强的动力在内部建立严密的质量控制与风险管理体系，作为提供高质量服务的保障。越是规模大的事务所，审计业务潜在的期权价值就越大，它对于事务所中注册会计师行为的约束力就越强。笔者认为，这是解释会计师事务所起源的又一个重要的理论视角。

以上理论观点，不仅能解释会计师事务所为何会产生，还可以解释为何规模大的事务所具有更强的竞争优势和生存能力。当然，企业是有边界的，当节约的市场交易的边际成本与在企业内部组织交易的边际协调成本相等时（Coase，1937），企业将会达到最优的规模，规模再扩大，就会产生规模不经济（non-economy of scale）。在本书中，我们暂不对会计师事务所的边界问题进行探讨。

三　会计师事务所内部治理的目标

（一）基于代理理论的分析

在企业理论和公司治理的研究中，可以采取的理论视角和分析框架很多，如契约理论、代理理论、交易成本理论、产权理论、利益相关者理论、知识理论、资源理论等。根据会计师事务所的特征和笔者的研究兴趣，本书重点利用代理理论、产权理论、利益相关者理论和知识理论对会计师事务所内部治理的基本理论问题进行分析。

代理理论已被广泛地运用于会计学、经济学、金融学、营销学、政治科学、组织行为学与社会学的研究之中（Eisenhardt，1989）。在公司治理研究中，代理理论可以说提供了应用最为广泛的视角和工具。Shleifer 和 Vishny（1997）关于公司治理的经典述评，就直接采用了代理理论的视角。关于代理理论的起源和发展，Eisenhardt（1989）已作了全面的回顾，兹不赘述。同时，Eisenhardt（1989）还对代理理论的要点进行了出色的概括，参见表2—1。

表2—1　代理理论的要点

序号	项目	要点
1	关键观点	委托—代理关系需要反映信息和风险分担成本的有效安排
2	分析的单位	委托人和代理人之间的合约
3	关于人的假设	自利； 有限理性； 风险厌恶

续表

序号	项目	要点
4	关于组织的假设	组织成员之间存在目标冲突； 效率作为有效性的标准； 委托人和代理人之间的信息不对称
5	关于信息的假设	信息是一种可购买的商品
6	合约问题	代理问题（道德风险与逆向选择）； 风险分担
7	研究领域	委托人和代理人之间的关系，在这种关系中委托人和代理人的目标和风险偏好不完全相同。具体问题包括：薪酬、监管、领导、印象管理、举报（whistle-blowing）、纵向一体化、转移价格等

资料来源：Eisenhardt（1989）

当将代理理论应用于企业理论和公司治理的研究时，公司制企业或资本主义企业是主要的研究对象，其他性质和形式的企业受到的关注则相对较少。公司制企业的基本特征是所有权与控制权的分离，由此而形成的股东和经理之间的代理关系，是代理理论中最为经典的研究主题。然而，在会计师事务所这样的专业服务企业中，货币与实物资本并非主要的资产，通常意义上所有权与控制权的分离并不存在，公司制企业研究中得出的基本结论可能并不适合会计师事务所。Almer 等人（2000）指出，传统代理理论中的许多假设对于专业人士而言并不成立，在将传统代理理论应用于会计师事务所中必须作出必要的修正。例如，关于代理人厌恶工作和完全自利的假设与人们通常认为专业人士所具有的一些特征并不一致①。笔者则认为，会计师事务所中委托—代理关系的主体、代理成本（agency cost）的成因、最优合约的设计原则等，均不同于传统的公司

① 例如，专业人士需要具备诚信、客观、公正等职业道德，他们被要求优先考虑社会公众的利益。

制企业，需要我们结合会计师事务所的特征进行深入分析，并以此作为确立其内部治理目标和基本原则的基础。

在会计师事务所内部，委托—代理关系虽然仍然存在，但其主体和表现形式均具有特殊性。会计师事务所一般没有外部的股权投资者，控制权掌握在内部的专业人士手中，事务所合伙人兼具所有者和管理者的身份，外部股权投资者和内部管理层之间的委托代理关系在事务所中并不存在。会计师事务所的委托代理关系主要存在于合伙人相互之间以及合伙人与员工（包括各级经理和基层员工）之间。在会计师事务所中，合伙人的风险和收益不仅受个人执业行为的影响，还受到其他合伙人和员工行为的影响。事务所中的某个合伙人如果出现重大过失，事务所的声誉和品牌会因此而受损，其他合伙人的利益均会受到损害；在事务所采取普通合伙制的情况下，其他合伙人还会因此而承担连带责任。因此，合伙人彼此互为代理人（Burrows 和 Black，1998），当某个合伙人以事务所名义承接业务时，其他合伙人处于委托人的位置，而该合伙人处于代理人的位置。同时，在审计报告上签字并对审计意见负首要责任的是项目合伙人，而大部分审计工作又是由事务所员工组成的项目组完成的，如果某个项目组成员出现重大过失，并导致审计失败，最终承担责任的是项目合伙人和其他负有连带责任的合伙人。因此，在合伙人和员工之间，合伙人处于委托人的位置，员工处于代理人的位置。

在经典的委托代理模型中，委托人和代理人由于目标函数不完全一致，信息不对称，有限理性和机会主义等因素，其利益存在冲突，导致产生代理成本（agency cost）。信息不对称是导致代理成本产生的一个最重要的客观因素，它包括事前的信息不对称和事后的信息不对称，前者导致逆向选择，后者导致道德风险。在会计师事务所中，逆向选择和道德风险也是产生代理成本的主要原因。

事务所内部的逆向选择问题主要源自专业人士的品行、专业能力和价值观等无法直接观察或准确评价，导致事务所难以获得优质的人力资本或不得不在人力资本的开发上付出更大的成本，这在选择创建事务所的合作伙伴、在事务所内部晋升新的合伙人或者招聘新员工之时表现得尤为突出。例如，在招聘大学毕业生时，由于难以准确评价他们的专业能力，事务所只能按照反映平均专业能力的市场价格为新员工支付报酬[①]，专业能力强的大学毕业生可能由于对薪酬不满意而另谋高就，而愿意接受较低薪酬水平的，往往是专业能力较弱的毕业生。

与逆向选择问题相比，事务所中的道德风险问题似乎更为复杂和严重。Gilson 和 Mnookin（1985）指出了律师事务所合伙人的三种典型的道德风险表现形式：偷懒（shirking）、侵占（grabbing）和离开（leaving），分别用于反映合伙人未能承担合理的工作份额、合伙人要求获得超过预先商定份额的利润以及合伙人带着客户和业务离开事务所这三种机会主义行为。会计师事务所内部的道德风险表现为为了谋取私利而故意违约的各种行为，既包括违反执业准则、职业道德守则等公共合约的行为，也包括违反事务所章程、合伙人协议和内部规章等私人合约的行为。事务所内部道德风险的几种典型形式包括：第一，偷懒行为，即合伙人或员工在工作中“偷工减料”或敷衍了事，不按专业标准的要求执行必要的程序，或执行既定程序时没有尽到应有的职业关注；第二，“意见售卖”(opinion shopping)甚至与客户“合谋”的行为，即合伙人或员工未能保持相对于审计客户的独立性，为吸引或留住客户而签发对客户有利的审计意见类型，对客户的欺诈行为知情不报甚至代为隐瞒；第三，泄密行为，即合伙人或员工未能履行保密义务，导致客户商

---

① 就好比在二手车市场上，不知二手车真实质量的买主只愿意支付反映平均质量水平的市场价格（Akerlof，1970）一样。

业秘密泄露或利用客户的商业秘密牟取不当利益；第四，虚报工作量，即合伙人或员工有意多报工作时间，以增加个人的利润份额或薪酬[①]。事务所内部道德风险还有其他多种表现形式，其共同特点是追求个人私利，损害他人利益，追求短期利益，牺牲长远利益，其共同结果是事务所内部摩擦的加剧，管理成本的升高，绩效的下滑和执业风险的增大。

代理理论视角下的会计师事务所内部治理目标是协调委托人和代理人之间的利益冲突，降低事务所内部的代理成本。从代理理论的角度来看，解决逆向选择问题主要依靠信息传递、信息甄别等机制（张维迎，1996，第 401—402 页），解决道德风险问题则主要依靠设计最优的激励合约，在满足代理人参与约束（participation constraint）和激励相容约束（incentive compatibility constraint）的前提下实现委托人期望效用的最大化（张维迎，1996，第 418 页）。在解决逆向选择问题方面，事务所需要制定合理的人力资源政策，包括合理的绩效考评和晋升机制[②]。在解决道德风险方面，事务所需要通过剩余控制权和剩余索取权的安排，约束合伙人和员工的机会主义行为并实现激励相容。例如，为了解决偷懒问题，事务所需要建立相互监督的机制，包括合伙人对员工的督导机制，以及独立合伙人的复核机制。又如，为了约束合伙人片面追求业务量、忽视质量控制以提高个人收入的行为，一方面应重视质量控制政策执行情况的考核，另一方面应确定基于风险分担的合伙人薪酬政策，包括选择“大利润池”（large pool）利润分享安排（Trompeter，1994）等。

---

① 合伙人和员工也有可能低报工作量，参见第 46 页 AHH（2005）的研究结论。

② 由政府主管部门或行业协会组织的执业资格考试，为事务所解决逆向选择问题提供了重要的手段，因为通过注册会计师的全国考试并取得执业资格，可以作为专业能力的一个有效信号。

（二）基于产权理论的分析

产权（property rights）既是一个核心的法律概念，也是一个核心的经济学概念①。Achian（1967）甚至认为，经济学本质上就是研究稀缺资源产权的学科，经济学问题就是产权如何界定和交换的问题②。产权理论是经济学中公司治理研究的重要理论基础。科斯（Coase）、阿尔奇安（Alchian）、德姆塞茨（Demsetz）、张五常（Cheung）、诺斯（North）、巴泽尔（Barzel）等人的工作奠定了传统产权理论的基础，而 Grossman 和 Hart（1986）、Hart 和 Moore（1990）（他们的工作由于相互关联而被合称为 GHM 模型）的开创性工作则标志着传统产权理论向现代产权理论的转变（Kim 和 Mahoney，2005）。传统的产权理论关注产权形成和变化的历史与制度背景，而现代产权理论则强调运用高级数学工具建立所有权和激励结构的个性化模型（Kim 和 Mahoney，2005）。产权理论对于会计师事务所内部治理理论的研究具有重要的指导意义。

Demsetz（1967）提出了有关产权的一个重要观点，即产权的主要配置性功能是将受益或受损效应内在化，或者说将外部性（externality）内在化。这一点对于研究会计师事务所内部治理具有重要的启发意义。在会计师事务所的运营和注册会计师的执业活动中，存在着大量的正外部性和负外部性。正外部性的典型例子包括注册会计师个人对于声誉的投资行为，即注册会计师由于自身的专业能力和职业道德提升了事务所的声誉和品牌价值，其成本在很大

---

① 张维迎（1996b）认为，财产所有权与产权是等价的概念，指的是对给定财产的占有权、使用权、收益权和转让权，而企业所有权则指的是对企业的剩余索取权和剩余控制权。由于国际上主流的产权理论文献均未明确区分产权和企业所有权，我们认为产权是包含企业所有权的概念。

② ［美］艾瑞克·G. 菲吕博顿、［德］鲁道夫·瑞切特：《新制度经济学：一个交易费用分析范式》，姜建强、罗长远译，上海人民出版社 2006 年版，第 97 页。

程度上由注册会计师自身承担，但其效益却归事务所全体成员共同享有。负外部性的典型例子包括项目合伙人承接了风险过高的客户，其收益在很大程度上归项目合伙人个人享有，而其导致的成本，包括潜在的诉讼和声誉损失，却需要由全体合伙人共同承担。事务所的产权安排，必须解决由于正外部性而导致的投资不足行为以及由于负外部性而导致的过度投资行为。

从产权理论的角度来看，外部性的内在化涉及产权的重新界定与调整，在交易成本为正的情况下，它不仅会影响到财富的分配，还会影响到资源配置的效率（Coase，1960）。品牌资产是事务所的主要资产之一，其所有权归事务所全体成员共同拥有，事务所全体成员均可从品牌资产中获益。然而，品牌资产的培育需要合伙人和员工积极进行声誉投资，付出大量的成本，包括提升专业能力所需要付出的学习成本，深入了解客户环境和业务所需要付出的时间成本等。如前所述，声誉投资和品牌资产培育是具有很强正外部性的活动，这将导致合伙人和员工对相关活动投资不足。为了克服声誉投资和品牌资产培育中由于正外部性导致的搭便车行为，合伙人和员工授权一个中央管理机构来行使监督、考核、奖惩等剩余控制权，并履行某些带有公共服务性质的职能（例如集中培训），而这涉及产权，特别是人力资本产权在事务所内部的分割与重组[①]。例如，事务所全体合伙人可以授权合伙人管理委员会对合伙人的绩效进行考核，建立声誉投资和品牌培育情况与合伙人个人收入之间的关联，有助于解决合伙人对于声誉和品牌投资不足的问题。当然，计量成本和交易成本制约着旨在将外部性内部化的产权调整的可能性及其效果。

---

① Kim 和 Mahoney（2005）指出，在产权理论中，一个非常重要的理论观点是产权是由多个维度构成的权利束（bundles of property rights），它意味着对于同一资源的不同性质的权利可以分割开来并被不同的缔约方所拥有。巴泽尔（1997）也指出，不仅商品的所有权常常被分割，而且组织的所有权也可以被分割。

对于会计师事务所的另一项主要资产，即合伙人和员工的人力资本，产权安排也至关重要。人力资本是影响事务所竞争能力、绩效和稳定性的关键因素，但对于人力资本特别是专用性人力资本投资是一项高风险的活动。由于合约不完备（incomplete contract）而诱发的事后机会主义行为（*ex post* opportunism），使事务所中的专业人士在作出不可回收的专用性人力资本投资之后，面临被“敲竹杠”（hold-up）而难以获得预期回报的风险（Laurence，1999）。例如，事务所的某个新进员工被要求学习与特定行业、特定客户相关的知识和技能，但该员工在作出这些具有专用性的人力资本投资之后，如果不能获得晋升甚至被事务所解雇，他所付出的时间、精力和金钱就会付诸东流，预期到这一点，员工投资于通用性人力资本的动机将远大于投资于专用性人力资本的动机，事务所将面临专用性人力资本投资不足，竞争能力下降的风险。对于会计师事务所而言，为了提升员工的人力资本，进行有效的专业培训是非常必要的，而高水平的专业培训也是事务所吸引优秀大学毕业生前来就业的重要条件之一。然而，如果会计师事务所花费大量的成本对员工进行培训，员工在专业能力显著提升之后，却有可能离开事务所另谋高就，这将导致事务所无法获得对员工进行人力资本投资的预期收益，事务所将缺乏对员工进行有效培训，特别是有助于通用人力资本形成的培训的动机。如果没有适当的产权安排作为保障，使人力资本的投资者能够获取预期的收益，事务所将无法获得足够数量和质量的人力资本。

从产权理论的角度来看，会计师事务所内部治理的目标是降低人力资本特别是专用性人力资本投资的风险，保护人力资本的产权。Blair（1999）探讨了企业专用性人力资本引发的合约问题，并指出能够解决这些合约问题的制度安排主要包括：工作级别、职业路径与资历规则；工会化（unionization）；“质押品”（hostage）和绩效担保（performance bond）；公司文化、惯例与目标；所有权与控制权。笔者则认为，需要根据会计师事务所的特点设计有助于保护人力资本产权，促进人力资本投资的有效产权安排。第一，根据GHM模型的思想，企业所有权即为剩余控制权，那些作出最能够增加企业价值的专用性投资同时其行为要求又最难通过合约明确的缔约方，应该掌握剩余控制权，即成为企业的所有者（Grossman和Hart，1986；Hart和Moore，1990）。在事务所中，那些拥有对于事务所发展至关重要的专用性人力资本，同时又负责业务项目中最为复杂的职业判断并对业务质量承担最终责任的人，应该成为事务所的所有者——合伙人。第二，会计师事务所的产权安排应考虑如何激励员工进行专用性人力资本的投资，事务所的职位级别与晋升条件应与专用性人力资本挂钩，专用性人力资本投资应获得更高薪酬作为回报。同时，事务所可考虑采用长期雇佣合约，鼓励员工增加有利于提高生产率的企业专用性人力资本（米尔格罗姆和罗伯茨，2004，中译本，第38页），也可采用工资与资历挂钩的薪酬制度激励员工进行专用性人力资本的投资（Topel，1991）[①]等。第三，在人力资本投资方面，应建立事务所和员工分担风险的产权安排，而不应由事务所或员工单方面承担全部投资成本及相应的风险。例如，事务所的培训制度可以根据人力资本的性质来进行设计，那些有助于员工开发和积累通用性人力资本的培训成本，应主要由员工自身承担，而那些有助于员工开发和积累专用性人力资本的培训成本，则应主要由事务所承担[②]。

---

① 这一薪酬制度的特点是资历较浅的员工获得的薪酬低于其市场机会成本，而资历较深的员工获得的薪酬高于其机会成本，这类似于“递延薪酬”（deferred compensation），有利于维持员工与企业之间的长期雇佣关系。

② 例如，事务所通常会鼓励还没有取得注册会计师证书的员工去参加注册会计师考试，并对通过考试的员工给予必要的奖励或津贴。考虑到参加注册会计师考试主要有利于员工通用性人力资本的积累，事务所显然应考虑让员工自己负担大部分成本。

（三）基于利益相关者理论的分析

自 Freeman（1984）出版具有里程碑意义的著作《战略管理：利益相关者观点》以来，利益相关者（stake-holder）的概念已经深深嵌入到管理学科和管理者的思维方式之中（Mitchell 等，1997）。利益相关者理论的出现对于根深蒂固的以股东价值最大化为目标的企业管理理念与行为形成了巨大冲击，要求企业不仅服务于股东的利益，还要服务于其他利益相关者的利益，保障其他利益相关者的权益，企业的治理与管理过程均需要服从于这一目标。Kochan 和 Rubinstein（2000）对传统的股东企业（shareholder firm）和新型的利益相关者企业（stakeholder firm）的特性进行了全面比较，参见表 2—2。

表 2—2　　股东企业和利益相关者企业的关键区别

序号	特性	股东企业	利益相关者企业
1	目标	最大化股东的财富	追求利益相关者的多重目标
2	治理结构与核心过程	委托代理模型：管理者是股东的代理人；控制是关键任务	团队生产模型：协调、合作与冲突解决是关键的任务
3	绩效度量	足以维持投资者承诺的股东价值	为维持多个利益相关者的承诺而创造的价值得到公平的分配
4	剩余风险承担者	股东	所有的利益相关者
5	利益相关者的影响力	只有股东拥有足够的权力和合法性以获得治理过程中决定性的地位	多个利益相关者拥有足够的权力和合法性以获得治理过程中决定性的地位

资料来源：Kochan 和 Rubinstein（2000）

Freeman（1984）对利益相关者给出了一个非常宽泛的定义，即所有对企业的绩效有影响并受企业绩效影响的集团。究竟谁是企业的利益相关者？这一问题并没有适合于所有企业的统一答案。Kochan 和 Rubinstein（2000）给出了三个判断标准：第一，利益相关者必须拥有对于企业成功具有关键影响的资产；第二，利益相关者必须向企业投入资产并承担风险；第三，利益相关者必须拥有足够的权力对企业施加影响。将这些判断标准运用于会计师事务所，笔者认为以下群体或组织是会计师事务所的主要利益相关者：第一，合伙人，他们是事务所的所有者和管理者，是事务所剩余控制权和剩余索取权的主要拥有者，他们的人力资本和声誉是事务所生存和发展的关键；第二，员工，他们拥有的人力资本构成了事务所的主要资产项目，事务所各个业务项目及支持性活动的大部分工作量是由他们完成的，他们的专业水平和职业操守是事务所生存和发展的基础；第三，客户，客户支付的公费是事务所的收入来源，来自客户的不当压力又是事务所的重要风险来源，在上市公司中，客户的代表是其审计委员会和管理层，而非上市公司中，客户代表则主要为管理层；第四，客户的债权人和投资者，他们是审计服务的真正委托人和主要需求方，审计意见的恰当性对于他们作出合理的经济决策至关重要，而他们对于审计质量的信心则是注册会计师行业发展的根基；第五，监管机构和司法部门，监管机构受社会公众委托对事务所的执业质量和执业行为进行监督、检查和惩戒，司法部门负责在法律诉讼中确定会计师事务所及其注册会计师的法律责任，他们对于事务所的持续经营有着重大影响；第六，行业协会。行业协会降低了审计人员个人建立声誉的成本，行业协会的成员资格与审计人员的声誉类似，成为其保持独立性和专业能力的抵押品（Watts 和 Zimmerman，1986，p315），通过建立职业准入制度，制定专业标准并通过行业自律措施保证专业标准的执行等，行业协会可以对会计师事务所及其成员的执业行为施加重大影响。图2—1概括了会计师事务所的主要利益相关者。

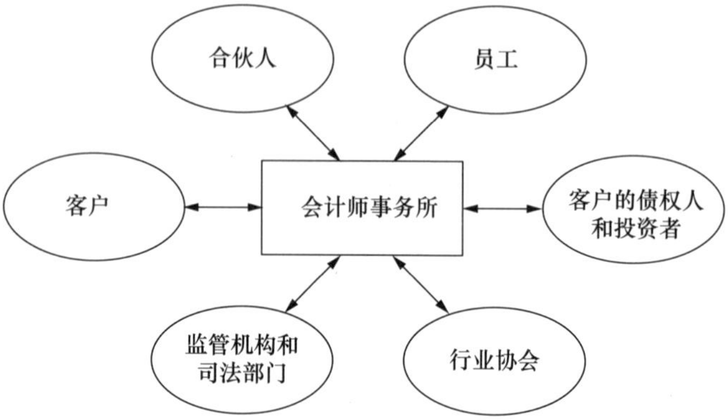

图2—1　会计师事务所的主要利益相关者

在利益相关者的视角之下，会计师事务所内部治理的主要目标是保护利益相关者的权益，促进利益相关者持续向事务所投入有价值的资源，而这又要求会计师事务所的内部治理安排必须重新设计或适当调整。第一，持续识别主要的利益相关者，确认其向事务所投入的资源和作出的贡献，赋予利益相关者适当的剩余控制权和剩余索取权，保证所有利益相关者均得到公平的对待。第二，创造利益相关者参与内部治理的有效途径，例如，在事务所的治理机构中引入外部非执行董事，以维护投资者和社会公众的利益；让员工代表参与事务所的重大决策，事关员工利益的重大决策充分征求全体员工的意见等。第三，切实履行相对于利益相关者的义务，例如，为员工创造良好的职业发展机遇，向客户提供高质量的服务，及时满足投资者和社会公众对于事务所信息公开披露的要求，配合监管机构和司法部门的调查，及时向行业协会缴纳会费并参与行业协会组织的活动等。第四，改变事务所内部治理的重点和方式，即从强调合伙人的相互监督和合伙人对员工的监督与控制，转向强调协调和平衡不同利益相关者的利益诉求，及时解决利益相关者之间的利益冲突，实现利益相关者之间的合作共赢。

（四）基于知识理论的分析

自人类进入知识社会以后，知识的创造、利用和分享成为所有企业的共同课题，知识管理（knowledge management）成为管理理论不可或缺的组成部分。Grant（1996）认为，考虑到知识的特征以及生产对于知识的要求，企业可以被界定为整合知识的制度安排，管理者的主要任务是提供知识整合所必需的协调。会计师事务所是基于知识的专业服务企业（Gibbins 和 Jamal，2001；Morris 和 Empson，1998），如何有效地管理知识，对于会计师事务所而言至关重要。首先，知识被专业人士吸收和掌握之后，即成为其人力资本，专业服务的提供过程，即是知识的运用过程，知识的有效获取和利用，是事务所提供高质量专业服务的基础。其次，专业人士对于知识的学习和获取需要投入大量的时间和成本，对于他们是一种投资，那些具有高度专用性的知识，个人缺乏足够的投资激励，事务所必须通过内部治理安排，为个人学习和掌握知识，尤其是专用性知识提供足够的激励。最后，专业人士所必须掌握的知识，只有一部分是通过正规教育获取的，大量的知识是通过“干中学”（learning by doing），通过工作中的师徒相授（mentoring）和团队成员之间的分享和交流获得的，事务所必须为知识的生成、传授或分享创造良好条件，而这将成为事务所核心竞争能力的基础。

在现有的知识理论中，Jensen 和 Meckling（1992）在哈耶克（Hayek）知识分工理论上提出的一般知识（general knowledge）和专门知识（specific knowledge）理论，以及波兰尼（Polanyi，1966）提出的默会知识（或隐性知识，tacit knowledge）理论对于理解会计师事务所的内部治理安排尤其重要。哈耶克（Hayek，1945）提出了知识分工理论，认为知识在社会中的分工需要权力分散化，即市场自动转移决策权给具有相关知识的代理人，代理人将正确行使决策权。Jensen 和 Meckling（1992）认为，知识可以分为专门知识和一般知识，其中专门知识被定义为在代理人中转换成本很高的知识，一般知识则被定义为转换成本低廉的知识。当知识在决策中有价值时，对这些决策来说，使决策权威与可利用的知识匹配是有收益的。为了实现这种匹配，有两种途径可以采用，一种是将知识转移给具有决策权的人，另一条途径则是将决策权转移给具有知识的人。越是专门知识，知识的转移成本越高，越是一般知识，知识转移的成本越低。当专门知识对于作出关键决策十分重要时，最好的办法就是将决策权赋予拥有专门知识的个人。Jensen 和 Meckling（1992）提出的观点对于事务所内部治理安排的重要启示在于，由于与业务、行业、客户相关的知识被具体执行业务的人所掌握，而其中的大量知识是难以转移的专门知识，为此，事务所应赋予具体执行业务的分部、项目团队以高度的相机决策权，并设计相应的激励机制，来确保相机决策权的有效行使。显然，这将导致事务所中剩余控制权安排的分散化。

波兰尼（Polanyi，1966）对于知识理论作出的重大贡献是引入了默会知识的概念，或者说引入了知识的默会维度。根据波兰尼的理论，知识可以划分为两种类型：显性（explicit）知识和默会知识。显性知识，或者“事实性知识”（know-what），可以获取、编码、分类和存储，并且易于以正式的语言进行传播。默会知识，或“行动性知识”（know-how），包含在个人的习惯性操作和精神模式之中。默会知识不容易表述清楚，因为它是在潜意识（subconsciousness）中理解并运用的，并且以直觉、洞识、信念和价值观的形式存在于人们的头脑中。例如，与公允价值要求有关的一般公认会计原则（GAAP）的文本是显性知识，而审计人员关于客户管理层如何作出其公允价值估计以及这些估计是否符合公认会计原则的洞识与判断则往往属于默会知识。默会知识的传播通常需要经过高度社会化的过程，例如，高度互动性的谈话、现场观察、师徒相授等，掌握默会知识的最好办法往往是“学徒”与“师父”一起工作。在会计师事务所之中，只有少数专家掌握着进行复杂的专业判断所必需的知识，其中大部分是默会知识，这些知识难以通过正式培训等途径传授给经验和知识不够丰富、但负责完成专业服务中大部分工作的专业人士。这就要求会计师事务所的内部治理安排提供专家主动分享默会知识的足够激励，而不是鼓励他们“囤积知识”（knowledge hoarding），将掌握的默会知识仅仅作为增强个人权力和谋取个人利益的手段（Vera-Muñoz，Ho 和 Chow，2006）。

在知识理论的视角之下，会计师事务所内部治理安排的主要目标是促进专门知识和默会知识的生成和分享，并使决策权与知识匹配。首先，事务所中掌握大量专门知识和默会知识的专家，应掌握事务所的业务决策权，即事务所应采取专家治理。例如，事务所的治理机构中应设置各类专家委员会，具体负责专业技术标准、风险控制、市场策略等事务的决策权，或作为董事会或合伙人管理委员会的决策咨询机构。其次，由于知识特别是专门知识和默会知识分散于具体执行业务的专家头脑中，事务所应采取决策权分散的治理结构，赋予业务分所、项目团队以较高的自主权，而不应采取高度集权式管理和以控制为中心的层级制。再次，事务所应建立正式的培训机制、咨询机制和师徒制，鼓励知识的传播和分享，其中培训机制和咨询机制有利于显性知识的传授，而师徒制则有利于默会知识的传授。最后，事务所应通过激励机制的重构，促进事务所中专业人士进行专门知识的学习，成为各方面的专家，同时降低其由于知识专门化带来的风险。不仅如此，事务所可以引入基于团队的薪酬（Vera-Muñoz，Ho 和 Chow，2006），或将知识分享纳入绩效考核范围，促进事务所中的专家积极分享他们掌握的知识，特别是专门知识和默会知识。

四 会计师事务所内部治理的基本安排

（一）剩余索取权和剩余控制权的界定及其匹配原则

广义的公司治理结构与企业所有权安排几乎是同一个意思，或者更准确地讲，公司治理结构是企业所有权安排的具体化，而企业所有权安排是公司治理结构的抽象概括（张维迎，1996）。所有权的经济学分析集中在两个问题上：剩余决策权的拥有和剩余收益的分配（米尔格罗姆和罗伯茨，2004）[①]。因此，会计师事务所内部治理的核心安排可以从剩余索取权和剩余控制权两个角度进行探讨。

剩余索取权（residual claims），是对于剩余收益的要求权。剩余收益，即是企业的净收入，即在所有其他人都获得支付之后的剩余部分（米尔格罗姆和罗伯茨，2004）[②]，或者说具有随机性的资源流入扣除承诺的合同支付之后的净现金流量（Fama 和 Jensen，1983b）。剩余索取权的拥有者即为剩余风险的承担者，因为企业的其他缔约方要么可以获得固定回报，要么所获得的激励性回报（incentive payoffs）与具体的绩效指标挂钩，因而他们的风险得到了控制（Fama 和 Jensen，1983b）。在 Alchian 和 Demsetz（1972）、Fama 和 Jensen（1983b）等企业理论经典文献看来，企业所有权的实质是剩余索取权。正是剩余索取权的特性使不同类型的组织相互

① ［美］保罗·米尔格罗姆、［美］约翰·罗伯茨：《经济学、组织与管理》，费方域译，经济科学出版社 2004 年版，第 307 页。

② 同上。

区别，并且有助于解释某种组织形式在具体活动中是否能够生存下来（Fama 和 Jensen，1983b）。因此，他们认为企业的所有者就是剩余索取者（米尔格罗姆和罗伯茨，2004）[①]。

剩余控制权（residual control rights），即是没有被法律明确界定或者没有通过合同指派给他人的有关财产的使用的决定权（米尔格罗姆和罗伯茨，2004）[②]。合约的权利包括具体的权利（specific rights）和剩余权利（residual rights），当在合同中明确所有的具体权利成本过高时，由某一方购买所有的剩余权利可能是最优的，所有权就是拥有对于某项资产的剩余权利（Grossman 和 Hart，1986）。因此，在 Grossman，Hart 和 Moore 这些现代产权经济学家看来，剩余控制权是一个比剩余索取权更严格的企业所有权概念（Hart，1995），企业所有权的实质就是剩余控制权。剩余控制权之所以重要就是因为它可以保护合约缔约方免受由于合约不完备和事后讨价还价导致的道德风险（例如“敲竹杠”问题），促进缔约方进行关系专用性（relation-specificity）的投资。

虽然企业理论中存在关于剩余索取权和剩余控制权孰更重要的争论，但事实上在现实中两种权利难以截然区分，或者说拥有剩余索取权者作为剩余风险承担者必然拥有至少部分剩余控制权，方能保护自身的权益，而拥有剩余控制权者必然需要为自己的决策至少承担部分风险，而承担风险的主要方式就是成为企业的剩余索取者。Alchian 和 Demsetz（1972）虽然强调剩余索取权，但他们也强调应将剩余索取权赋予监督者，并以此来激励监督者，因此所有者同时是剩余索取权和剩余控制权的拥有者。更为重要的是，剩余索取权和剩余控制权的对应，或者说风险承担者和风险制造者的对应

① ［美］保罗·米尔格罗姆、［美］约翰·罗伯茨：《经济学、组织与管理》，费方域译，经济科学出版社 2004 年版，第 309 页。

② 同上书，第 307 页。

（张维迎，1996），是企业最优所有权安排的一项根本原则。剩余控制权和剩余收益权的结合，是所有权激励效应的关键，它为所有者提供了维护和增加企业价值的强大激励（米尔格罗姆和罗伯茨，2004）[①]。当然，契约的不完备性意味着二者的完全对应是不可能的，因为完全对应意味着每个人将只对自己的行为负责，也就没有所谓的代理问题了（张维迎，1996）。因此，公司治理包括事务所内部治理需要解决的根本问题就是在不同利益相关者相互合作以实现分工和专业化优势的同时，实现剩余索取权和剩余控制权最大限度的对应。

剩余控制权和剩余索取权的匹配或对应是一条高度抽象的原则，当运用其分析实际问题时，还需要解决剩余控制权和剩余索取权具体包括哪些内容、谁在什么样情况下应该成为剩余控制权或剩余索取权的拥有者、剩余控制权和剩余索取权应该如何对应等一系列问题。首先，剩余控制权或剩余索取权的内容只有在具体的合约中才能得到相对清晰的界定。企业的剩余控制权一般包括相机决策、监督决策执行、根据决策执行情况实施奖惩等一系列权利；企业的剩余索取权则一般包括以特定方式获得特定形式的企业剩余的权利，它通常反映在企业的薪酬与激励制度之中。其次，剩余控制权或剩余索取权的主体并不唯一，股东、债权人、经理甚至员工都在不同程度上拥有不同形式的剩余控制权或剩余索取权。例如，当员工在其工作过程中被赋予较大的自主判断空间时，可以认为他们也掌握了至少一部分剩余控制权；而当员工采取奖金等绩效工资形式时，他们的收入至少有一部分随着企业整体绩效的变动而变动，因此承担部分风险，索取部分剩余[②]。剩余控制权或剩余索取权在

---

① ［美］保罗·米尔格罗姆、［美］约翰·罗伯茨：《经济学、组织与管理》，费方域译，经济科学出版社 2004 年版，第 309—311 页。

② 必须注意的是，税后利润并非企业剩余的唯一表现形式。

不同主体之间的分配实际上是一个风险分担的过程。再次，包括剩余控制权和剩余索取权在内的企业所有权是一种状态依存权（state-contingent ownership）（Aghion 和 Bolton，1992），它意味着在不同的企业状态之下，例如不同的收入水平之下，股东、经理、债权人和员工都有可能由于可行使具有决定性意义的权利而成为企业的“所有者”（张维迎，1996）。最后，由于股东、经理、债权人、员工均有可能拥有部分剩余控制权或剩余索取权，而且在不同的企业状态之下，其剩余控制权或剩余索取权的重要性会随之而发生变化，剩余控制权和剩余索取权的对应将会成为一个更为复杂的问题。例如，股东通常被作为企业的剩余索取者和风险的最终承担者，他们拥有何种形式和多大强度的剩余控制权才叫实现了剩余控制权和剩余索取权的最优匹配？又如，经理通常被认为拥有大量的剩余控制权，他们应该在企业剩余中以何种形式和多大份额获取回报才叫实现了剩余控制权和剩余索取权的最优对应？显然，只有对企业这个复杂系统进行全面、深入地分析才能回答上述问题。

将上述理论观点运用于会计师事务所内部治理的分析之时，必须充分地考虑会计师事务所与众不同的特征。首先，会计师事务所的剩余索取权和剩余控制权有其特殊的表现形式。Fama 和 Jensen（1983b）将律师、公共会计师、医师、企业咨询师等专业人士组成的专业合伙制企业（professional partnerships）剩余索取权的特征概括为：第一，剩余索取权授予主要的决策人；第二，对于合伙人在净现金流量中所占份额的定期重新协商，或称灵活的分享规则；第三，合伙人对于净现金流量的索取权仅限于其在组织中的服务期间。Fama 和 Jensen（1983a、1983b）虽然未明确提出剩余控制权的概念，但他们基于企业决策过程分析所提出的“决策管理权”（decision management）和“决策控制权”（decision control）实际上明确了剩余控制权的核心内容[①]。Fama 和 Jensen（1983a）指出，在会计师事务所这样的专业合伙制企业中，在项目团队这个层次，决策管理权和决策控制权不能分离，被授予剩余索取权的代理人同时负责着重要决策的管理权和控制权。Fama 和 Jensen（1983b）还指出由于关于特定客户的专门知识非常重要且转移成本很高，会计师事务所等专业合伙制企业的决策权具有分散化的特征。Fama 和 Jensen（1983a、1983b）的观点对于我们理解会计师事务所剩余索取权和剩余控制权的内涵及其表现形式极具启发意义。

其次，会计师事务所剩余索取权和剩余控制权的主体也需要进行具体分析。在企业理论的经典文献中，会计师事务所的所有者被简单地等同于合伙人。然而，合伙人固然掌握着最关键的剩余控制权和主要的剩余索取权，但他们并不是唯一的剩余索取者和剩余控制权拥有者。会计师事务所的员工是知识工作者，他们的工作性质和能力要求与传统的工人存在极大差异。事实上，会计师事务所每位员工，即使是助理人员，其工作均需要运用人力资本，均涉及不同程度的专业判断。只有赋予每位员工必要的剩余控制权，他们才能够根据具体的情形作出适当的判断，而授予员工剩余索取权，一方面可以使其分担部分风险，更好地实现激励相容目标；另一方面也可以促进其进行专用性人力资本的投资。总之，在会计师事务所中，员工亦是不可忽视的剩余索取者和剩余控制权拥有者。除此之外，即使同为合伙人，他们所拥有的剩余索取权和剩余控制权也存在不同。将合伙人等同视之的传统观点，实际上忽视了会计师事务所内部复杂的管理结构。在大型会计师事务所中，所有重大决策事项均由所有合伙人集体决定成本高昂，类似分所的设立地点、合伙人的进入与退出、合伙人利润分享份额等重大事项的决策权通常被

---

① Fama 和 Jensen（1983a）将决策过程分为发起、批准、实施和监督四个步骤，其中决策的发起和实施权利即为决策管理权，而决策的批准和监督权利即为决策控制权。

授权给合伙人管理委员会来行使，由其来解决合伙人之间的代理问题（Fama 和 Jensen，1983a）。由于存在这种授权，合伙人掌握的剩余控制权进一步集中到合伙人管理委员会成员的手中，在合伙人管理委员会成员和普通合伙人之间，剩余索取权和剩余控制权的分配并不均等。

最后，会计师事务所剩余控制权和剩余索取权并不必然匹配，仍然需要进行复杂的机制设计。张维迎（1996）指出，如果剩余索取权和控制权在所有企业成员之间平均分配可以达到二者最好的对应，这样的“合伙制”无疑是最优的①；在诸如律师、会计、科学研究等这样一些领域，的确存在所有成员同等重要、同样难以监督的情况，从而“合伙制”是最优的。然而，会计师事务所的剩余索取权和剩余控制权在所有合伙人之间平均分配并不必然带来二者之间的最优匹配，有时候合伙人将部分剩余控制权交给合伙人管理委员会代为行使可能更有效率。会计师事务所剩余索取权和剩余控制权的配置，应在获取专业化分工的效率和降低代理成本之间进行适当的权衡，使个人能够最大限度地承担个人行为的经济后果并且受到足够的激励去追求事务所的整体目标，进而保障每一位合伙人和员工的合法权益不受侵害。显然，这一问题的解决无论是在理论上还是在实务中，均不是一件容易的事情。

（二）会计师事务所剩余控制权的配置

我们将会计师事务所内部治理安排划分为与剩余控制权配置相关的安排和与剩余索取权配置相关的安排，这一划分具有框架简洁的优势。当然，在现实世界中，剩余控制权和剩余索取权的安排并不能截然分开，事务所诸多的内部治理机制，均同时涉及剩余控制

① 张维迎此处所指的合伙制是所有人共担风险、共同控制的合伙制。

权和剩余索取权的配置，并且需要考虑剩余控制权和剩余索取权的最优匹配问题。在事务所剩余控制权配置方面，我们主要探讨合伙人的进入与退出、治理机构的设置及其议事规则、以质量控制为核心的监督机制等关键内部治理安排。

1. 合伙人的进入与退出

合伙人是会计师事务所剩余控制权的主要拥有者，也是通常意义上事务所的所有者。合伙人的进入与退出，实质上是事务所剩余控制权的获取与解除，它是理解事务所剩余控制权配置的核心问题。在普通的公司制企业中，股东身份的获得是通过向企业出资实现的，而股东身份的解除则总是伴随着股份的转让。对于上市公司，股东身份的获得和解除是相当便利的。会计师事务所合伙人资格的取得则要复杂得多，它可能需要潜在的合伙人向事务所投入一定的货币资本，但这并非最重要的条件，也不构成获得合伙人资格的主要障碍。合伙人资格的取得主要有以下途径，一是通过创立事务所获得合伙人资格，二是从外部引进合伙人，三是从内部晋升。无论是通过哪种渠道，成为合伙人都必须满足两个条件，一是拥有专业资格，二是获得现有合伙人的集体同意。

事务所的合伙人必须是专业人士，这是会计师事务所与普通公司制企业在所有权结构方面最重要的区别。会计师事务所的控制权必须掌握在专业人士手中，这既是市场选择的结果，也是大多数国家的法定要求。它排除了外部非专业人士通过收购方式获得事务所控制权的可能性，也消除了由于存在外部股权投资者而导致的所有权和控制权的分离。强调会计师事务所必须被专业人士所拥有和控制，主要基于两点考虑：第一点是会计师事务所资产特征，第二点是审计业务的特殊性质，这两点在理解会计师事务所所有权结构时缺一不可。从资产特征来看，会计师事务所的主要资产是人力资本，对于具有组织专用性的有形资产不存在强烈的需求（Fama 和

Jensen，1983b），或者说，货币资本及实物资本的多寡不是事务所规模大小和竞争能力强弱的主要制约因素，会计师事务所不存在向外部融资的急切需求。不仅如此，专业人士对于自己专业领域的事务最有发言权，如果引入外部股权投资者，为了保护其权益不得不赋予他们必要的剩余控制权，出现“外行领导内行”的情况，这有可能使专业人士无法作出最优的决策。从审计业务的特殊性质来看，由于审计业务要求会计师事务所及审计人员独立于客户，不能形成对于客户的经济依赖性，事务所不能以利润最大化为目标，而必须在维护公共利益和遵循专业标准的前提下适当的追求经济效益。外部股权投资者投资事务所的唯一目的就是追求最大的投资回报，他们作为非专业人士无须遵循相关的执业资格要求，包括职业道德方面的要求。引入外部股权投资者，有可能导致会计师事务所由于片面强调经济效益而忽视履行相对于社会公众和其他利益相关者的责任。正因如此，世界上绝大多数国家都不允许非专业人士出资兴办或控制会计师事务所，更不允许会计师事务所成为股份有限公司并公开上市。考虑到广告业、商业咨询业、投资银行业中已有不少企业组建为专业公司（professional corporations）并将其股票发行上市，而它们同样是以人力资本为主要资产的专业服务企业，会计师事务所之所以仍未向非专业人士开放其控制权，审计作为其主营业务的特殊性可能是更重要的原因。

除了个人独立执业的会计师事务所，在其他组织形式的会计师事务所中，新合伙人的进入都是需要现有合伙人同意的重大事项。不仅如此，在大多数事务所中，接纳新合伙人往往需要现有合伙人的一致同意。新增合伙人的决策对于会计师事务所而言，在某种意义上类似于上市公司发行新股的决策，意味着现有的控制权结构有可能发生改变。在大多数事务所中，事务所的重大决策通常需要合伙人会议以一人一票的方式进行投票表决，引进新的合伙人实际上相当于现有合伙人的控制权被稀释。同时，合伙人之间存在着风险共担的关系，虽然新合伙人的进入意味着风险分担主体的扩大，事务所的担保能力有可能提升，但如果新合伙人的专业能力和职业操守被最终证明存在问题，其他合伙人可能会由于其过失行为而承担连带责任，这也会导致现有合伙人在接纳新合伙人的决策上十分谨慎。不仅如此，如果新合伙人在短期内并不能给事务所带来新增的客户和新的业务，增加新的合伙人意味着在蛋糕没有做大的情况下有更多的人来分蛋糕，这对于现有合伙人的短期经济利益也是不利的。

以上分析主要从现有合伙人和新合伙人的潜在利益冲突角度来进行，但新合伙人的进入对会计师事务所还有其他重要的意义。合伙人的资格，在事务所内部是极具价值、极为稀缺的资源。成为事务所的合伙人，不仅意味着收入将会倍增，还意味着进入了事务所的决策层，地位将会显著提升，权力将会显著扩大。因此，合伙人的资格对于事务所员工而言是最高层次的奖励，具有最大的激励效果。考虑到人力资本的所有权与其所有者不可分离的特性，事务所对专业人士的有效控制是极为困难的。最佳的控制方式就是依靠晋升机制，形成内部的劳动力市场（internal labor market），使专业人士为了追求自身的效用最大化而主动接受控制。对于事务所的员工而言，为了获得与合伙人资格相伴的收入、地位和权力，他们会主动接受事务所的安排，对照晋升合伙人的条件而作出对事务所有价值的贡献。对于事务所的现有合伙人而言，他们凭借对于合伙人资格的控制权，获得了相对于事务所员工的权威，可以对其实施有效的领导。没有这种对于合伙人资格的控制权，很难想象合伙人能够对员工发号施令，而员工会心甘情愿地选择服从。

合伙人的退出实际上是控制权的解除或转让，也是一个复杂的问题。合伙人的退出主要有三种情况，一种是自然退出，包括达到协议约定的退休年龄、因健康原因丧失工作能力等情况；第二种是申请提前退出，包括由于与其他合伙人发生严重分歧而申请退出，由于选择其他职业发展途径而申请退出等情况；第三种是强制退出，即事务所由于某位合伙人严重违反协议约定而将其强制除名。由于合伙人的退出不仅涉及其自身利益，还涉及其他合伙人的利益，合伙人的退出一般需要其他合伙人的一致同意。同时，由于某个合伙人对于事务所的控制权通常与其服务期间相联系，无法出售和变现，也无法被其亲属继承，而每位合伙人最终都会因为年龄或健康原因而退出，如何妥善处理退出合伙人的合法权益，如何对相关的权力进行交接，不仅关系到退出合伙人是否受到了公平对待，还影响到现有合伙人的预期，关系到事务所的稳定和持续经营。一般而言，合伙人对于事务所的货币出资，包括其在事务所净资产中应享有的份额，应该在其退出时退还其本人或亲属。同时，为了交换退出合伙人个人掌握的客户资源或客户信息，事务所通常会给退出的合伙人以额外的补偿（Fama 和 Jensen，1983b）。退出合伙人如果受到公平和合理的对待，其他合伙人就有动力维持合伙关系的长期存在，遏制追求短期利益的机会主义行为。

2. 治理机构的设置及其决策议事规则

只有设置了合理的内部治理机构，内部治理职能才能得到有效的行使。在上市公司之中，股东大会、董事会、监事会等治理机构，是公司治理的组织保障，尤其是董事会，是公司治理的组织中枢。在会计师事务所中，也必须建立相应的治理机构，为治理机构规定合理的职责权限和议事规则，其内部治理活动才能得到有效的开展。在本部分，笔者主要探讨三个问题，一是事务所应该设置哪些治理机构？二是不同的治理机构应如何合理划分其职责权限？三是治理机构应采用什么样的决策规则？

在分析上述问题之前，必须明确会计师事务所与上市公司在所有权结构方面的一些根本区别。首先，上市公司的股东一般不参与管理，而且缺乏必要的知识和专长，因此需要借助外部专家（例如独立董事、审计师）来维护自己的权益，而在会计师事务所中，合伙人本身即为专家，而且参与事务所的具体经营管理过程，当他们授权一部分合伙人组成合伙人管理委员会时，由于他们具备评价管理型合伙人的专长，而且能够直接观察或体验到合伙人管理委员会决策的后果（Fama 和 Jensen，1983a），普通合伙人和管理型合伙人之间并不存在由于严重信息不对称而导致的代理问题。其次，公司治理主要需要解决公司外部股东和内部管理层之间的代理问题，需要采取各种机制保护股东尤其是中小股东的合法权益，而会计师事务所由于不存在外部股权，其内部治理主要需要解决不同类型的合伙人，例如权益合伙人与非权益合伙人（或称授薪合伙人，salaried partners）[①]、新合伙人和老合伙人、审计合伙人与非审计合伙人之间潜在的利益冲突以及合伙人、经理和员工之间潜在的利益冲突。最后，上市公司的股东所拥有的股权份额是不同的，存在控股股东和中小股东的区别，不同上市公司的股权集中度也往往存在显著差别，这一差别对公司治理安排有着深刻影响（Shleifer 和 Vishny，1997）。在会计师事务所之中，由于不同合伙人的货币出资不存在显著差异，通常没有控股股东和中小股东的差异，同时他们在决策时一般采取一人一票的决策规则，导致控制权的分配较为平均。分散而平均的决策权有其益处，也有其不利之处。

治理机构的设置及其名称，受到事务所组织形式、规模等因素的重大影响。同时，会计师事务所所在国公司治理相关的制度安排，对于会计师事务所治理机构的设置也有显著影响。一般而言，会计师事务所会有一个由全体合伙人组成的机构，行使事务所最高

---

① 授薪合伙人虽然具有合伙人的地位，但没有投票权，他们和权益合伙人的关系有点类似优先股和普通股的关系，但在分配上可能没有先后顺序。

的决策权力，这个机构在合伙制事务所中通常称为合伙人会议，在公司制事务所中通常称为股东会。在合伙人众多的情况下，由于事事由全体合伙人集体决定并不符合成本效益原则，大中型事务所还会设置合伙人管理委员会或董事会。合伙人管理委员会或董事会为了提高决策的效率和效果，往往会设置各类专门委员会，例如战略委员会、风险管理和质量控制委员会、专业技术委员会、薪酬与考核委员会等。大中型会计师事务所的决策执行由高层管理人员来负责，事务所的高层管理人员主要由负责管理职能的合伙人以及部分高级经理组成，高层管理岗位的设置主要考虑业务分布的地域和行业[①]，以及通常的管理职能，例如财务、人力资源、专业标准等。事务所高层管理者的首脑一般称为首席合伙人，我国公司制事务所则称为主任会计师。合伙人会议（或股东会，下同）、合伙人管理委员会（或董事会，下同）以及高级管理层是大型会计师事务所内部治理机构的基本配置。由于各国与公司治理有关的法律法规不同，而会计师事务所治理结构又受到公司治理的影响，世界各国会计师事务所的治理机构设置存在不少差异。例如，欧盟国家的事务所采取了一种类似于“双层董事会”的结构，即设有监督委员会（supervisory board）和管理委员会（management board）（Oxera，2007），我国的公司制会计师事务所设置有监事会，等等。

在上市公司中，不同的治理机构有着不同的职能定位，一般认为股东大会是权力机构，董事会是决策机构，高级管理层是执行机构，从股东大会到董事会再到高级管理层，是层层授权的关系，而顺序颠倒过来，则是层层报告的关系。类似的关系也存在于会计师事务所的合伙人会议、合伙人管理委员会和高级管理层之间。会计师事务所不同治理机构职责权限的清晰划分有利于提高决策效率，

① 例如，根据德勤中国网站披露的信息，德勤的高级管理人员包括权益合伙人、授薪合伙人，特殊情况下包括总监。合伙人和总监负责五大服务部门和九个核心行业。

降低代理成本，它既需要解决如何为不同性质的决策权确定归属的问题，又需要解决不同治理机构如何各司其职，形成合理的决策流程的问题。借鉴 Fama 和 Jensen（1983a）的理论，合伙人会议掌握的主要是一种决策控制权，即对决策进行审批和监督的权利，而高层管理者掌握的主要是一种决策管理权，即发起决策和执行决策的权利，合伙人管理委员会则是联系二者的“中转站”。合伙人会议拥有的权限一般事关事务所的存续和全体合伙人的根本利益，例如修改合伙人协议，批准新合伙人，审批事务所合并、分立与清算，批准合伙人的利润分配方案等，而合伙人管理委员会或高层管理者拥有的权限一般与事务所具体的运营和管理有关。事务所的大部分决策事项，一般是由高层管理者提出草案，合伙人管理委员会形成方案，合伙人会议负责审批。例如，事务所的经营战略和发展规划通常由事务所高层管理者提出草案，合伙人管理委员会负责审定，合伙人会议负责审批。同时，涉及下一级治理机构主要负责人聘任的事项应该归属于上一级的治理机构。例如，合伙人会议负责选举和更换合伙人管理委员会委员，包括事务所的首席合伙人，而合伙人管理委员会则根据首席合伙人的提名，聘任或解聘事务所的其他高级管理人员。值得注意的是，合伙人管理委员会虽然在性质上类似于上市公司的董事会，但其权限和作用大小则显然与上市公司董事会存在区别。合伙人管理委员会只有在事务所合伙人人数众多，通过合伙人会议进行决策成本过高的情况下才有存在的必要。

会计师事务所治理机构的决策议事机制与上市公司存在显著不同。上市公司股东大会按照股东持有的有表决权的股份比例来进行投票，持股比例越高，投票权越大，而其董事会则采取一人一票的投票规则。股东大会的投票规则反映了非人力资本投资在传统公司中仍是剩余控制权主要来源的基本事实，而董事会的投票规则则在某种程度上体现了人力资本的重要性。在会计师事务所中，无论是合伙人会议还是合伙人管理委员会，一般都采取一人一票的投票规则，这反映出人力资本是事务所剩余控制权主要来源的基本事实。由于合伙人会议或合伙人管理委员会的成员所拥有的投票权是均等的，没有谁能够把自己的意见强加给别人，要让自己支持的议案获得通过，就必须确保它至少符合大多数合伙人的利益，同时得到大多数合伙人的认可。在传统上市公司中常见的控股股东侵害中小股东利益以及管理层侵害股东利益的行为，在会计师事务所中一般并不存在，或者即使存在，也远非严重的问题。事务所治理机构的决策议事规则还包括足以通过或否决一项议案的最低投票权比例。与传统公司类似，事务所治理机构的最低投票权比例一般包括简单多数（得票过半数）、绝对多数（得票超三分之二）和全体一致三种情况。对通过某项议案的最低投票权比例要求越高，该议案获得通过的可能性越低，全体一致的规则尤其如此。一项议案要获得全体一致通过，一方面必须带来严格的“帕累托改进”，即该议案必须在不损害任何合伙人利益的前提下至少能够增进一部分合伙人的利益；另一方面，所有合伙人都必须完全理解该议案及其经济后果，不会因为理解的偏差而投错票。显然，全体一致通过规则的决策成本太高，只适合极少数极为重要的决策事项，例如接纳新的合伙人。降低最低投票权的比例要求，可以提高决策的效率，但作出不当决策的可能性也同时提高，在“真理掌握在少数人手中”的情况下尤其如此。事务所应根据决策事项的性质和重要程度，综合权衡决策的效率和效果要求，制定合理的决策议事规则。

3. 以质量控制为核心的监督机制

Alchian 和 Demsetz（1972）认为“谁来监督监督者”问题是理解企业性质和起源的关键，这足以凸显监督机制在企业内部治理安排中的重要性。会计师事务所内部监督机制的一个突出特点是它以质量控制为核心，质量控制优先于成本控制。高质量审计是事务所声誉和品牌的基础，是社会公众和监管机构关注的焦点，而审计质量的维护又是一个复杂的系统工程，由于忽视质量控制而导致的审计失败，是事务所最大的风险来源。正因如此，会计师事务所对于经济利益的追求，必须以保证审计质量为前提，必要时需要牺牲短期经济利益以维护审计质量。对于审计质量的控制权，是会计师事务所剩余控制权的核心内容，需要将其在合伙人、各级经理和员工之间进行配置，在事务所内部不同决策机构和职能部门之间进行配置，这通常会形成事务所独具特色的质量控制系统。

在事务所的质量控制系统中，事务所合伙人负有主要的责任，公认的事务所质量控制准则均将合伙人对于业务质量承担的领导责任作为首要的质量控制要素。如果事务所的合伙人高度重视业务质量并严格贯彻各项质量控制政策与程序，单个业务项目的风险和事务所整体的风险均能得到有效的控制。反之，合伙人对于质量控制的忽视不仅会导致自己承担责任，还会导致其他合伙人也受到牵连而遭受损失。对于业务质量的重视经常是说易行难，对于合伙人尤其如此。在单个业务项目为事务所带来的剩余收益之中，负责该项目的合伙人通常占有不小的份额，合伙人掌握的客户资源的多寡，直接影响着合伙人个人的收入，失去某个重要客户，经常导致合伙人收入的锐减。对于一般的专业服务，对于服务质量的强调和维护，不仅与吸引新客户和留住老客户不冲突，而且是客户资源获取与维持的先决条件。然而，对于审计这种特殊的专业服务，业务质量有着特殊的含义，它要求审计人员独立于客户，审计人员越是能够揭露客户的问题和真相，审计质量就越高，审计的社会价值就越大。对于独立性的坚守和对于审计质量的强调，经常会导致违逆客户的意图，导致客户资源的流失，在资本市场环境和客户公司治理结构不完善的情况下尤其如此。在审计业务项目中，合伙人有可能存在较强的机会主义动机，在有意识降低服务质量能够获得更多客户并为自己带来更多的个人收入，收益主要由自己享有，风险却由事务所全体合伙人分担的情况下，合伙人就有可能降低标准接纳高风险的客户，或在审计过程中不严格执行专业标准和事务所政策。因此，合伙人既是主要的风险控制者，又是主要的风险制造者。

事务所的质量控制系统一般包括领导责任、职业道德、客户承接与续约、人力资源、业务执行和监控几大要素，分别强调合伙人对于质量控制的领导责任，遵循诚信、客观、公正的职业道德基本原则，从客户承接和续约的源头环节控制业务风险，保证充足的人力资源供应并提升其专业能力，在业务执行过程中遵循专业标准和事务所政策，对事务所质量控制系统的有效运行进行监督和检查等。事务所质量控制系统虽然很复杂，但其核心是合伙人的相互监督和合伙人对员工的监督。会计师事务所产生的一个重要原因是它提供了合伙人共担风险和相互监督的机制，合伙人相互监督对于控制事务所整体的风险十分重要，没有这种相互监督，单个合伙人的判断失误或机会主义行为给其他合伙人带来的负外部性就很难得到有效的内在化。同时，合伙人的相互监督也具有外部监督不可替代的优势，他们既具有评价彼此工作的专业能力，又由于相互接近而更容易观察到其他合伙人的行为。因此，合伙人的相互监督较少受到信息不对称问题的困扰。合伙人的相互监督主要表现在：第一，重大事项的集体决策，例如，对于高风险客户，其接受与续约决策不能由项目合伙人单独决定，而应由合伙人管理委员会等机构共同审议和决定；第二，合伙人相互进行绩效评价，特别是对合伙人的业务质量和履行事务所公共责任的情况进行评价，这些事项通常缺乏量化的评价标准，需要依赖合伙人所拥有的知识和经验进行主观评价；第三，合伙人对其他合伙人负责的业务项目的质量进行复核，对于上市公司审计等涉及广泛公共利益的项目，一般由没有参与该项目的合伙人在出具报告之前进行独立复核，称之为“项目质量控制复核”，这是事务所合伙人相互监督的最典型的表现。值得关注的是，在大型会计师事务所中，为了提高相互监督的效率，合伙人往往会通过合伙人管理委员会或其专门委员会执行监督工作。

在事务所的业务项目及流程层面，事务所的监督机制主要表现在合伙人对员工的监督。在事务所的质量控制系统中，都非常强调项目团队中经验丰富的人员对经验不足的人员进行督导，包括对工作进度与质量等进行监督，对复杂事项的处理和疑难问题的解决提供指导。根据分权的原则，这种督导往往是分层进行的，从项目合伙人、项目经理、主审到审计助理，上一级别的人员对下一级别的人员均负有督导的责任。业务项目或流程的质量控制另一个重要内容是对于业务质量的层层复核，这种复核从主审、项目经理到合伙人依次进行，复核的层次越高，复核的内容越集中于重大的事项及相关的专业判断。有趣的是，项目或流程层面的监督并非是一个单向的过程，下一级别的人员对于上一级别的人员并不是只有服从的义务。虽然通常而言上一级别的人员具有更丰富的经验，从而能够作出更好的判断，但级别越高，离审计现场的距离越远，由于无法及时掌握第一手的信息，也有可能出现判断的失误。为此，事务所通常还需要建立所谓的意见分歧解决机制，并要求重大的意见分歧如果不得到解决就不能出具审计意见。从这个角度来看，由于专业服务工作的性质，合伙人和员工之间也存在相互监督的问题。已有证据表明，项目合伙人和项目经理（或外勤审计负责人）之间容易发生分歧，项目合伙人通常更强调客户关系的维持，而项目经理往往更强调专业标准的遵循，这往往会导致他们的专业判断出现差异。质量控制系统完善的事务所非常强调解决项目合伙人和项目经理之间的意见分歧。

（三）会计师事务所剩余索取权的配置

剩余索取权配置主要涉及剩余收益如何分配的问题。由于剩余收益分配与事务所的绩效评价、晋升机制存在密切关联，笔者首先分析三者之间的关系，然后探讨剩余索取权如何在合伙人之间、合伙人与员工之间进行分配。

1. 绩效评价、晋升与剩余索取权的配置

剩余索取权意味着有资格参与事务所剩余收益的分配，并承担剩余收益波动的风险。因此，它既是一种权利，也是一种义务。笔者认为，在会计师事务所中，合伙人和员工均是剩余索取权的拥有者，只不过因为员工的大部分收入为相对固定的收入，所承担的剩余风险较少，传统上并不作为剩余索取者。在会计师事务所中，剩余索取权的分配与职位级别相联系，更高的职位级别通常意味着更大的剩余索取权。除职位级别之外，剩余索取权的分配还与合伙人或员工作出的实际贡献有关，职位级别相同，贡献大小不一，也会导致剩余分享份额的不同。研究绩效评价机制的意义在于，绩效评价的结果是剩余收益分配的基础，它可以解释同等级别的人员为何实际拥有的剩余索取权会有大有小。同时，剩余索取权的配置本质上是一个激励机制的设计问题，而绩效评价正是激励机制的核心组成部分。研究晋升机制的意义在于，它可以解释剩余索取权的动态变化，即具备何种条件的人员可以晋升至更高级别的岗位，并因而享有更大的剩余索取权。同时，晋升机制是事务所内部强有力的激励机制，因此在剩余索取权配置的探讨中必须给予足够的重视。绩效评价、晋升机制二者之间也是紧密联系的。显然，获得更好的绩效评价结果将提高获得晋升的概率，因为良好的绩效表现通常能够证明员工具备晋升所必需的素质和能力。二者之间的差异则在于，绩效评价更关注的是合伙人和员工实际上作出了何种贡献及贡献有多大，而晋升机制更关注员工是否具备提拔至高一级别岗位的素质和能力。管理学中的彼得定律表明在当前岗位上表现最佳者可能并不具备胜任更高级别岗位的素质或能力（Baker，Jensen 和 Murphy，

1988）。

事务所绩效评价的目的是衡量合伙人和员工对事务所是否作出了有价值的贡献及贡献的大小，并将其作为分配剩余的重要依据。它需要解决两个基本问题，一是绩效评价指标体系的设计，二是根据绩效指标对合伙人或员工的表现进行计量和评价。绩效评价指标的设计要考虑用什么样的指标来对合伙人或员工进行评价，还需要考虑不同指标的权重大小。评价指标将给出合伙人或员工努力的方向，而权重大小则会为他们的行动指明优先次序。一套设计合理的绩效评价指标体系，将会把合伙人或员工的目标和努力导向对于事务所价值创造具有最大影响的方向和领域。由于合伙人和员工的工作性质、内容和承担的责任具有重大差异，合伙人和员工的绩效评价指标需要分开设计。合伙人通常比员工肩负更多和更大的职责，其绩效评价也要复杂很多。一般而言，合伙人的绩效评价需要考虑的因素主要包括：合伙人对于事务所收入总额或新增收入的贡献、业务完成质量、履行质量控制和其他管理职责的情况等。其难点在于：第一，由于团队生产一般会碰到的计量问题（Alchian 和 Demsetz，1972），当一项工作成果涉及多个合伙人的合作时，例如新客户或新业务的获取，通常难以准确地衡量每个合伙人所作出的相对贡献大小；第二，一些对于事务所具有重要价值的活动，例如对于其他合伙人业务质量的复核、对于员工的培训与督导等，其工作量和工作效果难以进行准确的量化评价，如果对相关的评价指标给予较大的权重，可能会由于评价不准确而导致最终结果不公平，而如果对相关评价指标赋予较低的权重，则有可能导致合伙人对这些事项的重视程度不够；第三，合伙人有多种类型，例如，按照是否具有投票权可以划分为权益合伙人和授薪合伙人，按照职责性质可以划分为管理合伙人和业务合伙人，按照工作性质可以划分为审计合伙人、咨询合伙人和税务合伙人等，如何对不同类型的合伙人确定不同的绩效评价指标也是一个难题。安达信会计师事务所的崩溃，其重要原因之一是没有解决好审计合伙人和咨询合伙人的绩效评价和收益分配问题。相对而言，员工（包括各级经理）的绩效评价要简单许多，主要需要考虑工作量、业务完成质量、对项目团队的其他贡献等。在解决了评价指标体系的设计问题之后，还需要解决绩效计量与评价的组织与程序问题。一方面，会计师事务所需要通过业务记录和会计系统为绩效评价提供基础信息；另一方面，事务所还需要建立正式的评价组织与评价程序，例如，在合伙人管理委员会中建立薪酬委员会负责对合伙人的绩效进行评价，采用自我评价、上级评价与同级评价相结合的评价方法等。

晋升机制在会计师事务所剩余索取权的配置中极为重要。组织中的晋升服务于两大重要而独特的目的，一是匹配目的，二是激励目的（Baker，Jensen 和 Murphy，1988），前者可使员工与其最合适的工作岗位匹配，后者则可激励较低级别的员工为了获得与较高级别岗位相联系的报酬与声望而作出组织所需要的人力资本投资行为。会计师事务所中的职务晋升具有若干值得关注的重要特征，而对于这些特征的合理解释具有重要的理论价值。首先，与一般企业不同，由于晋升阶梯的顶端是合伙人，而合伙人同时具有所有者和管理者的身份，这意味着事务所的晋升同时具有职务激励与股权激励的效应，具有更强的激励效果。其次，事务所的晋升级次更多，晋升为合伙人需要符合更为严格的条件，经过更长时间的历练。大型会计师事务所的职务级别一般被划分为助理（associates）、主审（seniors）、经理（managers）和合伙人（partners）几大级别，每一级别又有若干级次[①]。员工从进入事务所的第一年起，每年都会经

---

① 例如，在某一国际四大所中，助理按照资历划分为 A1、A2 两个级别（或更多，下同），主审则进一步划分为 S1、S2 两个级别，经理则有 M1、M2 和高级经理的区别，合伙人也有初级合伙人、高级合伙人的区别。

过考核并获得晋升的机会，成为合伙人通常需要经过10年至12年的“学徒期”（Burrows和Black，1998）。会计师事务所之所以要设计这样的晋升阶梯，一方面是因为知识和经验的积累对于员工获得符合更高级别岗位要求的专业能力十分重要，另一方面是会计师事务所作出错误人力资源决策的代价比普通企业要大（Lane和Parkin，1998），频繁的考核与晋升，可以使员工的能力不断得到信号显示的机会，最终甄别出最适合成为合伙人的人选。另外，在会计师事务所中，合伙人和高级管理岗位极少从外部招聘，而主要通过内部晋升，同时职务级别越高，人员流动率（turnover）越低[①]。Jovanovic（1979）的匹配模型表明，企业专用性资本与流动率之间存在负相关关系。合伙人的内部晋升与流动率特点只能说明合伙人资格对于专用性人力资本的要求极为突出，而为了降低进行专用性人力资本投资的高风险，员工晋升为合伙人之后就获得了一种类似“终身雇佣”的地位。合伙人的稳固地位不仅能够有效地保护专用性人力资本的投资，还使现有合伙人在挑选新的合伙人时不必担心自己的位置受到威胁，从而有利于他们为事务所选择真正有能力的新合伙人[②]。最后，大型事务所经常采取一种“非进即退”（up-or-out）的晋升政策，即在一个级别上工作一定年限的员工如果不能晋升到更高级别，即使他非常胜任当前的工作岗位，也会被事务所辞退。Baker，Jensen和Murphy（1988）指出，“非进即退”系统在人力资本是通用性而非专用性，员工流动对于创造新的活力、想法、热情和变革非常重要的时候将发挥更好的作用。“非进即退”的晋升政策表明，在事务所较低级别的岗位上，对于人力资本专用性的要求并不高，而促进内部竞争、吸引新的观念与想法、控制人

---

① 例如，普华永道2008财年鉴证业务部门的客户服务员工、业务支持员工和合伙人的流动率依次为18%、11%和6%。

② ［美］保罗·米尔格罗姆、［美］约翰·罗伯茨：《经济学、组织与管理》，费方域译，经济科学出版社2004年版，第404—405页。

工成本等方面的考虑占据主导地位。显然，“非进即退”容易造成人力资本投资的浪费，在人力资本供应并不充裕的情况下，“非进即退”晋升政策可能难以为继。以上分析表明，会计师事务所内部的晋升政策极具研究价值，它可以使我们更好地理解人力资本在剩余索取权配置中的角色和作用。

2. 剩余索取权在合伙人之间的分配

剩余索取权在会计师事务所合伙人之间的分配远比在上市公司股东之间的分配复杂。在上市公司之中，持股比例是决定剩余索取权最重要的因素，它反映出非人力资本投资是传统公司权益主要来源的基本事实。合伙人的多重身份决定了他们可以有多个依据参与事务所剩余收益的切分。作为所有者，他可以获得权益回报；作为管理者，他可以获得激励性薪酬；作为劳动者，他可以获得劳动报酬。不同性质的薪酬，需要采用不同的计算标准与方法。同时，合伙人作为一个群体并非是同质的，不同类型的合伙人采用同样的薪酬确定方式显然不合理。会计师事务所剩余索取权配置应遵循哪些基本原则？合伙人依据什么参与剩余收益的分配？合伙人对剩余收益的分配采用何种方法？这些问题均有待深入地探讨。

由于会计师事务所的性质和特征，剩余索取权在合伙人之间的分配应遵循一些基本原则，包括效率原则、风险分担原则、公平原则等。第一，效率原则要求剩余收益的分配应基于合伙人的绩效考核，而绩效考核应能激励合伙人为事务所的价值创造付出最大的努力。收入创造、成本控制和质量控制等活动是为事务所增加价值的基本途径，因此必须在绩效评价和剩余收益分配中得到高度的重视。同时，效率原则主张拉大不同合伙人之间的薪酬差距，奖勤罚懒，奖优罚劣，使薪酬最大效度地发挥激励效应。第二，风险分担原则要求合伙人对剩余收益的分配能够降低合伙人个人的非系统性风险，尤其是专用性人力资本投资的风险，促进合伙人形成稳定的合作关系。风险分担原则主张限制合伙人的薪酬差距，偏向于采用平均分配的方式，使得剩余收益分配更好地体现保险功能。第三，公平原则要求合伙人的合法权益得到尊重和维护，不同类型的合伙人应得到公平对待，合伙人向事务所中投入的有形资本、客户资源、人力资本等各种形式的稀缺资源，均应获得合理的回报。公平原则不主张基于效率的考虑拉大合伙人的薪酬差距，特别是初级合伙人和高级合伙人的薪酬差距。对于效率原则的过分强调有可能导致事务所过分重视经济利益，并弱化合伙人相互合作的动机；过分强调风险分担原则容易导致合伙人“偷懒”和“搭便车”，降低事务所的效益；过分强调公平原则容易导向平均主义，弱化薪酬制度的激励效应。因此，剩余索取权在合伙人之间的配置应综合考虑这三种原则。

合伙人拥有多重角色，他们对事务所作出的贡献是多样的，这导致其对剩余收益的索取权受到复杂因素的影响。Martin（1991）指出在会计师事务所薪酬决策中频繁使用的因素包括：已收款的计费小时、管理的客户量、为事务所带来的新客户、有形资本投入、权益点数、成为合伙人的年数、技术专长、管理责任、社区形象（community visibility）等。如果将这些因素进行适当的归类，合伙人参与剩余收益分配的依据主要包括个人绩效、劳动投入和权益，他们相应可以获得绩效薪酬、劳动薪酬和权益薪酬。合伙人的绩效薪酬和劳动薪酬可以依据相对客观的标准来进行计算，其结果往往争议较少。在合伙人薪酬计算方面最有影响力的 Hale-Dorr 系统就是按照工作时间、客户招揽和盈利能力各占 60%、30% 和 10% 的比例向合伙人分配事务所利润的①。合伙人权益薪酬的确定则主观性很强，也更为复杂。合伙人在事务所的权益来源主要包括有形资本、人力

---

① 此系统由著名的 Hale-Dorr 律师事务所在 20 世纪 40 年代开发。

资本和社会资本[1]。有形资本对于会计师事务所并非最为重要的资本来源，只有当事务所处于初创时期或扩张时期才会产生对于有形资本的大量需求，这些资本将会被用于购置办公场所、设备等固定资产，或用于支付办公场所的租金和员工的薪水等。合伙人投入的有形资本并不能构成参与剩余分配的主要依据，他们不能通过增加出资而扩大自己的利润分享份额，除非其他合伙人同意这么做。在有些事务所中，采取向合伙人的资本账户支付固定比例利息的方式回报合伙人的有形资本出资（Shaw，1966），这实际上给予有形资本的投入者一种类似债权人的地位。因此，合伙人的剩余索取权主要来自其人力资本和社会资本。大型会计师事务所通常的做法是赋予每个合伙人一定的权益点数或利润点数（equity points or profit points），并将其作为参与剩余分配的主要依据。当一位员工被接纳为合伙人之时会被赋予相对较少的权益点数，这实际上是对员工长期的人力资本投资尤其是专用性人力资本投资的认可。合伙人分配的权益点数会随着资历的加深而增多，并最终达到一个上限[2]，获得最高水平的利润分享份额，资历最深的合伙人所分享的利润可能高达新晋合伙人份额的数倍，这进一步表明人力资本对于事务所剩余收益分配的决定性影响。

合伙人参与事务所剩余收益分配的方法有很多种，其中最基本的方法包括平均分配和按绩效分配两种（Burrows 和 Black，1998）。在剩余收益分配方法的连续图谱中，完全的平均分配和完全的按绩效分配是两个极端，其余方法均属于两种方法的混合体。平均分配完全不考虑不同合伙人的绩效表现，所有合伙人均按照相同的比例参与剩余收益的分配。虽然平均分配在普通企业中极为少见，但在

① 社会资本主要包括合伙人个人拥有的关系网络，这在中国这样的经济转型国家和儒家文化国家尤为重要。

② 达到上限之后，权益点数会下降，直至合伙人退休。

会计师事务所这样的专业服务企业中却并非特例。Laurence（1999）指出了平均分配两大优势，一是它提供了维持品牌投资价值所需要的同行监督的最佳激励，二是它使会计师事务所得以发挥保险功能，防范对于审计人员人力资本的非系统性冲击（idiosyncratic shocks）。同时，平均分配也省去了绩效计量与评价的高成本。当然，其弊端也是显而易见的，它容易助长合伙人“偷懒”和“搭便车”的动机，而且这种偷懒的动机与团队的规模存在正相关关系（Alchian 和 Demsetz，1972）。因此，完全的平均分配只存在于合伙人人数很少的小型事务所中。更多的事务所采取的是平均分配的变通形式，即基于资历（seniority）的薪酬分配。在这种分配方式之下，资历相同的合伙人享有相同的利润分享比例。完全按照绩效进行剩余收益分配的方式具有的优势是合伙人“偷懒”和“搭便车”的动机被最大限度地弱化，合伙人有极强的动力去完成绩效指标，进而最大化个人收入。这种收益分配方式的不利之处在于，对于边际生产率的强调有可能阻碍合伙人之间的合作，那些无法加以计量但对于维持事务所品牌资本非常重要的活动有可能被忽视，事务所对于合伙人非系统风险的分散能力也将下降（Laurence，1999）。同时，它还有可能导致操纵数字，使数字按照于己有利的方式生成的行为（Lenz and Mudrick，1990）。因此，完全按照绩效分配剩余收益的方式在会计师事务所中是极为少见的。大多数事务所采取的分配方式是两种极端方法的混合体，即实际的分配方法兼具平均分配和按绩效分配的成分。很多事务所采取的多层次利润分配系统正是这种混合分配方式的体现。例如，有的事务所将合伙人的利润分配划分为四个层次，第一层次为薪水，体现劳动报酬；第二层次为权益，反映合伙人的资本贡献；第三层次为特殊分配，体现事务所对特别贡献的奖励；第四层次为平均分配，反映出剩余的利润是合伙人共同努力的结果（Rachlin，1979）。

3. 剩余索取权在合伙人与员工之间的分配

由于员工是知识工作者，掌握着事务所所需的专门知识，他们被赋予一定的剩余控制权，对于自己所负责的事务有一定的相机决策的权利。为了保证员工适当行使其剩余控制权，有必要赋予员工相应的剩余索取权，使他们承担部分风险，并获取剩余收益。由于员工执业行为的责任和风险有很大一部分要由主管合伙人承担，这导致员工的机会主义行为对于事务所和主管合伙人有着很强的负外部性，这也要求通过剩余索取权和剩余控制权的设计，使员工机会主义行为的负外部性得以内在化。同时，由于员工所拥有的人力资本专用性程度并不高，这导致员工从事务所跳槽并不会遭受人力资本大幅贬值的风险，从而增强了员工主动离职的可能性。会计师事务所的员工流动率相对于其他行业要高出许多，例如，“四大”在近些年的员工流动率曾高达每年15%—20%，而其他一些行业则只有5%（The Economist，2007）。会计师事务所偏高的员工流动率意味着这一行业的专业人士有着充分的就业机会，他们对于事务所的依赖性较低。在这种情况下，吸引并留住优秀的员工就成为会计师事务所面临的最大挑战（The Economist，2007），通过剩余索取权的设计增强员工留在事务所内工作的动力对于事务所而言十分必要。这要求解决合伙人与员工之间剩余索取权的分配问题以及员工参与事务所剩余收益分配的形式与途径问题。

合伙人与员工之间剩余索取权的分配首先要解决合伙人与员工的收入差距问题，或者说合伙人与员工如何在事务所的收入中切分蛋糕的问题。显然，合伙人与员工收入差距过大或过小均是不合适的。如果收入差距过大，员工的收入将主要以较低水平的固定工资形式存在，员工另谋高就的动机就会很大。当然，这也有可能导致一个相反的结果，那就是因为合伙人的报酬极为丰厚而吸引员工在事务所内部发展。这取决于员工对于晋升合伙人的合理概率的预期。如果合伙人与员工的收入差距过小，合伙人位置的吸引力就会大大下降，这不利于激励员工为获得合伙人资格而作出专用性人力资本的投资。显然，合伙人与员工的收入比例存在一个理论上最优值，而这一比例会因为事务所的不同而不同①。

其次，合伙人与员工之间剩余索取权的分配需要解决员工参与事务所剩余收益分配的形式与途径问题。员工的薪酬一般包括固定部分与浮动部分，固定部分主要是指与所在的岗位相联系的基本薪酬，只要员工正常履行其职责即可获得，浮动部分主要包括超额工作量部分以及绩效薪酬，在会计师事务所中这部分薪酬主要以加班费、出差补贴、绩效奖励或奖金的形式存在。如果员工的薪酬全部固定，员工就被排除了剩余索取者的身份，薪酬对于员工的激励效应将不复存在。如果员工的薪酬全部以浮动形式存在，员工虽然成为完全的剩余索取者，但风险规避的员工会因为承担的风险过高而选择退出。因此，员工薪酬形式需要解决的问题不是在固定薪酬与浮动薪酬之间二者选一，而是如何将固定薪酬和浮动薪酬合理结合在一起。在员工薪酬形式问题上，还需要解决的一个重要问题是员工的绩效薪酬是完全基于个人表现，还是基于项目团队的表现。如果员工薪酬完全基于个人表现，其在团队生产中“偷懒”或“搭便车”的动机将会被完全弱化，将有很强的动力去完成个人的绩效指标。这样做的不利之处是将削弱有效的团队合作，那些难以量化但对于团队整体绩效非常重要的活动可能会被忽视。如果员工薪酬完全基于项目团队的表现，则员工可能会有较强的“偷懒”或“搭便车”动机，在团队成员平均分享团队收益的情况下尤其如此。解决这一难题的一种途径是事务所的剩余收益按照团队绩效进行分配，而团队的收益则按照员工的个人绩效表现来进行分配，或在团

① 例如，在毕马威会计师事务所荷兰成员所中，合伙人和最低级别的受训者（trainee）的收入比例为 10 : 1（Laurence，1999）。

队成员的边际贡献难以准确计量的情况下采取平均分配。如果团队成员存在“偷懒”或“搭便车”行为，其行为就会降低团队整体的绩效，进而影响所有团队成员的收入，团队成员就会有很强的动机进行相互监督，从而保证团队的整体绩效表现。

合伙人与员工之间剩余索取权分配最后需要解决的一个问题是不同级别员工的薪酬差距问题，这一问题需要同事务所的晋升机制结合考虑，因为晋升至高一级别岗位通常意味着更大的剩余索取权和剩余控制权，晋升合伙人的前景是吸引员工留在事务所内部发展的重要原因，它的作用类似于一种股票期权，可以使员工忍受较低的收入水平而在成为合伙人时将“股票期权”变现。晋升系统涉及剩余索取权和剩余控制权在时间上的配置，一种重要的安排是在晋升阶梯上较低位置的员工接受低于其机会成本的报酬，而在晋升阶梯的较高位置上员工将获得高于其机会成本的报酬，早期的支付不足和晋升合伙人的希望可以将员工与事务所捆绑在一起，而晋升合伙人之后获得的高回报将完全补偿员工在较低级别岗位上的收入损失（参见图 2—2）（Laurence，1999）。实施这样一种安排的基本前提是员工要有晋升为合伙人的合理预期，没有这种合理预期，难以想象员工会甘于忍受较低级别岗位上较低的收入，并愿意等待很长时间才将“股票期权”变现。

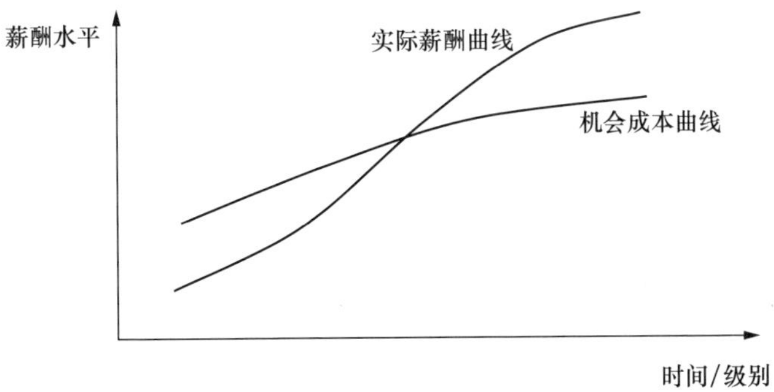

图 2—2　基于晋升的员工薪酬安排

五　结论与讨论

本章对会计师事务所内部治理中的基本理论问题进行了研究。对会计师事务所的性质、特征与成因的理解是研究其内部治理安排的前提。从业务特征上来看，审计业务的特殊性要求会计师事务所的内部治理安排必须提供维持审计质量的机制。从资产特征来看，会计师事务所的主要资产是人力资本和品牌资产，会计师事务所内部治理安排必须能够促进专用性人力资本的投资，维护事务所的品牌价值。从生产特征来看，会计师事务所提供的专业服务在投入、过程和结果诸方面均受到外部监管的影响，且具有典型的团队生产特征，其内部治理安排必须促进对于法律法规和专业标准的遵循，解决团队生产中“偷懒”和“搭便车”问题。从组织与管理特征来看，会计师事务所是分权程度很高、正规化程度较低、组织弹性较高的有机式组织，一般缺少独立的职业经理人阶层，通常采用平等协商的决策方式，高度重视人力资源管理和质量控制，这些特征对于理解会计师事务所的内部治理安排具有重要的意义。

传统的经济学理论经常从规模经济、范围经济的角度来理解组织的起源问题，虽然这些理论对于理解会计师事务所的起源具有一定的指导意义，但由于其没有充分考虑专业服务企业的特殊性质以及会计师事务所的特征，在解释会计师事务所起源问题上缺乏足够的说服力。笔者认为，会计师事务所提供了建立声誉和品牌的有效途径，为单个注册会计师提供了分散人力资本风险的机制，同时满足了客户对于审计的保险价值的需求，这些益处才是专业人士组成为会计师事务所的关键动因。对于会计师事务所成因的分析，有助于理解其内部治理安排需要解决的根本问题。

本章将代理理论、产权理论、利益相关者理论和知识理论作为会计师事务所内部治理研究的主要理论基础。从代理理论的角度来看，会计师事务所内部治理安排主要需要解决合伙人相互之间以及合伙人与员工之间的代理问题，包括逆向选择问题和道德风险问题，缓解其利益冲突，降低代理成本。从产权理论的角度来看，会计师事务所内部治理安排需要降低人力资本特别是专用性人力资本投资的风险，保护人力资本的产权。从利益相关者理论的角度来看，会计师事务所内部治理安排需要保护利益相关者的利益，促进利益相关者持续向事务所投入有价值的资源。从知识理论的角度来看，会计师事务所内部治理安排必须将决策权赋予拥有专门知识的人，同时促进默会知识的生成和分享。

本章从剩余控制权和剩余索取权两个角度探讨了会计师事务所内部治理的基本安排。本章探讨了会计师事务所中剩余控制权和剩余索取权的内涵、主体和表现形式，指出会计师事务所中剩余控制权和剩余索取权并不必然匹配，其最佳对应仍需要进行复杂的机制设计。在会计师事务所剩余控制权配置方面，本章主要探讨了合伙人的进入与退出机制、事务所治理机构的设置及其决策议事规则和以质量控制为核心的监督机制。在会计师事务所剩余索取权配置方面，本章分析了绩效评价、晋升机制与事务所剩余索取权配置的关系，分析了剩余索取权在合伙人之间、合伙人与员工之间配置需要解决的一些基本理论问题。

本章为研究会计师事务所内部治理安排的基本理论问题提供了一个框架，这一框架可作为未来进一步研究的基础。然而，由于剩余索取权和剩余控制权概念的高度抽象性以及在现实中二者难以截然分开，本章提出的分析框架还较为宽泛，有待于进一步充实与完善，包括进一步理顺基本概念之间的逻辑关系，将本章由于时间和篇幅限制未能深入探讨的问题和没有涉及的一些重要问题补充进去。例如，内部治理与外部治理的关系，自生治理与强制治理的关系，不同组织形式会计师事务所内部治理的基本规律，事务所网络和国际会计师事务所治理的基本理论，文化和信息技术的治理功能，会计师事务所的信息公开披露问题等，均具有重要的研究价值。会计师事务所内部治理是一个研究空间十分宽广的领域，需要更多学者的重视与参与，同时亟须采用档案研究、案例研究等实证研究方法，将相关的研究工作向纵深推进。

第三章

中国会计师事务所的内部治理结构及其变革

——制度背景、演进历程与现状分析

一　引言

我国现代注册会计师行业是在20世纪80年代初国家开始经济转型之路时恢复重建的，虽然迄今为止不过经历了30余年的发展，但取得的成就为世人所瞩目。我国注册会计师行业的发展过程也是会计师事务所发展的过程，而会计师事务所的发展壮大与其内部治理的变革是密切联系在一起的。一方面，会计师事务所内部治理结构的调整，尤其是产权关系的合理界定，构成了会计师事务所发展壮大的基础；另一方面，会计师事务所的发展壮大，又要求其内部治理结构进行相应的调整甚至重构。合理的治理结构，可以为会计师事务所的发展壮大提供强大的内部动力，而不合理的治理结构，则会成为会计师事务所发展壮大的瓶颈或桎梏。在30余年的发展过程中，我国会计师事务所多次经历重大的内部治理变革，目前正处于新一轮的、更为艰巨的内部治理变革进程之中。

与发达市场经济国家相比，我国的会计师事务所内部治理变革有着迥然不同的制度背景、动因与路径，需要解决的问题和问题的解决办法均存在显著不同。在发达市场经济国家，会计师事务所的产生及其治理结构的形成与调整，主要是市场力量作用的结果。在我国经济转型的制度背景之下，会计师事务所的产生及其治理结构的形成与调整，则是政府强有力的“有形之手”和不断发育的市场力量共同作用的结果。在复杂多变的制度背景和多重力量的“塑造”之下，我国会计师事务所内部治理结构的特殊性十分显著，而且远未达到完善的状态。我国资本市场上特殊的审计行为，往往可以从会计师事务所的内部治理结构上找到原因。然而，对于我国会计师事务所内部治理结构及其变革的研究十分薄弱，学术界尚未为政府的政策制定和实务界的治理实践提供有力的理论支持。

本章将对我国会计师事务所内部治理变革的制度背景进行描述，对变革的演进历程进行梳理，对“四大”中国合作所、本土事务所的内部治理实践进行研究，分析其存在的主要问题。

二　中国会计师事务所内部治理变革的制度背景

只有将我国会计师事务所的内部治理变革置于政治、经济环境的大背景下加以考察，才能真正理解变革背后的深层动力与变革的演进路径。在30余年的发展历程中，我国会计师事务所在内部治理方面发生的变革与进步是在经济转型、政府职能转换、国际交流和注册会计师职业化的大制度背景之下发生的。

（一）经济转型

在市场经济状态下，审计作为一种监督契约履行的机制，其市场需求的产生并不依赖于政府管制，或者说并非政府管制创造了对于审计的市场需求（Watts 和 Zimmerman，1983）。在计划经济状态下，企业国有国营，国有资产所有者和经营者之间虽然也存在委托代理关系，也会产生代理成本，但代表国家行使所有权职能的人和代表国家经营企业的人均是“国家干部”的身份，前者对后者的监督不必通过独立第三方进行，而完全可以借助于政府的有关部门来执行。因此，计划经济状态下不存在对于独立审计的自发需求，会计师事务所也没有存在的必要。这正是我国在 20 世纪 50 年代中后期完成对资本主义工商业的社会主义改造并实施计划经济之后，注册会计师行业悄然退出历史舞台的原因（项怀诚，1999），也是我国在 20 世纪 70 年代末实施改革开放政策之前，我国不存在会计师事务所和注册会计师的原因。

开始于 1978 年的改革开放政策开启了我国由计划经济向市场经济转型的伟大进程。我国注册会计师行业的恢复重建，与 1979 年我国允许引进外资、成立“三资企业”[①] 有密切的关系。外资的引入改变了公有制一统天下的局面，外商作为“三资企业”的外部股东，为维护自身的利益需要独立的第三方来对企业和管理层的绩效进行独立的评价和鉴证。我国最先出现的会计师事务所，其主要业务类型就是“三资”企业的查账与验资业务。随着市场日益成为配置稀缺资源的基本方式，国民经济中非公有制成分的不断加大，对于独立审计的自发需求也日益扩大，由此带来了审计市场的发育与繁荣，以及会计师事务所规模的扩大化。1990 年和 1991 年上海、深圳两个证券交易所的成立，标志着我国资本市场的初步形成，我国的经济体制改革朝向真正的现代市场经济迈出了具有里程碑意义的一步。上市公司财务报表的法定审计制度，极大地促进了对于注册会计师审计服务的需求，极大地拓展了审计服务市场。注册会计

---

① 即中外合资经营企业、中外合作经营企业和外商独资企业。参见项怀城《新中国会计五十年》，中国财政经济出版社 1999 年版，第 459 页。

师审计作为上市公司极为重要的外部治理机制要有效发挥作用，一方面要强化对于会计师事务所的外部监管，另一方面要求完善会计师事务所的内部治理，因此资本市场的发展为会计师事务所扩大规模和完善内部治理提供了强大动力。随着市场经济体制的正式确立以及注册会计师行业影响力的扩大，会计师事务所提供财务报表审计服务的对象自 1998 年起扩大至所有国有企业，随着政府体制改革和社会管理方式改革的深入，政府行政部门、事业单位和其他非营利组织也逐步纳入到注册会计师审计的范围之内。市场需求的进一步扩大对于会计师事务所的内部治理提出了更高的要求。唯其如此，注册会计师行业才能持续地维持和提高社会各界的信任，获得更大的生存与发展空间。

经济转型对于会计师事务所的内部治理变革具有深刻的影响。经济转型产生并扩大了对于注册会计师审计和其他专业服务的需求，促进了审计市场的发育和有效竞争，为会计师事务所内部治理的完善提供了外部动力。经济转型同时伴随着注册会计师执业环境的优化，为会计师事务所提供了产品市场竞争、要素市场竞争等重要的外部治理机制，为声誉机制、品牌效应的形成提供了基本的条件，这是会计师事务所形成兼顾社会公益与私人利益、平衡经济效率与效果的内部治理安排的基础。然而，经济转型是一个漫长的过程，计划经济及其与之相适应的思维模式、管理方式和既得利益集团在几十年的时间里不可能彻底退出历史舞台，市场经济及其与之相适应的思维模式和管理方式则不可能在短期内达到成熟、完善的境地，这导致会计师事务所内部治理结构的成熟、完善也需要经历一个漫长的过程。例如，已有大量证据表明，虽然我国已将建立市场经济作为经济改革的目标，但资本市场仍然缺乏对于高质量审计强烈的自发需求（DeFond，Wong 和 Li，2000；Chen，Su 和 Wu，2010 等）。在这种情况下，会计师事务所内部治理安排就不会将提供高质量审计服务作为协调利益相关者利益冲突的关键，而是倾向于保护能够为事务所带来客户资源或为事务所提供庇护的利益相关者的权益。又如，发达市场经济国家的审计市场经过数百年的发展，已形成了“寡头垄断”这种被认为有助于提高审计独立性的市场结构，“四大”会计师事务所相互之间既能形成有效竞争，又不至于在与客户的谈判中处于弱势。我国审计市场成熟度显然远不如美国等发达国家的审计市场，事务所整体规模偏小，市场集中度偏低是不争的事实，这导致会计师事务所为了求生存而低价竞争，相对于客户处于弱势谈判地位，对于专业服务质量的追求让位于对于客户资源的竞争，这是我国目前会计师事务所内部治理状况欠佳的一个重要外部原因。总之，经济转型影响着审计等专业服务市场的成熟与规范程度，影响着会计师事务所执业环境的好坏，影响着对于会计师事务所生存和发展而言最有价值的资源类型，进而影响了会计师事务所内部治理的目标和基本安排。

（二）政府职能转变

我国是一个典型的“大政府，小社会”型国家，即使在我国经济改革正式确立市场经济目标模式，市场已日益成为我国资源配置的基础方式的情况下，我国政府对于国民经济体系的控制力度和影响程度也远非其他市场经济国家可比。政府制定颁布的法律法规和政策以及采取的监管行动，是“塑造”我国会计师事务所内部治理结构的庞大外部力量。首先，我国政府颁布的《中华人民共和国注册会计师法（1994）》等法律法规，划定了注册会计师的业务范围，规定了会计师事务所的组织形式，明确了注册会计师的法律责任，这直接影响着会计师事务所内部治理结构的设计。例如，根据有关法律，我国会计师事务所只能采取普通合伙和有限责任公司制两种法律组织形式，选择不同的法律组织形式，意味着选择了不同的治理结构。目前，我国会计师事务所大多数选择的是有限责任公司制这一传统上认为不适合专业人士，并在相当长的历史时期内被大多数国家禁止采用的组织形式，这直接导致注册会计师面临的法律责任风险大大下降，他们通过组成会计师事务所分散风险并强化相互监督的动机被大大削弱。其次，我国政府部门掌握着针对注册会计师行业的关键监管权，尤其是行业准入和行政处罚权，并通过对于政府具有依附性的行业协会，控制了审计准则、质量控制准则、职业道德等专业标准的制定和执行权。在这种情况下，政府完全有能力把自己认为理想的内部治理模式强加给会计师事务所，而会计师事务所为了获得政府的扶持与帮助，也有积极性按照政府的意图来重构自己的内部治理结构，哪怕所选择的内部治理模式并不适合于自己。最后，我国注册会计师行业是在政府的许可下恢复重建的，这个行业从无到有，从弱小到发展壮大，市场力量的作用固然不容忽视，但政府的“有形之手”却左右着行业发展的路径和速度。财政部作为主管部门有很强的动机采取措施推进注册会计师行业的快速发展，一则这可以向更高级别的领导层显示政绩，二则能够带来更多的自我服务（self-serving）的机会以及由于行业发展壮大而带来的管制权力的扩大。政府主管部门的积极作为确实起到了推动行业快速发展的实际效果，但由于急功近利、插手太多，也造成了诸多负面影响。显而易见的是，内部治理的完善应主要依靠市场力量和自发协调，但我国目前的状况是政府主导了会计师事务所内部治理完善的进程。

计划经济和市场经济对于政府角色和作用的要求存在本质的不同，经济转型必然要求政府的职能转变，而政府的职能转变是否成功，在很大程度上决定了经济转型是否能够最终成功。没有政府职能的转变，我国注册会计师行业的发展以及会计师事务所内部治理的进步实际上都是不可能发生的。政府职能的重大转变既影响到注册会计师行业的监管体制，又影响到事务所的内部治理安排。在注册会计师行业恢复重建的早期，政府既是行业监管者，又是事务所的出资者，会计师事务所具有鲜明的“官办”性质，形成了独具特色的“挂靠”体制。由于产权不清晰，责任不明确，会计师事务所根本无法形成合理的治理结构。1999 年完成的“脱钩改制”意味着主管部门职能的根本转变，即不再是事务所的出资者，而仅仅是事务所的监管者。完成“脱钩改制”的会计师事务所成为真正意义上独立经营、自负盈亏、自担风险的市场主体，事务所的产权关系得以明晰，注册会计师的责任和风险得以明确，事务所内部治理安排的重要性开始凸显，市场力量开始在事务所内部治理变革中发挥重要作用。然而，1999 年的“脱钩改制”实际上只完成了“脱钩”，但并未真正完成“改制”，会计师事务所内部治理结构不完善的局面并未得到彻底扭转。在 1999 年以后，政府职能转变需要解决的根本问题是如何在主管部门和行业协会之间适当的划分监管权限以及如何切实改变不同政府部门“多头监管”、监管成本过高、监管效果欠佳的问题（陈波，2009）。这些问题直至今日仍未得到圆满解决，其解决关系到注册会计师行业的未来发展和事务所内部治理变革的方向。在 1999 年以后，政府主管部门和行业协会的工作重点是推动会计师事务所通过合并方式做大，通过转变事务所法律组织形式做强。政府的积极作为直接导致了 1999 年以后事务所的多次合并浪潮以及大型会计师事务所向特殊普通合伙①的转制之路。事务所合并与转制带来了内部治理的诸多难题，在短期内并未带来我国会计师事务所内部治理水平的明显改进。

① 在国外称为“有限责任合伙”（Limited Liability Partnership，简称 LLP）。我国之所以未采取 LLP 的通行称谓，是因为目前仍生效的 1994 年注册会计师法并未将其作为会计师事务所组织形式的合法选择。

（三）国际交流

现代注册会计师行业的发源地是英国，近100年内在世界上处于领先地位的是美国。我国与注册会计师相关的一整套制度安排，是在学习和借鉴美国等发达国家经验的基础上逐步形成的。如果没有改革开放政策带来的国际交流机会，我国注册会计师行业就不会选择现有的发展路径，不会有现有的发展速度，甚至根本就不会恢复重建。在我国改革开放之初，审计、验资等具有鉴证性质、需要公信力作为基础的工作，交由政府机关来完成更符合人们当时的认知水平，更容易被人们接受，而最终选择交由民间独立机构来做，显然是因为这是一项国际惯例，而只有遵循这一惯例才能吸引外资的进入。因而，为了顺利进行国际贸易、投资等国际交流活动而产生的遵循国际惯例的要求，对于我国注册会计师行业选择现今的发展目标与路径具有决定性的影响。由于拥有学习和模仿现成经验的“后发优势”，我国注册会计师行业才能在30余年的时间内走完国外发达国家走了近百年的路，系统地建立起包括教育培训、资格认证、行业准入、准则制定、调查惩戒等在内的制度体系，并发展至今天的规模和水平。

对于国际经验的学习和借鉴，也深刻影响到我国会计师事务所内部治理结构的设计。显然，在注册会计师行业发展的早期阶段，专业人士对于如何合作组成会计师事务所并协调彼此关系普遍缺乏经验，唯有放眼世界，学习国际上同行的做法。由于制度环境的不同，对于国外会计师事务所治理经验的学习不是简单的模仿和套用，或者说国外的经验并不能直接拿来解决我国会计师事务所治理中碰到的特殊问题。例如，在国外，合伙人解决分歧主要依赖事前达成的合伙协议，合伙协议既具有法律上的约束力，又具有事实上的约束力，而在我国，即使存在合伙协议，也经常会由于合伙人缺乏严格守约的“契约精神”而丧失事实上的约束力。如今，我国会计师事务所对于国外先进内部治理经验的学习和借鉴，已能超越简单的照搬和模仿，做到有选择性地吸收，并根据中国的实情进行适当地变通。

由于“四大”国际会计师事务所在内部治理方面具有公认的领先地位，我国本土的会计师事务所在内部治理方面学习的主要对象即为“四大”。“四大”为开拓中国市场而设立的分支机构，则为本土会计师事务所不出国门学习“四大”的治理经验提供了条件。早在 1981 年 1 月，永道财务会计公司获财政部批准在上海设立代表处（项怀诚，1999）[①]，该代表处几乎与财政部门批准成立的首家会计师事务所——上海会计师事务所同时诞生。国际会计师事务所在中国的分支机构最初不能从事法定审计业务，而只能提供与审计、会计、税务相关的咨询服务，但它们通过举办培训班、接受实习人员等方式，培训了一批中国注册会计师行业的专业骨干（项怀诚，1999）[②]。根据我国为加入世贸组织而作出的开放会计市场的有关承诺，国际会计公司获准在中国设立中外合作所或成员所，并执行法定审计业务。截至 1998 年年底，已有 20 多个国际会计公司进入中国市场，先后在各大城市设立 30 多个常驻代表处，建立了 10 家中国合作所，先后有 4 家国际会计公司在中国设立了 7 个成员所（项怀诚，1999）[③]。“四大”在中国的合作所与本土会计师事务所也逐渐形成了相互竞争的关系。“四大”合作所在中国的运营，为中国本土的事务所提供了近距离学习其治理经验的机会，而专业人士在“四大”和本土所之间的相互流动，则为本土所带来了熟悉“四大”运营与治理的专业人才，他们为提升本土事务所的内部治

① 项怀城：《新中国会计五十年》，中国财政经济出版社 1999 年版，第 459 页。

② 同上书，第 459 页。

③ 同上书，第 489 页。

理水平作出了突出的贡献。

（四）注册会计师职业化进程

会计师事务所内部治理变革的另一个重要制度背景是我国注册会计师的职业化进程。“职业化”（professionalization）的含义并非是成为一般性的职业（occupation），而是成为一个受到社会公众普遍认可的专业团体（profession）。作为公认的社会精英，专业人士和专业团体的地位并不是与生俱来的，而是需要努力争取的。一个职业获得专业团体的资格意味着其成员将拥有更高的社会地位和收入水平，而它要获得这样的资格必须满足一系列条件，例如，建立行业协会，规定成员资格条件并实施行业准入控制，制定职业道德准则与专业标准等[①]，而成为专业团体的成员除了具备教育、经验方面的条件外，还必须通过考试取得执业资格，具备专门的知识、技能和高水平的职业道德等[②]。注册会计师职业化程度提高产生的积极效果包括：行业整体专业水平和职业道德水准的提升，行业协会成员资格价值的增加，注册会计师个人人力资本价值的提高，以“专业精神”为核心的行业文化的形成等。职业化程度的提高为会计师事务所内部治理结构的完善提供了更好的条件。首先，行业协会的会员资格提供了专业能力的信号显示途径，它既降低了注册会计师形成声誉并向投资者传递有关专长和独立性信息的成本（Watts 和 Zimmerman，1986）[③]，又缓解了事务所合伙人选择合作伙伴或招聘新员工时可能发生的逆向选择问题，使事务所不必建立异常复杂的信号显示或甄别机制，降低了事务所内部治理的成本。其次，行业协会的成员资格同声誉一样，发挥着抵押品的功能

① 参见维基网络大百科全书（wikipedia）“专业团体”（profession）词条：http://en.wikipedia.org/wiki/Profession.

② 同上。

③ Watts，R. L. and J. L. Zimmerman，Positive accounting theory，Prentice Hall，1986，p. 315.

(Watts 和 Zimmerman，1986)[①]，如果注册会计师采取机会主义行为而被行业协会实施的“同业互查”(peer review) 等行业自律行动发现，他就有可能失去这一极具价值的个人资产。出于有可能被剥夺协会成员资格的担心，注册会计师采取机会主义行为的动机就会大大减弱，而会计师事务所因此可以简化其内部治理安排中的监控机制。最后，专业团体强调恪尽职守、相互尊重、诚信合作等专业理念和行为，要求成员维护与专业人士相称的形象和声誉，行业的价值观和惯例使专业人士能够较好地协商解决彼此的利益冲突和意见分歧，而较少发生背弃承诺、巧取豪夺等损害长期合作的行为，这同样可以导致内部治理安排的简化和治理成本的降低。总而言之，职业化程度的提高为会计师事务所提供了有效的外部治理机制，降低了事务所内部治理的成本。

1988 年中国注册会计师协会（简称中注协）的成立是我国注册会计师职业化进程中的标志性事件。在短短的 20 多年时间中，中注协在推进注册会计师职业化方面作出了巨大的贡献。然而，我国注册会计师行业的职业化进程虽然推进很快，但与国外相比仍存在巨大差距。首先，职业化达到理想状态的一个主要标志是行业协会成为拥有巨大社会影响力、在会员中享有足够权威的行业自律组织，而中注协还不是严格意义上的行业自律组织，它挂靠于财政部门之下并接受其直接领导，是一个需要服从政府政策的“准政府”组织，借助于政府权威才能有效运作。其次，虽然我国已经建立了注册会计师的资格认证制度，但由于注册会计师考试制度有待完善，教育培训制度相对落后，我国注册会计师行业整体的专业水平还有待提高，还不能与国际同行相提并论，我国本土事务所目前尚未形成有国际影响力的品牌即为明证。再次，虽然我国已经建立了

① Watts, R. L. and J. L. Zimmerman, Positive accounting theory, Prentice Hall, 1986, p. 315.

注册会计师执业准则体系，但这一体系的建立主要是学习和借鉴国际准则和美国准则的产物，而并非我国注册会计师经验和智慧的产物，它既缺少我国注册会计师的原创性贡献，又缺乏利益相关者充分参与准则制定的机制，这一方面导致我国在国际准则制定过程中缺乏足够的发言权，另一方面导致制定出的准则难以被切实执行。最后，我国虽然已经建立了注册会计师的职业道德准则体系，但由于市场环境的不完善，注册会计师违反职业道德的行为屡见不鲜，社会公众并不认为我国的注册会计师行业具有明显高于社会平均水平的道德水准。总而言之，我国注册会计师行业的职业化远未达到理想状态，它还不能够为会计师事务所提供有效的外部治理机制，不能为事务所内部治理的完善提供良好的外部条件。

三　中国会计师事务所内部治理结构的演进

在发达市场经济国家，会计师事务所的内部治理变革主要是市场力量作用的产物，对于注册会计师专业服务需求的扩大和事务所规模的扩张，产生了对事务所内部治理结构进行调整的需要。我国会计师事务所内部治理的变革经常是政府主动干预的产物，迄今为止，那些引人注目的内部治理大变革，几乎都是政府推动或强制的结果。在30余年的发展历程中，政府推动的事务所“脱钩改制”、事务所法律组织形式的变更、事务所的规模扩张与合并浪潮以及事务所的治理规范化运动，引发了我国会计师事务所内部治理的多次重大变革。

（一）挂靠体制、“脱钩改制”与治理结构演进

所谓挂靠体制就是会计师事务所必须找一个政府机关或其下属

单位作为“挂靠单位”，接受其领导和监督。在注册会计师行业恢复重建之初，并没有法律或法规明确会计师事务所必须有一个挂靠单位。但是，如果会计师事务所不找一个挂靠单位，在当时的环境和条件下无法取信于客户，因为人们没办法相信一个有形资产很少、以营利为目的的私人机构能够从事审计、验资这样具有公证性质的业务。因此，挂靠体制在当时情况下是一个不得已的理性选择，它对于挂靠者和被挂靠者而言均是有利的：被挂靠的单位可以为事务所提供经费、人员和业务上的支持（项怀诚，1999，第 499 页），而事务所则可以为被挂靠的单位创收并改善其员工福利，还可以帮助其安置富余或离退休人员。事实上，当时的大部分事务所本身就是由挂靠单位出资兴办的，其员工通常具有双重身份，即一方面是有国家编制的单位工作人员，另一方面又是事务所中的执业者。1986 年由国务院发布的《中华人民共和国注册会计师条例》（以下简称注册会计师条例），将会计师事务所定性为“国家批准的依法独立承办注册会计师业务的事业单位”，既然是事业单位，就需要有一个挂靠单位（丁平准，2001，第 5 页），这为事务所的挂靠体制提供了法律依据。1993 年财政部发布的《关于整顿注册会计师业务和会计师事务所的通知》明确要求凡是成立事务所必须找一个挂靠单位，强化了事务所挂靠制度的合法性（项怀诚，1999，第 472 页）。

事务所的挂靠体制一直延续至 1999 年年底全部事务所完成“脱钩改制”为止，其影响在事务所“脱钩改制”完成后还长期存在。在挂靠体制下，会计师事务所的内部治理安排有如下突出特点：第一，由于早期的会计师事务所几乎都是由政府的有关部门和单位出资兴办的，或挂靠于某个部门或单位，事务所的资产至少有一部分属于国有资产，事务所的所有权至少有一部分属于被挂靠的政府部门或单位；第二，由于挂靠关系和事务所员工的双重身份，事务所的所有权归属并不明确，1986 年的《注册会计师条例》将事务所的性质界定为事业单位，即所有权归国家的非营利组织[①]，1994 年正式实施的《中华人民共和国注册会计师法》（以下简称《注册会计师法》）虽然明确了事务所的企业性质，但并未明确它的所有权归国家，归事务所管理层，还是归包括管理层在内的事务所全体员工；第三，由于挂靠体制下事务所的责任与风险最终由挂靠单位承担，挂靠单位是实际的所有者，事务所管理层掌握着剩余控制权但却并不承担剩余风险[②]，因此挂靠体制下会计师事务所内部治理安排需要解决的核心问题是挂靠单位与事务所管理层之间的代理问题；第四，挂靠单位不仅向事务所投入了有形资产，还出于自我服务的动机利用行政权力帮助事务所取得客户资源（刘峰、林斌，2000），同时又是事务所剩余风险的主要承担者，挂靠单位因此成为事务所的剩余索取者，其表现就是挂靠单位对于事务所剩余收益的分配政策拥有发言权，并参与事务所剩余收益的分配[③]，事务所管理层当然也是事务所的剩余索取者，但其拥有的剩余索取权与其拥有的剩余控制权并不匹配[④]，事务所管理层有效行使剩余控制权缺乏来自剩余收益的足够激励，也缺乏来自剩余风险的有效约束。

---

① 根据国务院 2004 年 6 月 27 日修改发布的《事业单位登记管理暂行条例》，所谓事业单位就是“国家为了社会公益目的，由国家机关举办或者其他组织利用国有资产举办的，从事教育、科技、文化、卫生等活动的社会服务组织”。

② 由于挂靠单位属于政府部门，其承担的剩余风险主要表现为主管官员会因为失职或管理不当而受到处罚。

③ 例如，有的地方行政部门利用手中的权力向事务所收取管理费、回扣、分成、业务介绍费、劳务费、福利费等，名目繁多、数量巨大，有的地方行政部门要求与事务所按照业务收入的一定比例分成，低的一般在 30%—40%，高的竟达到 85%。据不完全统计，1996 年至 1997 年 9 月事务所支付的上述费用总额达 2.2 亿元（项怀诚，1999，第 497 页）。

④ 由于事务所管理层通常也为挂靠单位的员工，他们与挂靠单位其他员工和事务所员工的收入差距不可能拉得很大。在当时的环境下，事务所管理层在事务所利润中分享更大的份额对于他们本人也是有政治风险的。

虽然挂靠制度在我国注册会计师行业发展的早期起到过积极作用，但很快它就演变成注册会计师行业混乱的根源和会计师事务所进一步发展的桎梏。在党政机关兴办经济实体的浪潮中[①]，兴办会计师事务所或接受事务所挂靠成为众多政府部门的选择[②]，而为了挂靠的事务所能够顺利创收，这些政府部门纷纷利用手中的行政权力分割注册会计师专业服务的细分市场（谢德仁、陈武朝，1999），导致这些市场难以形成公平、有效的竞争，并使会计师事务所失去了市场竞争所带来的外部约束以及建立声誉和品牌的必要动力。同时，由于事务所及其执业者并不真正承担风险，而挂靠单位虽然是事实上的风险承担者，但由于其政府部门的性质，这种风险的约束力几乎可以忽略不计。在这种情况下，种种合规和不合规的逐利行为大行其道，同行之间恶性竞争，事务所内部治理薄弱，质量控制被漠然视之，事务所长远发展被抛诸脑后。我国资本市场上“老三案”和“新三案”中的审计失败几乎都可以从会计师事务所内部治理结构上找到根源[③]。幸运的是，由于“新三案”造成的社会压力促使高层决策者痛下决心实施事务所的“脱钩改制”。1998 年 4 月，财政部下发了《关于执行证券期货相关业务的会计师事务所与挂靠单位脱钩的通知》，截至 1998 年年底，全国 102 家具有证券相关业务资格的会计师事务所全部与挂靠单位脱钩（项怀诚，1999，第 503 页）。1999 年 4 月，财政部颁布了《会计师（审计）事务所

---

① 直到 1993 年 10 月中共中央办公厅、国务院办公厅发布《关于党政机关与所办经济实体脱钩的规定》，党政机关兴办经济实体或接受经济实体挂靠的行为才被明确禁止（项怀诚，1999，第 499 页）。

② 不仅有监管权的财政部门、政府审计部门大量兴办会计师事务所，连党委、政府、人大、政协、军队武警、公检法、工商局、教委、工青妇等部门也纷纷兴办会计师事务所（参见易琮，2002，第 84 页）。

③ 所谓“老三案”是指发生于 1992 年至 1993 年的深圳原野公司造假案、北京长城电子公司非法集资案和农业银行衡水支行信用证国际诈骗案（丁平准，2001，第 13 页）。“新三案”是指发生在 1997 年至 1998 年的琼民源案、红光实业案和东方锅炉案（丁平准，2001，第 42 页）。

脱钩改制实施意见》，截至1999年年底，全国会计师事务所脱钩改制工作基本完成（项怀诚，1999，第504页）。这一深刻的变革在短短2年内基本完成，显示出其强制性制度变革的性质（刘峰、林彬，2000）以及政府从上到下强力推动的特点。当然，变革的仓促性也导致形式上的“脱钩”并不能立刻实现会计师事务所实质上的“改制”。

“脱钩改制”对于会计师事务所的内部治理结构产生了深远的影响。首先，它明晰了事务所的产权归属，理顺了政府部门和会计师事务所之间的产权关系，使事务所成为真正意义上的私营企业，专业人士切实掌握了事务所的所有权。从这个意义上来看，“脱钩改制”是一个公有产权私有化的过程，事务所内部治理建设体现了产权重新调整的内在要求（张立民、唐松华，2008）。其次，它切断了会计师事务所和政府部门之间的所有权关系和利益联系，使政府部门难以运用行政权力通过会计师事务所进行“设租”和“抽租”，促进了统一开放、有效竞争的审计市场的形成，为事务所声誉和品牌的形成创造了基本条件，而这既为会计师事务所提供高质量专业服务提供了外部治理机制，又为会计师事务所提供了完善内部治理的市场诱因。最后，“脱钩改制”使事务所成为真正独立经营、自主决策、自负盈亏、自担风险的市场主体，事务所管理层剩余控制权和剩余索取权不匹配的问题基本得以解决，合伙人和员工均有了发展壮大事务所和完善其内部治理结构的内在要求，我国会计师事务所的内部治理从此走上了符合市场经济发展规律和国际惯例的调整之路。

（二）会计师事务所法律组织形式变更与治理结构演进

事务所不同的组织形式，既代表着不同的法律责任安排，也意味着不同的治理结构安排（余玉苗、陈波，2002），事务所选择一种法律组织形式，就要选择一整套与之相适应的治理结构。注册会计师对于组织形式的选择只能在既定的法律框架之内进行，对于事务所组织形式进行规定的法律法规，就成为政府影响事务所内部治理安排的重要途径。

在我国注册会计师行业发展历程中，有关会计师事务所组织形式的法律法规经历了多次重大变化。在1993年以前，会计师事务所由于被界定为事业单位，不存在法律组织形式的选择问题。1994年正式实施的《注册会计师法》，只允许会计师事务所选择普通合伙制和有限责任公司制两种组织形式。虽然《注册会计师法》在排列顺序上将普通合伙制置于有限责任公司制之前，显示立法者认为合伙制代表了发展方向（丁平准，1999，第14页），是更适合会计师事务所的组织形式，但立法者的意图多少有些“一厢情愿”的意味，因为绝大多数会计师事务所的选择正好相反，即它们大多数选择的不是合伙制而是公司制[①]。大部分会计师事务所选择公司制既有趋利避害的自然动机，也有我国资本市场对于合伙制的认识存在偏误的原因[②]。在这种情况下，尽管主管部门和监管机构多次推动会计师事务所选择合伙制，财政部在2000年4月13日颁布的《关于批准设立会计师事务所有关问题的通知》还曾规定有限责任事务所暂缓审批，但由于种种原因，效果并不理想，有限责任事务所在我国占主导地位的状况直至现在仍未得到根本改变。近年来，财政部试图通过H股审计资格审批、将事务所组织形式选择与财政部的

---

① 例如，截至2001年12月31日，在全部4287家会计师事务所（总所）中，有3681家选择有限责任公司形式，比例高达85.9%（钟注，2002）。

② 在我国当前市场环境下，组织形式的选择并不会显著影响客户聘任会计师事务所的决策，因此会计师事务所选择有限责任公司制并不会导致客户流失的不利后果，同时还能够规避潜在的法律责任风险，对于事务所而言是一个理性的选择。同时，也有证据显示人们对事务所组织形式的认识存在偏误，例如，有专业人士表示，客户对合伙制事务所还是不太信任，总觉得它们像个体商贩（万静，2007）。

扶持政策挂钩等举措[①]，推动我国大型会计师事务所采用特殊的普通合伙这一组织形式。2010 年 7 月 21 日，财政部、工商总局联合发布了《关于推动大中型会计师事务所采用特殊普通合伙组织形式的暂行规定》，对我国大型和中型会计师事务所转制为特殊普通合伙规定了时间限制[②]。2010 年 12 月 31 日，立信会计事务所成为首家转制为特殊普通合伙组织形式的会计师事务所。截至 2013 年年底，我国 40 家证券资格事务所已全部转制为特殊普通合伙。

有趣的是，国外和国内事务所组织形式演进的路径基本上是相反的。在美国，大中型会计师事务所组织形式演进的路径基本上是从普通合伙制走向有限责任合伙等组织形式，趋势是从无限连带责任走向有限制的无限连带责任或有限责任。在现代会计师事务所诞生以后很长的历史时期内，美国等发达国家的事务所只能选择无限责任的组织形式，这一状况直到 20 世纪 90 年代初才发生改变（Dye，1995；Laurence，1999）。即使在立法机关和行业自律组织允许事务所采用有限责任组织形式的情况下，大部分事务所仍然保留了普通合伙或个人独资的组织形式[③]。我国会计师事务所组织形式的演进趋势则是在大部分会计师事务所选择有限责任公司制的情况下，先是一部分事务所转为合伙制，后来又有少数事务所转向特殊普通合伙。与国外发达国家立法机关和监管机构在长时期内不允许会计师事务所采用有限责任组织形式，到后来有限度地放宽限制的趋势不同，我国立法机关和主管部门从一开始就允许事务所采取

① 2009 年 10 月 3 日国务院办公厅转发财政部《关于加快发展我国注册会计师行业的若干意见》，明确要力争通过 5 年左右的时间重点扶持 10 家具有核心竞争能力的大型会计师事务所，并将会计师事务所是否采用特殊普通合伙组织形式作为确定扶持对象时重要的评价标准。

② 即大型会计师事务所应当于 2010 年 12 月 31 日前转制为特殊普通合伙组织形式；鼓励中型会计师事务所于 2011 年 12 月 31 日前转制为特殊普通合伙组织形式。显然，这一目标的完成情况并不理想。

③ 因为在成熟的市场经济中，选择无限责任能够向市场传达提供高质量服务的清晰信号，有利于事务所赢得客户。

有限责任组织形式[①]，后来则运用政策手段推动事务所采用合伙制或普通合伙制。这或许体现了发达市场经济国家和经济转型国家在制度演进上的不同逻辑。

法律组织形式的变化要求事务所的内部治理结构进行重构或调整。合伙制被认为是更适合专业人士的组织形式，其无限责任可以向市场传递注册会计师提供高质量审计服务的信号，增强专业人士相互监督的动机，同时其共同决策、共同控制、共担风险的治理特征也有利于维系和促进专业人士的有效合作，正因如此，在市场经济的制度演进逻辑之下，大中型会计师事务所会自发选择合伙制。当立法机关和监管机构放开对于事务所组织形式的限制时，大部分事务所保留了合伙制组织形式或选择有限责任合伙组织形式，即使是选择公司制的少数事务所，合伙制条件下的关键内部治理安排则大部分被保留下来。正是因为合伙制作为一种法律责任形式和一套治理安排的优势，我国政府主管部门才在近十几年的时间里不遗余力地推动会计师事务所采用合伙制。然而，由于制度变迁的“路径依赖”效应，会计师事务所的转制之路非常艰巨。首先，会计师事务所转制缺乏足够的内部动力，向合伙制转型在短期内并不能带来市场竞争能力的明显提升和事务所绩效的明显改善，政府主管部门在经济市场化程度日益加深的情况下也不再可能运用行政权力帮助转制的事务所获取“租金”，诱导它们为了获取“租金”而选择转制。其次，虽然在目前的环境下，会计师事务所即使转制为合伙制或有限责任合伙制，也并不会带来法律诉讼风险的显著上升[②]，但

① 可能的原因是立法机关和政府主管部门试图通过允许事务所采取有限责任组织形式来扶持和帮助相对弱小的注册会计师行业的发展。

② 因为注册会计师的民事法律责任制度很不完善，投资者通过起诉会计师事务所维护自身权益受到的法律障碍很多，事务所采取的有限责任组织形式只是其中之一，这导致自我国资本市场形成以来，针对会计师事务所的诉讼数量不多，成功的更少。相关的制度背景可参看陈波（2009）第六章。

它毕竟会剥开罩在事务所外面的有限责任法律屏障，使事务所暴露于法律诉讼风险之下，一旦资本市场民事法律责任安排发生不利于注册会计师的变化，完成转制的事务所将首先成为律师们攻击的对象。最后，事务所从有限责任公司制转制为合伙制或有限责任合伙制，不仅仅是一个法律组织形式的转换问题，还意味着利益重新分配，结构重新调整[①]，资源重新配置，流程重新构造，这需要付出大量的制度转换成本，分散事务所可用于市场开拓和客户服务的资源，降低事务所的短期绩效，还有可能使利益冲突激化而威胁事务所的稳定。

（三）事务所规模扩张、合并浪潮与治理结构演进

我国会计师事务所在 30 余年的发展历程中，经历了一个规模持续、快速扩张的过程。首先，事务所的业务收入持续增长。2002 年，我国百强事务所的平均业务收入为 4431.14 万元，2010 年则猛增至 23103.83 万元，增长了近 5 倍，年均增长率近 22.93%（参见图 3—1）[②]。其次，事务所的平均 CPA 人数持续增长。2002 年，我国百强事务所的平均 CPA 人数为 99 人，2010 年则增至 250 人，增长了近 2.5 倍，年均增长率为 12.28%（参见图 3—2）。最后，事务所分所数目明显增多。2003 年，我国百强事务所共设立分所 162 家，2009 年则增至 518 家，增长了近 3.2 倍。我国会计师事务所规模的快速扩大主要是因为自 1999 年“脱钩改制”完成以后发生的若干次合并浪潮。第一次合并浪潮发生于 2000 年至 2001 年，以 2000 年 3 月财政部发布《会计师事务所扩大规模若干问题的指导

---

① 例如，有限责任的会计师事务所按照公司法的有关规定，建立了股东会、董事会、监事会这些治理机构，并为其制定了相应的决策议事规则，而转制为合伙制之后，股东会、董事会需要更名为合伙人会议和合伙人管理委员会，监事会不再需要设立，相应的决策议事规则也要进行调整。

② 本段的数据主要来自中注协从 2003 年开始发布的百强所信息（每年排名基于上一年度的有关数据）。2002 年和 2010 年分所数据未公开披露。

意见》为起点，截至2001年3月31日全国共有407家事务所合并组建为150家事务所（中注协，2001）。这一阶段的合并浪潮主要受证券、期货业务审计资格标准提高等因素的驱动，表现出“资格导向”的特点（孙娜，2008）。第二次合并浪潮出现在2005年，其数量虽然不多，但由于是国际会计师事务所合并本土大所以及本土大所“走出去”合并境外事务所而引起广泛关注[①]。第三次合并浪潮自2006年开始延续至今，其主要原因是2006年9月28日中注协发布了《关于推动会计师事务所做大做强的意见（征求意见稿）》[②]，以及2009年11月9日财政部会计司、证监会会计部联合印发了《会计师事务所从事H股企业审计业务试点工作方案》[③]。为了获得政府主管部门更大力度的扶持以及满足H股企业审计资格的要求，自2006年我国会计师事务所发生了数十起合并案例，其中不少合并为大所之间的“强强联合”。

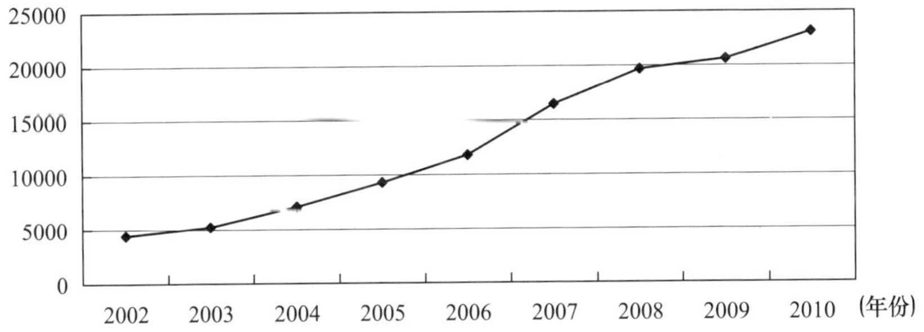

图3—1　2002—2010年中国百强事务所平均业务收入趋势图（单位：万元）

① 即德勤华永合并北京天健和深圳天健，以及信永中和合并香港何锡麟会计师行（孙娜，2008）。

② 文件提出“用5至10年的时间，发展培育10家能够服务于中国企业走出去战略、提供跨国经营综合性专业服务的国际化事务所；发展培育100家能够为大型企业、企业集团提供综合性专业服务的大型事务所”，该文件在2007年5月正式发布。

③ 共有16家符合条件的事务所提出了申请，12家事务所获得批准。

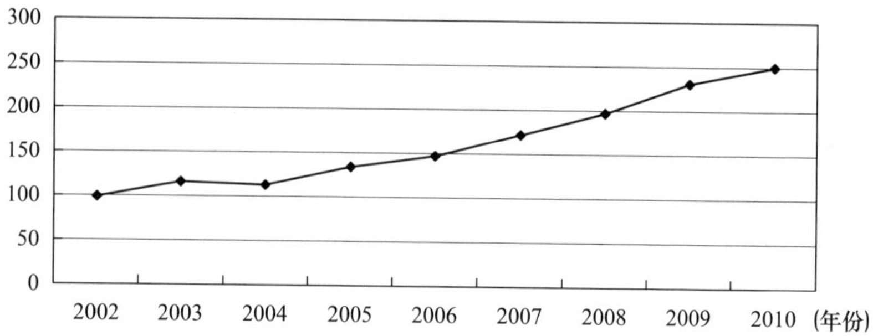

图3—2　2002—2010年中国百强事务所

平均CPA人数趋势图（单位：人）

规模是影响事务所内部治理的另一个重要因素。事务所规模越大，对于有效内部治理的需求越大，而内部治理的复杂性和难度越高。首先，事务所规模增大伴随着合伙人人数和CPA人数的增多，他们由于执业理念、目标不一致而发生利益冲突的可能性增大，而协调利益冲突的难度和成本均会上升。其次，事务所规模扩大导致采用合伙制的风险增大。在合伙人人数较少的情况下，合伙人之间不存在严重的信息不对称，他们可以通过强化相互监督以抑制个别合伙人的机会主义动机。然而在合伙人人数众多，地域上的分散程度扩大，不同地域的合伙人之间缺乏必要了解的情况下，有效的相互监督难度加大，某位合伙人的机会主义行为，可能导致相距甚远的众多“无辜”合伙人承担连带责任，这有可能会导致风险规避的合伙人退出事务所。再次，事务所规模扩大通常是通过在不同的城市设立分所或合并其他会计师事务所而实现的，这会带来只在同一城市执业的会计师事务所不会面临的治理难题。如果事务所规模的扩大是通过设立分所实现的，为了使分所灵活应对区域市场的变化，通常会赋予其在经营上较大的自主权，这会导致控制难度的增大。如果事务所规模的扩大是通过合并实现的，这又会导致如何对各方面存在显著差异的事务所在合并过程中进行有效治理整合的问题。最后，事务所规模的扩大通常还伴随着业务的多元化，进一步导致了治理难度的上升。审计客户增多会带来广泛的非审计业务机会，包括管理咨询等性质上与审计存在冲突的业务。如何对审计与咨询业务的合伙人和员工采取与其业务性质相适应的绩效评价与薪酬制度，协调他们之间潜在的利益冲突，同时又维持事务所内部的一体化程度，形成协同效应，是大型事务所的决策者需要解决的关键治理难题。

（四）事务所的内部治理规范化运动

规模的扩大并不必然带来事务所竞争能力的显著提升，反而有可能因为事务所的不同组成部分无法形成有效的协同效应而导致“大而不强”局面的出现。近十几年来我国会计师事务所的规模的确增长很快，但并未使人们感到审计等专业服务质量的显著改善和本上事务所核心竞争能力的明显提升。这一问题早已引起政府主管部门和行业协会的重视。早在2003年6月26日，为了解决脱钩改制以后事务所内部治理机制不完善造成的问题，中注协印发了《会计师事务所、资产评估机构内部治理机制建设指导意见》。在这一指导意见出台前后，中注协会刊《中国注册会计师》自1999年至2003年相继开设了多个与事务所内部治理有关的专栏，对相关理论进行探讨，对相关政策进行宣传，对相关实务经验进行介绍。鉴于章程（合伙人协议）在事务所内部治理中的核心地位，中注协研究制订了《合伙会计师事务所协议范本》和《有限责任会计师事务所章程范本》，并于2005年7月17日正式下发①。2006年以后，政府主管部门和行业协会形成了促进事务所做大做强的战略思路，要求大型事务所向特殊普通合伙转制，成为推动事务所“做强”的基本思路。为此，财政部发布了《关于推动大中型会计师事务所采用

① 《有限责任会计师事务所章程范本》于2006年1月28日修订后重新发布。

特殊普通合伙组织形式的暂行规定》（2010）、《大中型会计师事务所转制为特殊普通合伙组织形式实施细则》（2011）、《会计师事务所分所管理暂行办法》（2010）、《会计师事务所财务管理暂行办法》（2010）等部门规章。中注协则发布了《会计师事务所内部治理指南》（2007）、《会计师事务所合并程序指引》（2010）、《会计师事务所特殊普通合伙协议范本》（2011）等文件。

政府主管部门以部门规章形式出台的政策文件，具有法律效力，如果会计师事务所不遵循，将构成违法行为。然而，这些政策文件实际上已经深入到事务所内部治理的具体安排与运作。既然会计师事务所已经是独立的市场主体，其内部治理如何安排和运作应属于其经营自主权的一部分，应取决于事务所合伙人和员工的自发协调，而且他们作为专业人士，完全有智慧、有能力设计出符合自身需求的治理结构。由政府主管部门以法律法规的形式对事务所的内部治理结构进行规范可谓有利有弊。它有助于提高事务所合伙人和员工对于内部治理的重视程度，有助于内部治理“最佳实践”的推广。然而，它也有可能侵犯专业人士的自治领域，限制相关利益主体通过协商和谈判达成最优合约的灵活性和可能性。行业协会制定的有关指南、指引、范本等，则不具有法定强制力，它们主要起到宣传、推广治理经验的作用，并得到行业自律措施的支持。总体而言，政府主管部门和行业协会的积极作为客观上起到了推动、促进会计师事务所内部治理完善的目的，而我国大型会计师事务所的内部治理水平也确有得到明显提高的迹象。内部治理的完善归根结底取决于事务所的合伙人和员工在日趋完善的执业环境之下所作出的积极调整，政府部门除了强制或引导会计师事务所采用他们认为理想的治理模式之外，还应该做更多的帮助会计师事务所完善其执业环境的工作。

四　"四大"中国合作所内部治理结构现状与问题

（一）"四大"中国合作所内部治理结构的现状与特征

"四大"[①] 中国合作所或成员所是"四大"国际会计师事务所开拓中国专业服务市场的产物。"四大"进入中国市场的时间非常早，几乎与中国注册会计师行业恢复重建同步。由于当时我国不允许国外事务所在境内执行法定审计业务，"四大"采取了在中国设立代表处的方式。随着我国为加入世贸组织而履行开放会计市场的承诺，"四大"获准与中资事务所成立中外合作事务所，并取得了在中国市场上执行上市公司法定审计业务的资格。"四大"虽然性质上为中外合作事务所，但由于中方在专业实力上的差距，"四大"中外合作所作为国际"四大"在中国的成员所，最初的控制权掌握在外方手中。由于在管理、资金和技术上依赖国际所的支持，在中国的四大会计师事务所被视为国际所，而非本土所（吴卫军，2009，第24页），由此引发了有关"四大"有可能危及中国经济安全的担忧（江涌，2007）。由于拥有品牌、专业技术、人力资源和管理上的优势，"四大"在中国会计、审计服务市场上拥有巨大的竞争优势，其市场份额一直领先于本土事务所[②]。从图3—3、图3—4可以看出，"四大"业务收入之和在2002年至2010年经历了增速不断加快、趋缓和出现负增长的过程，2008年突破100亿元人

① 此处泛指世界上最大的国际会计师事务所群体，历史上这一群体由于相互合并从"八大"走向"六大"，又从"六大"走向"五大"，后来因为安达信的崩溃演变为如今的"四大"。

② 由于中国经济转型制度背景下执业环境的不完善以及各级政府在一定程度上存在的保护主义，"四大"在中国的市场份额远低于在美国等发达国家会计、审计专业服务市场上的份额。例如，在美国证券审计市场上，按照经审计的销售额计算的"四大"市场份额高达99%（GAO，2003）。

民币并达到峰值；在同一时期，“四大”中国合作所2002—2010年在百强所业务收入总额中份额经历了类似的变化趋势，但增速不断放缓，在2007年达到峰值54.78%之后出现了负增长。在中国不完善的执业环境之下，“四大”取得这样的成就实属不易，但数据显示，“四大”的市场竞争优势随着本土大所的快速成长有被弱化的趋势。

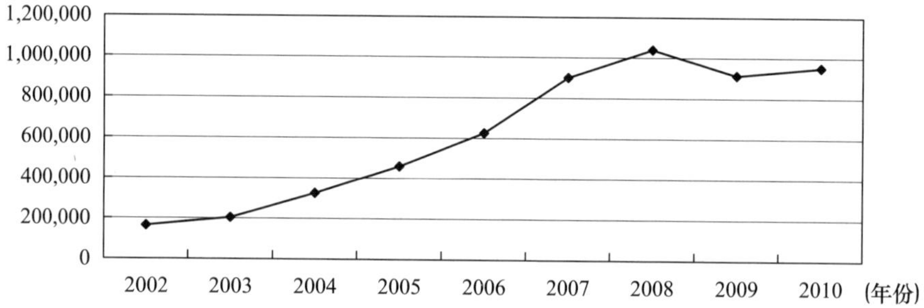

图3—3 “四大”中国合作所2002—2010年业务收入合计数变化趋势（单位：万元）

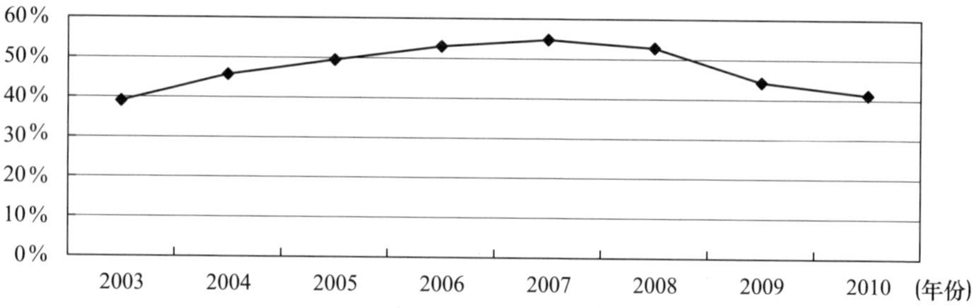

图3—4 “四大”中国合作所2002—2010年在百强所业务收入总额中份额趋势图

“四大”中国合作所在内部治理结构方面的第一个突出特征是国际总部对于成员所的控制权。由于国际事务所联盟中的所有成员所都是独立的法人组织，不对网络组织中的其他成员承担连带法律责任，因此“四大”中国合作所并不是外资事务所在中国的子公司（吴卫军，2009，第24页），国际总部对于中国成员所的控制权主要不是基于有形资产投资的股东控制权。首先，国际总部的控制权主要基于对品牌资产使用的特许权。“四大”品牌是极具价值的资产，中国成员所获准使用这一品牌最重要的前提条件是不能损害这一品牌的价值。为此，它们必须接受“四大”国际总部管理层为维护和提升品牌价值而实施的控制，包括遵循国际总部制定的发展战略，实施统一的质量控制标准与政策，共享重要的专业资源等。同时，它们还必须在国际网络中接受产品线、行业线、市场线和客户线的领导和管理（吴卫军，2009，第26页）。其次，国际总部对中国成员所的控制权还源自总部管理层的专长优势和专家权威。在专业服务领域，专长是权威的关键来源，专家在哪里，管理的权限就在哪里（吴卫军，2009，第26页）。由于“四大”国际总部集合了来自全球的行业精英人才，世界各地的成员所均自愿选择服从他们的领导、指挥和控制。最后，“四大”国际总部对中国成员所的控制还通过委派管理合伙人的形式来实现。“四大”中国成员所的高级管理人员通常由来自国际所和香港的专业人士担任，本土的合伙人由于资历尚浅，承担这方面的责任仍然需要时间（吴卫军，2009，第25页）。例如，根据毕马威中国网站上披露的领导团队成员信息，2010年的15位领导层成员均不是中国注册会计师资格持有者①。又如，根据德勤中国2008年提供的一份新闻稿②，德勤中国2008—2009财年新晋升的19位审计合伙人中，无一人是中国注册会计师

① 中国注册会计师协会网站提供的注册会计师信息查询模块无法查到全部15位管理合伙人的信息。可以肯定的是，如果不是全部，至少90%以上的毕马威领导团队成员为香港人或外国人。

② 参见《德勤委任44位新合伙人：多样化专长进一步强化德勤的跨领域客户服务》，http：//www.deloitte.com/cn。

资格持有者[①]。

“四大”中国合作所内部治理结构的第二个特征是合伙人构成的复杂性。首先，“四大”中国合作所合伙人职责分工具有复杂性。由于“四大”业务类型的多元化，合伙人基本上都是在不同的业务领域中成长起来的专家，在专业上有着明确的分工[②]。同时，“四大”合伙人还有地域上的分工，即合伙人要么属于总部，要么属于分布于不同城市的分所[③]。不仅如此，由于事务所规模庞大，合伙人人数众多[④]，合伙人还有业务合伙人和管理合伙人的分工，管理合伙人专门负责行政管理、人力资源、技术标准、职业道德等事项，他们既有可能兼任项目合伙人，也有可能不负责具体的业务项目。其次，“四大”中国合作所对合伙人实施较为复杂的分级管理。从资历上看，有初级合伙人和高级合伙人的区分。从权益上看，有授薪合伙人和权益合伙人的区分。从管辖范围来看，有分所合伙人、区域合伙人、全国合伙人和全球合伙人的区别。因此，在“四大”获得合伙人资格并不意味着晋升阶梯的终止，走向最高级别合伙人还需要经过相当长的时间[⑤]。最后，“四大”中国合作所还面临一个特殊的问题，那就是事务所同时有中方合伙人和外方合伙人。虽然随着本土化程度的加深以及外方合伙人退休等原因，本土合伙人在“四大”中国合作所中占据的比重越来越大，来自国外和

---

① 随着“四大”的本土化进程，这一状况已有明显改观。

② 例如，德勤中国2008—2009财年新晋升44位合伙人中，来自审计、税务、企业管理咨询、财务咨询、企业风险管理各个专业领域合伙人的人数分别为19人、10人、3人、6人和6人，占比分别为42%、23%、7%、14%和14%。

③ 在德勤中国2008—2009财年新晋升的44位合伙人中，来自北京、上海、深圳、广州、天津、苏州、香港的合伙人分别为8人、12人、4人、2人、1人、1人和16人。

④ 例如，截至2011年8月，普华永道在中国大陆、中国香港、新加坡及中国台湾的成员所共有620名合伙人。参见普华永道中国网站 http://www.pwccn.com/home/chi/pr_090811_chi.html 上的《普华永道任命66名新合伙人》。

⑤ 例如，在安永中国合作所，获得合伙人资格通常需要10—13年的时间，成为管理合伙人则需要20年左右的时间（李晓慧，2011）。

香港的合伙人在人数上日益成为“少数派”[①]，但事务所的领导层仍然主要由外方和香港合伙人构成。合伙人之间的利益协调是事务所内部治理需要解决的首要问题，而“四大”中国合作所与本土所相比，其合伙人构成明显更为复杂，只有建立更为复杂、更为完善的内部治理结构，才能化解合伙人之间潜在的利益冲突，确保合伙人之间的有效合作。

“四大”中国合作所内部治理结构的第三个特征是具有中国特色的治理机构设置。从法律形式来看，“四大”中国合作所属于中外合作企业[②]，因此它们至少形式上应该同时拥有中方股东和外方股东[③]，并按照《中华人民共和国中外合作经营企业法》[④]的规定设立董事会或联合管理机构[⑤]。同时，“四大”中国合作所在2013年完成特殊普通合伙转制前又均注册为有限责任公司，为此必须按照《中华人民共和国公司法》的规定设立股东会、董事会和监事会[⑥]。由于合伙制是国际上大中型事务所基本的组织形式，采用一套与合伙制匹配的治理机构会让人们觉得更符合国际惯例。因此，“四大”中国合作所治理机构的实际设置综合反映了法律法规的要求、国际惯例和自身需求，其治理机构一般包括合伙人大会、董事会和管理委员会等，大致相当于普通有限责任公司的股东会、董事

---

① 例如，普华永道中国大陆、中国香港、中国台湾和新加坡成员所2011年新晋升的66名合伙人中，有43位来自中国大陆，占比65%。参见普华永道中国网站《普华永道任命66名新合伙人》：http：//www. pwccn. com/home/chi/pr_ 090811_ chi. html。

② 在2012年之后，“四大”中国成员所作为中外合作企业的有效期相继到期，目前“四大”中国成员所均为特殊的普通合伙企业。

③ 在中国注册会计师协会网站的行业信息查询模块上，2012年之前“四大”中国合作所提供的股东人数均为2，即中方股东和外方股东，但并未说明中方股东和外方股东各有多少人。

④ 1988年4月13日第七届全国人民代表大会第一次会议通过，2000年10月31日第九届全国人民代表大会常务委员会第十八次会议修正。

⑤ 中外合作经营企业法第二十条规定：中外合作者的一方担任董事会的董事长、联合管理机构的主任的，由他方担任副董事长、副主任。

⑥ 公司法第五十二条规定，有限责任公司设监事会，其成员不得少于三人。股东人数较少或者规模较小的有限责任公司，可以设一至二名监事，不设监事会。

会和高级管理层。“四大”中国合作所治理机构的设置基本相同，但也存在区别。例如，安永华明有一个按照中外合作经营企业法设置的董事会，由一名中方合伙人、一名外方合伙人和中外投资方委派的董事各一名组成，同时又有一个由全体合伙人推选的14名合伙人组成的董事会，重大事项的决策权掌握在后一个董事会手中（李晓慧，2011）。又如，普华永道中天的董事会由中方董事和外方董事各10名组成，但并非其决策机构，重大事项由14名成员的管理委员会负责决策，同时还存在一个与管理委员会平行的合伙人监督委员会（李晓慧，2011）。

“四大”中国合作所内部治理结构的第四个特征是存在保证事务所一体化的有效机制。“四大”具有明显的规模和品牌优势，而维系这些优势的，是事务所内部有效的一体化机制。“四大”中国合作所的规模扩张主要不是通过并购方式实现的[①]，而是利用品牌优势进行市场开拓与渗透实现的，因此较少受到事务所合并带来的内部摩擦的影响。2003年，普华永道、毕马威、德勤和安永中国合作所的分所数目分别为5家、2家、6家和1家[②]，到2007年年底，其分所数目分别为9家、3家、6家和7家，2007年至2010年分所数目则未发生变化。与其国内同行相比，“四大”中国成员所开设分所的速度相对较慢，且全部采取“直营店”而非“加盟店”的模式，即全部由自己出资并经营。不仅如此，“四大”在总分所管理方面实现了人事、财务、业务、技术标准和信息管理方面实质性的统一，即人员的统一招聘和培训，财务管理和会计核算的集中控制，统一的业务管理和风险评估政策，统一的执业标准与质量控制制度，统一、集成的信息管理系统。这些举措保

① “四大”在中国仅有的合并案例包括2001年安永与大华合并，2005年德勤与北京天健、深圳天健合并。

② 安永在中国的合作所包括安永华明和安永大华，2003年安永华明有1家分所，安永大华未设分所。

证了客户能够获得统一的、高质量的专业服务，维护了事务所的品牌和声誉。因此，“四大”中国合作所的总部职能管理机构能够对各个分所实施有力的垂直管理，能够在整个事务所范围内调配和共享资源。例如，在上市公司财务报表审计业务中，笔者发现“四大”中国合作所签字注册会计师“交叉配置”的频率明显高于本土事务所①。

“四大”中国合作所内部治理结构的第五个特征是有效的非正式内部治理机制。“四大”在合伙人进入与退出机制、治理机构设置及其决策议事机制、质量控制机制、利润分享安排与薪酬制度等正式治理机制方面的做法和经验不难学习和模仿，但“四大”的竞争优势还来自事务所文化、价值观和职业道德这些无形的、非正式的治理机制。“四大”中国合作所之所以经常被视为外资企业，除了其确有外方投资和外方管理层之外，还因为它的文化、价值观和职业道德与“四大”在发达市场经济国家的成员所更为接近。人们普遍认为，当前中国的制度环境中，存在某些不适合合伙制专业服务企业成长的文化因素②。“四大”为其中国合作所带来的极具价值的无形资产，除了其品牌和声誉之外，还包括符合市场经济内在要求、有利于专业人士有效合作的文化、价值观和职业道德。这种在长期的市场经济演进和注册会计师职业化进程中形成的非正式治理机制，减少了事务所中专业人士的机会主义动机，降低了建立复杂正式治理机制所需要付出的成本。“四大”的文化、价值观和职业道德鼓励专业人士之间相互信任、尊重和宽容，鼓励

---

① 我国法律法规要求上市公司财务报表审计报告必须要有至少两名签字注册会计师签字，所谓签字注册会计师“交叉配置”就是指两名签字注册会计师来自不同的分所，或一名来自总所，一名来自分所，这一现象是会计师事务所能够在全所范围内调配资源的典型表现。

② 例如，张军平、郑少锋（2009）指出，在我国经济转轨的特定时期，以血缘家族及以亲属关系为基础的特殊信任盛行而以共同信念为基础的普通信任的缺乏，使组建合伙会计师事务所时寻找有共同价值观和事业态度且志同道合的合伙人更加困难。

开放、积极的沟通，追求卓越的专业素质和得体的专业行为，注重专业形象和声誉的维护，这不仅降低了事务所成员之间发生矛盾和冲突的可能性，也使矛盾和冲突发生之后能够及时得到妥善的解决。从某种角度上来看，“四大”暂时为外方合伙人和香港合伙人掌握控制权具有一定的积极意义，因为他们较少受到目前我国经济转型时期“关系文化”、“寻租文化”、“拜金文化”等消极文化的不利影响，通过言行垂范将“四大”的理念、价值观和专业精神坚持下去。

（二）“四大”中国合作所内部治理结构存在的问题

总体而言，“四大”中国合作所与本土所相比，在内部治理方面存在显著的优势，这一点我们在第四章将会提供有关的实证证据。然而，“四大”中国合作所内部治理也存在若干问题，其中一些问题还造成了较为严重的后果。

“四大”中国合作所内部治理结构存在的第一个问题是控制权在中外合伙人之间的不均衡配置。现状是本土合伙人在人数上已开始占据优势，但关键的控制权掌握在外方和港方合伙人手中。这样的控制权结构有利有弊。其益处是有利于吸收和利用外方合伙人的资金、专业知识、管理经验等，也有利于培育并坚持“四大”通行的理念、价值观和专业精神。其不利之处包括：第一，它制约了“四大”进一步的本土化进程，由于本土合伙人大多数被排除在领导层之外，“四大”在政府主管部门、监管机构和社会公众眼中难改其外资企业的形象，难以获得来自政府部门的扶持，并且有可能被排除在涉及国家经济安全的大型国有企业审计市场之外；第二，外方合伙人按照“四大”通行理念、价值观和专业精神管理中方合作所，在中国特殊的市场环境下有可能因为“水土不服”而导致合作所处于不利的竞争地位，当中方合伙人不完全认同这些理念和价值观时，还会造成合伙人之间的分歧和冲突，导致中方合伙人离开并带走客户资源，安永与大华合并之后上市公司客户严重流失就是一个典型的例子（王英姿、陈信元，2005；Chen，Su 和 Wu，2010）；第三，随着本土合伙人专业水平的提升、资历的加深，加之其拥有对中国市场和商业文化理解更为深刻的优势，他们必然要求掌握更大的控制权，而这必然会影响到外方合伙人、港方合伙人的权益，如果本土合伙人进入领导层的大门迟迟不能打开，或本土合伙人所获得的进入领导层的机会不能满足其期望，同样有可能导致事务所内部的权力斗争，并且导致各种极有价值资源的流失。总而言之，控制权的不均衡配置是“四大”内部治理结构中的一大软肋，是“四大”完善其治理结构需要解决的首要问题。

“四大”中国合作所在内部治理结构上存在的第二个问题是治理结构的不透明。促进与公司有关的所有重大事项，包括财务状况、绩效、所有权、治理等方面及时、准确的信息披露，被认为是公司治理的一项基本原则（OECD，2004）。会计师事务所保持必要的透明度对于保护利益相关者的权益，促进有效治理是非常关键的。事务所透明度的一个重要方面是内部治理结构的透明度，在欧盟国家，从事上市公司审计的会计师事务所必须编制并提供年度透明度报告，而与内部治理相关的信息属于必须披露的内容。与“四大”在发达市场经济国家具有较高程度的内部治理透明度不同，“四大”中国合作所的治理结构非常不透明。一方面，“四大”中国合作所自愿披露的与内部治理有关的信息非常少。在“四大”中国合作所的网站上，鲜有有关事务所合伙人姓名与简历、治理机构及其人员构成、组织架构、质量控制、薪酬制度等与内部治理相关的信息。另一方面，“四大”按照财政部和证监会的规定上报并公开披露的资料，有意识地回避披露内部治理方面的敏感信息。例如，本土的会计师事务所绝大多数都在报备资料中披露了其注册会计师是否为股东或合伙人的信息，而“四大”中国合作所则无一例外未披露此项信息[①]。导致“四大”中国合作所内部治理透明度低的原因是多方面的，例如，对于潜在诉讼风险的规避，对于竞争对手的防范，最大限度保护合伙人利益的需要，等等。“四大”中国合作所不披露合伙人信息，竞争对手、监管机构、客户甚至员工都无法全面了解其合伙人的具体构成，这显然是因为“四大”觉得合伙人身份是事务所的一个敏感信息，不披露这一信息既在一定程度上降低了潜在客户或竞争对手与合伙人私下接触的可能性，也降低了合伙人的正常工作被无关人士干扰的可能性。然而，“四大”内部治理结构的不透明使社会公众对其产生了许多怀疑和误解[②]，同时也有可能使“四大”的内部治理结构由于缺乏外部监督而失去改进的动力。

“四大”中国合作所内部治理结构存在的第三个问题是不够完善的绩效计量与评价系统，导致了合伙人、各级经理和普通员工之间的潜在利益冲突。“四大”在绩效计量和成本核算方面一直沿用传统的工时系统，工时成为各级经理和普通员工薪酬最重要的影响因素，也是事务所最重要的成本驱动因素（cost drivers）。这一工时系统运作的基本流程是由专业人士在工作过程中或工作完成后按照事先规定好的工时类型与项目填列工时单[③]，专业人士自己填列的工时单经过上级主管和人力资源部门的复核后，就成为确定其薪酬的基本依据。然而，工时的计算并非是一个精确的过程，更多时候

---

① 2012 年之前，在股东或合伙人人数上，“四大”无一例外填写的是 2 人，即中方股东和外方股东，显然，这是一个刻意模糊化的处理，在完成特殊普通合伙转别之后，“四大”中国成员所正遵循与本土大所一样的信息披露与报备要求。

② 例如，在普通社会公众看来，“四大”就是一个纯粹的外资企业，他们经常产生的一个疑问是：由外资企业来审计一些具有国家战略意义的行业和企业，难道不会导致国家机密的泄露吗？

③ 工时区分为计费小时和非计费小时。

依据的是约定俗成的惯例，而非客观的标准①。虽然“四大”已利用信息技术改善了工时系统的效率和准确性，但无法消除这一系统的固有局限性，即它依赖个人的自我评价和上级的主观评价。在外部经济环境良好的情况下，这一系统尚能有效运作，因为在蛋糕足够大的情况下，即使切分得不够准确，大部分人也能够满意。然而，当经济环境恶化，事务所收入下降时，工时系统的弊端就会凸显出来，因为在蛋糕较小的情况下，切分的误差将直接导致一部分人收入降幅过大。例如，IPO 是事务所利润丰厚的项目，IPO 项目较多，合伙人对于员工加班时间（over time，简称 OT）的确认就比较慷慨，员工就能体会到薪酬的明显增长，满意度就会较高，而一旦 IPO 项目减少，事务所利润空间缩小，合伙人就会通过不确认 OT 的方式控制人工成本并确保自身的利益，员工对薪酬及其增长的不满意程度就会上升。普华永道中天在 2004 年 7 月遭遇的员工“怠工”事件，就与员工对 OT 的确认和支付严重不满有关②。这说明，绩效计量和评价的不合理、不准确，有可能导致合伙人、经理和员工的利益冲突激化，甚至威胁事务所的稳定持续经营。

“四大”中国合作所内部治理结构存在的第四个问题是不够完善的员工激励机制。合伙人和员工的人力资本是事务所主要的资产，事务所员工作为专业人士和知识工作者，其需求层次较高，不仅追求较高的收入，还追求有品质的生活，事务所只有解决好员工的激励问题，才能留住事务所亟需的专业人才，确保事务所的竞争能力。与本土事务所相比，“四大”中国合作所能够为员工提供更

---

① 例如，一个人在全神贯注的状态下工作一个小时，另一个人在经常走神的情况下工作一个小时，他们投入的精力和工作的成效显然是不一样的，然而，“四大”现有的工时系统并不能很好区分长度相同但质量不同的工时，通常依靠上级主管根据自己的观察和了解来对其加以调整，例如，一位效率较差的员工申报了 8 个小时的工作时间，但主管可能只同意确认 6 个小时。

② 2004 年 7 月，由于不满工作强度太大以及加班工资支付不合理，普华永道北京、上海及深圳办事处的高级审计员一度“集体怠工”，并选举了 12 名工方代表与管理层进行了谈判。由于管理层方面作出部分让步，事态得以平息。

高的薪酬，更好的培训，更多的发展和成长机会，因此能够吸引更高水平专业人才的加入。然而，水平越高的专业人才，其期望越高，其需求也越难以满足，“四大”中国合作所员工激励机制存在的若干局限性正在导致其对高水平专业人才的吸引力下降。首先，“四大”的晋升阶梯很长，员工晋升合伙人一般需要12年以上，其间需要经历激烈的内部劳动力市场竞争，包括“要么晋升、要么退出”（up-or-out）机制的考验，同时由于事务所领导层主要为外方合伙人和港方合伙人，本土员工晋升合伙人的希望更为渺茫，这导致加入“四大”中国合作所的员工普遍存在一种将“四大”作为跳板而非事业归属的心态。其次，只有支付高薪酬才能吸引高水平的人才，而这将提高事务所的人工成本并降低合伙人能够分享的利润，“四大”中国合作所为了降低人工成本，其做法是提高员工的时间成本（time cost）[①] 并加大员工的工作强度。“四大”员工的工作强度远高于一般行业，特别是在审计的“忙季”[②]，员工的工作负荷已接近极限，致使“四大”员工极难维持工作和生活的平衡，许多员工因此而离开“四大”。最后，“四大”的薪酬体系是典型的与资历和职位级别挂钩的薪酬体系，级别越低，其薪酬越低，甚至低于机会成本，级别越高，其薪酬越高，直至大大高于机会成本。这导致员工在进入“四大”最初的几年中，收入最低，而工作强度最大，因此流动率最高。为了补充人手并控制项目成本，“四大”每年都招聘大量新人，这一方面导致事务所培训和管理成本的上升，另一方面也导致审计质量下降的风险。总而言之，“四大”激励机制上存在的问题导致了其居高不下的员工流动率以及对于名牌大学毕业生吸引力的下降，这必将危及“四大”的核心竞争能力。

---

① 会计师事务所向客户报价时，通常需要提供时间预算，包括需要多少计费工作小时，以及每小时收费金额，时间成本即为某一级别员工的每小时收费金额。显然，在预期收费金额的一定情况下，员工的时间成本越高，某一项目能够使用的员工人数越少。

② 即每年12月至下年度4月公司年度财务报表集中报出的时间。

五　本土事务所的内部治理结构现状与问题

（一）本土会计师事务所的现状

我国本土会计师事务所 10 余年来经历了规模快速扩张的过程，在业务收入、注册会计师人数等指标上与“四大”中国合作所虽然仍然存在差距，但差距有不断缩小的趋势。图 3—5、图 3—6 分别反映了“四大”中国成员所和本土十大会计师事务所平均业务收入和平均 CPA 人数的变化趋势[①]。从图 3—5 来看，在 2002 年至 2008 年，“四大”中国合作所与本土十大事务所平均收入的差距有不断扩大的趋势，但在 2009 年至 2010 年，这一差距趋于缩小。从图 3—6 来看，在 2002 年至 2010 年，“四大”中国合作所与本土十大事务所平均 CPA 人数的差距一直不大，且均保持了不断上升的趋势。规模的扩大给本土事务所带来了更多、更为复杂的内部治理问题。

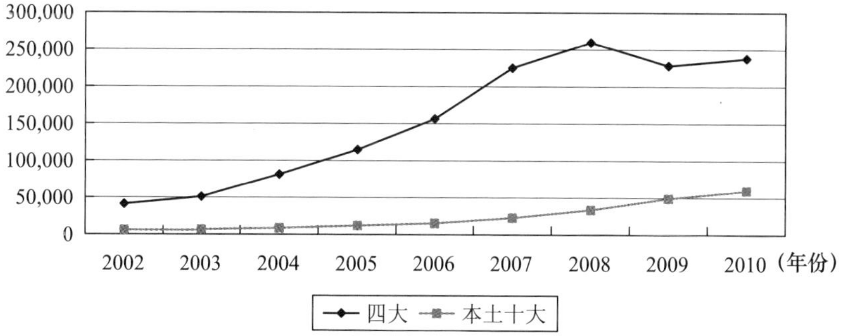

图 3—5　“四大”中国合作所与本土十大事务所 2002—2010 年平均务收入变化趋势（单位：万元）

---

① 本土十大中不包括安永大华。

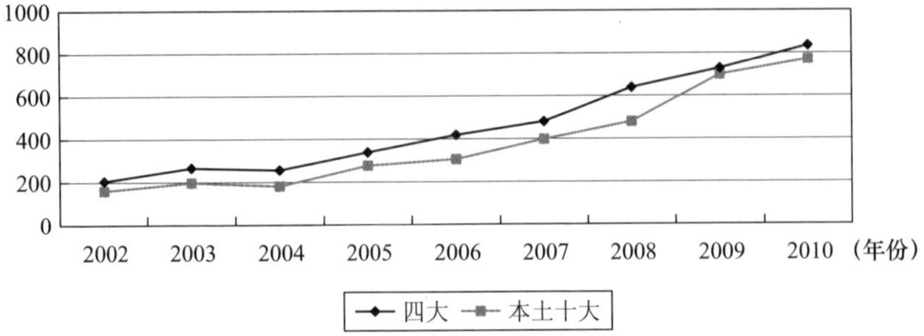

图 3—6 “四大”中国合作所与本土十大事务所 2002—2010 年平均 CPA 人数变化趋势（单位：人）

在 2010 年 12 月 31 日立信会计师事务所完成特殊普通合伙转制之前，我国会计师事务所采取的是法律组织形式主要是有限责任公司制，大型会计师事务所几乎全部采取有限责任公司制。截至 2010 年 7 月 1 日，我国共有会计师事务所 6892 家（不含分所），其中有限责任制会计师事务所 4428 家，占 64%；合伙制会计师事务所 2464 家，占 36%；在 2009 年度百强会计师事务所中，仅有 3 家为合伙制事务所①。根据财政部和工商总局 2010 年发布的《关于推动大中型会计师事务所采用特殊普通合伙组织形式的暂行规定》（以下简称《暂行规定》），我国的大型会计师事务所应于 2010 年 12 月 31 日前转制为特殊普通合伙。目前，40 家证券资格会计师事务所全部完成了向特殊普通合伙的转制。因此，我国会计师事务所目前实际上存在着三种类型的法律组织形式，大多数会计师事务所采用的是有限责任公司制，大型会计师事务所采取的是特殊普通合伙，其他事务所采取的

① 参见财政部会计司：《突破会计师事务所做大做强瓶颈的重要制度创新：——财政部会计司解读〈关于推动大中型会计师事务所采用特殊普通合伙组织形式的暂行规定〉》，http：//kjs. mof. gov. cn。

是普通合伙制[①]。正如笔者已经反复论述的那样，法律组织形式是影响会计师事务所内部治理安排的关键变量，法律组织形式不同，内部治理安排的基本面貌也会有显著不同。为此，本章将在下面分别论述有限责任公司制、特殊普通合伙制和普通合伙制三种组织形式的会计师事务所在内部治理结构上的现状与问题。

（二）有限责任公司制会计师事务所内部治理结构的现状与问题

一般认为，有限责任公司并不是一个适合于专业人士的组织形式。在我国，由于法律和政策允许事务所采用有限责任公司制，同时在不成熟的市场经济环境下，法律组织形式不能有效发挥信号显示作用，导致有限责任公司制具有生存能力，我国大多数事务所都采用了有限责任公司制的组织形式，并按照公司法的有关规定，设立了股东会（或股东大会，下同）、董事会和监事会。

按照法律法规和惯例，股东会由全体股东组成，外部人士只要获准购买了公司的股份，即可成为公司的股东。有限责任事务所在发展过程中，出于融资需要，有可能引入非专业人士的货币出资，或吸收一部分来自员工的货币出资。由此产生的问题是，非人力资本的投资者和人力资本的拥有者很有可能产生潜在的利益冲突，当非人力资本投资者试图干预人力资本拥有者的专业判断时，问题可能更为严重。事实上，我国至少有一部分事务所存在非执业股东或“隐名”股东，即一部分非专业人士由于为事务所提供资金或客户资源而成为事务所的股东，但他们并不在事务所中执业，有时候出于保密考虑也不在事务所提供的股东名单之列。另一个问题是，按照有限责任公司股东会通常的控制权安排，投票权由股东拥有的有

① 《暂行规定》定义的大型会计师事务所为行业排名前10位的会计师事务所，中型会计师事务所为行业排名前200位的会计师事务所。进行特殊普通合伙转制必须满足的条件是：有25名以上符合条件的合伙人、50名以上的注册会计师，以及人民币1000万元以上的资本。

表决权的股份比例决定。采用这一控制权安排，事务所很有可能出现控股股东，并导致控股股东和中小股东之间的代理问题。已有不少证据表明，在有限责任事务所中出现了“一股独霸”的情况。张立民、刘剑萍（2007）的调查发现，样本事务所中大股东出资30%以上的占40%，10%至30%的占51%，10%以下的只占约9%。笔者在2010年底完成的问卷调查结果也发现，在前100大事务所中，第一大股东的持股比例均值为22.56%，最小值为5%，最大值为70%[①]。这些证据均表明，在我国有限责任事务所中，股权结构相对集中。虽然有限责任事务所在接纳股东出资和确定出资比例时会考虑其专业水平和贡献，大多数股东也都是事务所的业务合伙人，并且不少事务所的股东会在议事规则上兼顾了按出资比例表决和按照一人一票进行表决的方式，但按非人力资本出资来确定股东资格、按照出资比例来决定股东会的投票权分配，毕竟与会计师事务所这一人力资本为主的企业具有本质上的不兼容性，这导致了事务所股东之间的诸多矛盾。

有限责任事务所的董事会与普通有限责任公司的董事会存在重大区别，它不是一个协调股东和管理层利益的机构，而纯粹是一个受股东委托行使重大事项决策权的机构。是否能够成为事务所的董事会成员，不是依赖于持股比例的多少，而主要是依赖专业能力和资历。事务所中的代理问题，主要不是外部股东和职业经理人之间的代理问题，也不是大股东和中小股东之间的代理问题，而是一部分受托行使管理决策权的股东和其他股东之间的代理问题。为了解决这一代理问题，必须建立有效的董事会成员选任机制和监督机制，这要求事务所的股东会掌握董事会成员的选举权以及罢免权。我国本土事务所在董事会构成上一般考虑的因素包括业务条线、职

① 样本数为71家。

能管理和分所管理，即董事会成员应有来自审计、咨询、税务等不同业务部门的合伙人，应有主管技术标准、质量控制、人力资源、财务管理等关键职能活动的合伙人，应有来自主要分所的合伙人等。如果董事会构成不当，就有可能导致不同类型合伙人之间的利益冲突，还有可能导致某些重要的管理活动得不到应有的重视。除此之外，为了提高决策效率，我国大中型有限责任事务所的董事会也会建立各个专门委员会，例如发展战略委员会、风险管理和质量控制委员会、专业技术委员会、薪酬与考核委员会等专门委员会①。风险管理与质量控制委员会、专业技术委员会等专门委员会，体现了事务所作为专业服务企业的性质和服务质量对于事务所的极端重要性。

我国本土事务所在董事会构成上需要解决的另一个问题是董事长、总经理和主任会计师的分设和董事长的选拔问题。在普通的有限责任公司中，董事长是有限责任公司的法定代表人，总经理是高层管理者的代表人，良好的公司治理要求董事长和总经理分设，以强化董事会对于经理层的监督。在事务所中，除了按照公司法的规定要设置董事长和总经理职位外，还必须按照政府主管部门的有关规定设立主任会计师②。在我国，有不少大型有限责任师事务所的董事长、总经理和主任会计师由不同的合伙人担任，其原因往往并非出于事务所内部治理的实际需要，而是基于利益平衡。在一些合并而成的事务所中，董事长、总经理和主任会计师通常由参与合并

① 有趣的是，上市公司的薪酬与考核专门委员会一般要求由独立董事占主导，以避免管理层自己确定自己的薪酬，在事务所中，目前显然不可能引入独立董事，则薪酬与考核专门委员会委员的选任尤其需要慎重。一方面，该委员会的委员在事务所内部应具有足够的公信力；另一方面，该委员会的工作应受到董事会和股东会的监督，其设计的合伙人薪酬方案必须得到股东会的批准。

② 财政部2008年发布的《会计师事务所审批和监督暂行办法》第十条规定：会计师事务所应当设立主任会计师；合伙会计师事务所的主任会计师由执行会计师事务所事务的合伙人担任；有限责任会计师事务所的主任会计师由法定代表人担任，法定代表人必须是股东。

的事务所的负责人分别担任[①]。在这种情况下，存在着谁应该是主要负责人、谁应该担任法定代表人以及他们之间的职责应该如何划分的问题（朱小平、叶友，2003）。在普通的有限责任公司中，董事长通常由大股东委派，在会计师事务所中，董事长一般由资历最深、社会资源最广泛的合伙人担任。

有限责任公司制虽然减轻了事务所合伙人和员工的法律责任，但却由于不适合专业人士，带来了额外的治理成本。例如，大型的有限责任事务所必须按照公司法的规定设立监事会，但监事会难以在事务所的治理结构中发挥实际作用，因此不过是一个形同虚设的机构。由于有限责任公司通行的治理安排并不适合会计师事务所，我国的有限责任事务所在形式上遵循法律法规对于有限责任公司治理结构的强制性规定的同时，又大量采取了合伙制事务所内部治理结构的大量国际惯例，这导致有限责任事务所和合伙制事务所在内部治理的诸多维度上具有实质上的一致性。同时，由于面临相同的制度环境，采用不同法律组织形式的会计师事务所在内部治理方面又会面临类似的问题。这些问题包括但不限于：第一，由于缺乏公平、有效的市场竞争，同时又不具备足以与竞争对手相区别的声誉和品牌，我国本土事务所欠缺来自市场的有效外部治理机制，在改进内部治理上过度依赖来自政府主管部门和监管机构的推动，或者说其内部治理的完善缺乏内生的动力；第二，由于尚未形成具有足够市场价值的品牌和声誉资产，本土事务所对于优秀专业人才的吸引力不足，并且难以通过对于品牌和声誉资产进入权的控制来实现对于人力资本拥有者的有效约束，导致事务所合伙人和员工没有进行专用性人力资本投资以及有效合作和相互监督的足够激励；第

① 例如，2009 年 10 月，天职国际吸收合并大公天华，董事长、主任会计师由天职国际的陈永宏担任，总经理由大公天华的谭宪才担任。又如，2009 年天健光华与中和正信合并为天健正信，董事长由天健光华的陈箭深担任，主任会计师由中和正信的杨雄担任。

三，由于本土事务所的声誉和品牌价值没有显著差异，客户选择事务所主要基于规模、价格等因素，合伙人个人的人脉资源在客户关系的建立和维护上发挥着重要作用，导致事务所的客户资源在很大程度上归属于合伙人个人，其表现是合伙人离开事务所时可以带走客户以及为客户提供服务的项目组，这使合伙人的契约事后谈判能力大大增强，增大了合伙人凭借拥有的客户资源“敲竹杠”的风险；第四，我国本土事务所内部的一体化程度较低，一方面合伙人之间缺乏有效的相互监督和利润分享安排，合伙人各自以事务所的名义承接并完成业务，项目利润主要由项目合伙人负责分配，事务所的声誉创造和风险分担功能被大大削弱；另一方面事务所总部和各个分所之间仅仅是松散的联合，总部除收取管理费之外，无法对各个分所施加集中统一的质量控制和财务控制，各个分所各自为政，事务所整体的风险不仅没有下降，反而有所上升[①]；第五，本土事务所的绩效评价、晋升和薪酬制度问题较多，在绩效评价上有过分重视客户招揽和收入创造的倾向，在晋升合伙人的条件中对于专业能力和职业道德的要求重视不够，合伙人和员工的薪酬与个人绩效紧密联系，虽能够激励他们谋求短期的经济利益，但不能促进合伙人和员工进行有效的相互合作和相互监督；第六，本土事务所缺乏有效的非正式治理机制，事务所文化、价值观和职业道德不能发挥有效的治理作用，这使得本土事务所的治理过度依赖正式的治理机制，治理成本较高，合伙人和员工之间容易发生利益冲突，利益冲突发生之后又很难解决。

（三）普通合伙会计师事务所内部治理结构的现状与问题

我国只有一小部分事务所采取了普通合伙制的组织形式，而且

① 朱小平、叶友（2003）指出，业内人士常说，目前的事务所是“农贸市场”，外面挂着一个大牌子，但在里面进行经营活动的全都是各自独立的“商铺”，这些“商铺”卖什么以及如何卖全由自己做主。

采用这一组织形式往往并非因为这一组织形式具有很强的信号传递作用，能作为增强事务所竞争能力的手段，而很可能是因为政府主管部门对采用这一组织形式的事务所提供了某种程度的政策优惠措施。同时，我国采用普通合伙制的事务所规模相对偏小，2009 年百强事务所中仅有 3 家为普通合伙制事务所，这与企业理论的经典解释是相吻合的（Alchian 和 Demsetz，1972）。另外值得注意的是，我国采用普通合伙制的事务所在地域分布上还具有集中性，在深圳特区等经济发达地区的数量明显高于其他地区。这是因为，深圳特区具有相对独立的立法权，特区立法机关在 2003 年 10 月修订通过的《深圳经济特区注册会计师条例》只允许会计师事务所采取普通合伙和个人独资的组织形式，而 2007 年 1 月新修订的《深圳经济特区注册会计师条例》只允许会计师事务所采取包括普通合伙和特殊普通合伙在内的合伙制组织形式。

从理论上看，由于普通合伙会计师事务所的合伙人无论是否存在过错均需承担无限连带责任，事务所合伙人应具有极强的风险意识和极强的相互监督动机，这正是这一组织形式的优势所在。为了规避风险，普通合伙事务所在合伙人选择或晋升决策上通常比其他组织形式的事务所更为慎重。普通合伙制事务所一般采用共同决策、相互监督、共担风险、共享利润的内部治理安排。规模相对较小的事务所通过合伙人会议行使重大事项的集体决策权力，规模相对较大的事务所则需要设置合伙人管理委员会，将某些重大事项的决策权委托给少数执行合伙人来行使。在普通合伙事务所中，主任会计师或首席合伙人通常拥有较为集中的管理决策权力，在合伙人会议或合伙人管理委员会中拥有更大的发言权，或者在采用一人一票议事规则的情况下通过个人影响力影响甚至改变决策的结果。因此，在普通合伙事务所中，代理问题集中在执行合伙人和非执行合伙人之间以及合伙人与首席合伙人之间。郭晋龙（2005）在对

1996年至2004年深圳特区36起注册会计师合伙纠纷案件进行研究时发现，注册会计师的合伙纠纷按主体划分主要有四种类型，即执行合伙人和非执行合伙人之间的纠纷、原合伙人和新合伙人之间的纠纷、普通合伙人之间的纠纷、合伙人和非合伙人之间的纠纷，其中50%案例发生在执行合伙人和非执行合伙人之间；按纠纷内容划分则有六种类型，即合伙收益分配纠纷、合伙财产管理与使用纠纷、合伙事务决定与执行纠纷、合伙人入伙与退伙纠纷、合伙债务清偿与分担纠纷、合伙解散与清算纠纷，其中45%的案例为合伙人收益分配纠纷。郭晋龙（2005）的研究表明，我国普通合伙制事务所内部治理面临的主要问题是事务所管理决策权的委托代理问题和事务所利润的合理分配问题。我国当前制度环境不利于诚信合作的合伙文化的形成，这对于对非正式治理机制有更强依赖性的合伙事务所而言尤其不利。合伙事务所内部治理问题的解决，仅靠合伙人和员工的自发协调是不够的，还有赖于市场环境的优化和注册会计师的职业化进程，前者能够使合伙制作为信号传递机制的作用得以凸显，后者则能够提升事务所合伙人和员工的专业精神，促进积极的合伙文化的形成。

（四）特殊普通合伙会计师事务所内部治理结构的现状与问题

直到2010年，特殊普通合伙才成为政府主管部门强制要求大型会计师事务所采用的组织形式。在此之前，绝大多数本土事务所都没有转制为特殊普通合伙的外部压力和内在动力。然而，在深圳特区等经济发达地区，在2010年以前就有事务所完成了向特殊普通合伙的转制。例如，深圳大华天诚会计师事务所与广东恒信德律会计师事务所有限公司在2008年合并并改制为特殊普通合伙事务所。这表明，作为国际大型事务所普遍采用的组织形式，特殊普通合伙在我国也存在一定的市场需求。

特殊普通合伙首先是一种法律组织形式，其特点是合伙人对其个人的执业行为以及直接受其监督的下属的执业行为承担无限责任，对其他合伙人的执业行为不承担连带责任，除非他们共同负责一个业务项目。特殊普通合伙事务所在治理结构上与普通合伙事务所并无实质的差异。例如，特殊普通合伙需要设置合伙人会议、合伙人管理委员会和首席合伙人（主任会计师），需要解决管理决策权和监督权在执行合伙人和非执行合伙人之间的合理分配问题，需要解决合伙收益的合理分配问题等。与普通合伙制事务所相比，特殊普通合伙由于合理限定了合伙人之间的连带责任，合伙人之间共担风险、相互监督的激励有所弱化，因此需要事务所通过绩效考评、晋升和薪酬制度的设计弥补法律责任形式变更带来的激励减损。

事务所向特殊普通合伙转制并非是一个简单的变更法律组织形式的问题，还涉及一系列深刻的内部治理变革。首先是合伙人资格的确认问题。财政部、工商总局 2010 年发布的《暂行规定》要求特殊普通合伙事务所的合伙人只能是注册会计师、注册税务师和注册造价工程师，这不仅导致过去通过向事务所提供资金和客户资源而获得股东（合伙人）资格的非专业人士无法再担任特殊普通合伙事务所的合伙人，也导致专业领域为管理咨询但不拥有上述三种执业资格的专业人士无法成为转制后事务所的合伙人。显然，这将导致事务所合伙人构成和控制权分布的大调整，有可能引起激烈的利益冲突。其次，特殊普通合伙事务所必须由全体合伙人重新选举合伙人管理委员会成员，合伙人管理委员会人选的确定，合伙人会议和合伙人管理委员会之间职责权限的划分，合伙人管理委员会议事规则的确定等，均涉及权利和利益的重新调整与分配。再次，由于有限责任事务所转制为特殊普通合伙以后，合伙人个人的执业风险有所上升，相互监督的动机有所增强，而总所也有了对分所执业行为进行集中控制的更强需求，这有可能会导致那些不能接受集中控制的分所主动退出或被总部剥离。最后，特殊普通合伙要求事务所建立更为准确的绩效评价和更为合理的责任分担机制，以解决合伙人承担连带责任带来的问题。例如，当两个合伙人共同负责一个业务项目时，谁承担主要责任，谁承担次要责任？当独立合伙人对其他合伙人完成的业务项目进行质量复核时，复核合伙人承担何种责任？如果这些问题不解决，就有可能削弱合伙人有效合作和相互监督的动机。

六　结论与讨论

本章对我国会计师事务所内部治理结构及其变革进行了深入研究。我国会计事务所内部治理变革是在经济转型、政府职能转换、国际交流和注册会计师职业化的大制度背景之下发生的，是政府强有力的“有形之手”和不断发育的市场力量共同作用的结果。在30余年的发展历程中，我国会计师事务所经历了“脱钩改制”、法律组织形式变更、事务所合并浪潮和事务所内部治理规范化运动所引发的内部治理深刻变革。本章还深入探讨了“四大”中国合作所内部治理结构的现状和问题。“四大”中国合作所内部治理的主要特征表现为：国际总部对成员所的控制权、合伙人构成的复杂性、具有中国特色的治理机构设置、有效的事务所内部一体化机制和非正式内部治理机制。“四大”中国合作所内部治理存在的主要问题是控制权在中外合伙人之间的不均衡配置、治理结构的不透明、不够完善的绩效计量与评价系统、不够完善的员工激励机制。本章还对有限责任公司制、普通合伙制和特殊普通合伙制的本土事务所内部治理结构现状与问题进行了分析。对于有限责任公司制事务所而言，它们必须解决的首要问题是如何在有限责任公司制这种不适合专业人士的法律组织形式之下，采用适合专业人士的治理机制并解决外生组织形式和内生治理机制的摩擦。对于普通合伙制事务所而言，它们必须解决的首要问题是在市场环境不完善和合伙文化缺失的前提下，如何发挥合伙制治理结构的优势。对于特殊普通合伙事务所而言，它们必须解决的首要问题是如何在合伙人法律责任得到合理限定的情况下维持合伙人进行有效合作和相互监督的动力。

第四章

中国会计师事务所内部治理水平及其影响因素

——基于问卷调查数据和因子分析方法

一　引言

世界主要经济体内的会计师事务所正在经历一场深刻的治理变革。证券市场监管机构与行业自律组织，已开始将事务所的内部治理作为证券市场审计制度改革的一个重要突破口，而改革的方向是要求负责上市公司审计的会计师事务所也遵守某些原本只针对上市公司的内部治理要求，例如信息公开披露、引入独立非执行董事等。许多重要的行业自律组织开始发布事务所内部治理方面的准则或指南，推动事务所完善其治理结构。例如，中国注册会计师协会于2007年5月印发了《会计师事务所内部治理指南》，英国最大的会计师团体英格兰与威尔士特许会计师公会（ICAEW）则于2010年1月发布了《会计师事务所治理准则》。

会计师事务所内部治理水平的评价是一个值得深入研究的课题。一家会计师事务所完成高质量的独立审计的能力在很大程度上取决于该事务所内部的各种因素，其中包括文化、程序、保障措施与薪酬体系等（霍奇金森，2006）。良好的事务所内部治理，是提高审计质量的微观基础，是审计失败最根本的预防机制。对于会计师事务所内部治理水平的评价，可以为财务报表的使用者提供评价审计质量的重要信息，为上市公司审计委员会选择审计师提供重要依据，可以为会计师事务所完善内部治理与管理提供“标杆”，为监管机构和行业自律组织实施其监管或自律行动提供决策参考。然而，由于研究工具和公开数据的匮乏，学术界对于这一重要话题目前还缺乏深入的研究。本章则尝试利用问卷调查数据和因子分析方法对目前我国大中型会计师事务所的内部治理水平进行评价和比较，期望能够发现在内部治理水平方面，“四大”与非四大、证券资格所与非证券资格所、本土大所与本土中小所之间是否存在显著差异。

本章的内容安排如下：第二部分回顾了相关的文献，提出了本章的研究假设，第三部分介绍了研究设计以及研究数据的收集情况，第四部分详细阐述了因子分析的过程，假设检验的结论和稳健性检验的结果，最后一部分对本章进行了总结和讨论，并指出了未来可行的研究方向。

二　文献回顾与研究假设

（一）文献的简短回顾

本章的文献基础主要有三个来源，一是与会计师事务所内部治理有关的文献，二是与公司治理评价有关的文献，三是与因子研究方法有关的文献。

与会计师事务所内部治理相关的文献主题广泛但较为零散，其中重要的研究主题及代表性文献包括：与会计师事务所合伙治理形式相关的文献（Balachandran 和 Ramakrishnan，1987；Laurence，1999；余玉苗、陈波，2002；朱小平、叶友，2003），与合伙人利润分享规则相关的文献（Holmes 和 Zimmer，1998；Liu 和 Simmunic，2005；Huddart 和 Liang，2005），与事务所网络治理与一体化相关的文献（Trompeter，1994；Carcello，Hermanson 与 Huss，2000；Hay，Baskerville 和 Qiu，2007），与事务所风险管理与质量控制相关的文献（Bedard 等，2008），与事务所知识分享机制有关的文献（Vera-Muñoz，Ho 和 Chow，2006）等。基于上述文献，笔者得以深入了解事务所内部治理的性质、机制与结构，并开发具有效度和信度的内部治理问卷调查工具。

会计师事务所是一类性质特殊的企业，其内部治理评价可以借鉴公司治理评价的一般原理与方法。鉴于公司治理评价及其信息披露有助于投资者评估公司治理现状及其风险，进而判断公司的投资价值（南开大学公司治理评价课题组，2007），众多商业机构和非商业机构开发出各种公司治理评价系统，发布各种有影响力的公司治理指数（南开大学公司治理评价课题组，2010）。围绕公司治理水平和企业价值、绩效之间的关系，也已形成了较多的学术研究成果（Brown and Caylor，2006；白重恩等，2005；李维安、唐跃军，2005）。以上研究成果表明，对公司治理水平进行量化评价是完全可行的。如果能够解决数据来源问题，在深入研究会计师事务所特征和治理规律的基础上，开发出会计师事务所内部治理水平的评价指标并进行系统的量化比较，也是完全可能的。

因子分析（factor analysis）是一种得到广泛应用的统计方法，其主要目的是降维，即在保持一定解释能力的前提下，从众多相关的解释变量中提取出主要成分或公共因子，进而简化数据的处理或解释。当拟研究的对象内涵较为宽泛、复杂时，因子分析无论是作为一种单独的研究方法还是纯粹作为一种降维的方法都是非常有用的。在公司治理评价领域，白重恩等（2005）利用与因子分析密切相关的主成分分析法，构造了我国上市公司治理水平的综合评价指标。在审计研究领域，Carcello 等（1992）利用因子分析系统研究了审计合伙人、财务报表编制者与使用者感知的审计质量特征及其差异，曹建新（2006）利用因子分析对我国会计师事务所的审计质量进行了综合评价。笔者认为，以上研究表明利用因子分析方法解决会计师事务所内部治理水平的评价问题是适当的。

（二）研究假设

会计师事务所内部治理水平评价与比较的根本意义在于为资本市场提供评价注册会计师提供高质量审计服务的动机和能力的信息。如果外部治理机制相同，在内部治理完善的会计师事务所中，注册会计师会面临适当的激励与约束，能够相互合作、相互监督，提供高质量服务以实现共同利益。如果能够对会计师事务所的内部治理水平进行有效区分，则利益相关者对于审计质量就能够作出相对准确的事前评价。作为一项初步研究，本章试图考察一些最基本的事务所分类变量，包括事务所是否具有证券、期货相关业务审计资格（以下简称证券资格），事务所是“四大”还是“非四大”，事务所是本土大所还是本土中小所等，对于事务所内部治理水平有何影响。

法律与监管环境对于事务所内部治理有着重大影响。Schwartz（1997）的分析模型表明，法律责任安排会同时影响审计质量和资本市场的投资水平。Francis（2004）对审计质量相关的文献进行系统回顾后指出，法律体制及其创造的动机对于审计质量有重大影响。以上研究都意味着，在不同的法律及监管环境下，注册会计师的动机和行为是不同的，由此会导致事务所形成不同的内部治理结构。与美国等国家不同，我国的证券市场审计实施特别许可制度，即依法成立的事务所必须获得财政部、证监会等监管机构授予的证券资格，才能从事上市公司的审计业务。笔者认为，证券资格事务所和非证券资格事务所，由于面临不同的客户群、法律诉讼风险和监管安排，在形成并维护良好治理结构方面的动机和能力也是不同的。证券资格事务所由于其主要客户是上市公司，更能够吸引优秀的专业人士，也能够创造更多的业务收入保证在内部治理建设方面的必要投入。正如刘峰、许菲（2002）指出的，我国会计职业界整体上面临较低的法律风险。在这种情况下，来自政府部门的监管行动可能是注册会计师最主要的风险来源，也是其真正有效的行为约束。证券资格事务所由于面临更为严格的执业资格准入控制、来自监管机构的质量检查和更为严厉的违规行为事后惩戒，相对于非证券资格事务所而言有更强的动力形成或优化其内部治理结构，从而保障审计质量，维持其证券审计资格。基于上述理由，笔者提出本章的第一项假设：

H1：证券资格所的内部治理水平比非证券资格所更高

无论是从规模、声誉、收费、业务水平还是内部结构上来看，“四大”与“非四大”均存在显著的差异，因而经常被作为一个相对独立的群体来看待。在国际学术界，“四大”的审计质量比“非四大”更高几乎已成为一个共识，争论的焦点是“四大”提供高质量审计服务主要是基于“声誉效应”还是“深口袋效应”（deep pocket effect）（Lennox，1999）。虽有学者质疑“四大”在中国资本市场上审计质量更高的结论并给出了相应的证据（刘峰、周福源，2007；刘峰、许菲，2002），但“四大”比“非四大”更有提供高质量审计服务的能力则争议较少。笔者认为，“四大”均已有百年历史，它们能够长期占据行业领先地位，形成与众不同的声誉与品牌并不是偶然的，长期以来形成的良好内部治理机制是其发展壮大的基本保障。目前世界各国已经颁布的会计师事务所内部治理相关的准则或指南，几乎都以“四大”的内部治理实践作为“标杆”。在中国注册会计师协会组织的会计师事务所内部治理专题研讨中（中注协期刊编辑部，2006），大部分专家和学者都认同“四大”在内部治理方面的基本做法。基于上述原因，笔者提出本章的第二项假设：

H2：“四大”的内部治理水平比“非四大”更高

在欧美等发达国家，无论是从“声誉效应”还是“深口袋效应”来看，规模较大的事务所都应该有维护和改善内部治理水平的更大动机。在中国资本市场上，这一结论是否成立则需要进一步分析。一方面，事务所规模与审计质量具有正相关性（DeAngelo，1981b）的基本原理无疑具有普遍适用性。另一方面，中国资本市场的特殊情况将削弱经典理论分析的说服力。在我国，事务所为了获得更多的政策支持而纷纷选择以设立分所或合并其他中小所将其变更为分所的方式迅速扩大规模，导致总所与分所之间未能实现实质性统一，形式上是一个法律整体，但实际上“两张皮”甚至“多张皮”，各行其是，各自为政（刘玉廷等，2010）。在这种情况下，事务所规模的扩大不仅不能够提供改善内部治理的更强动机，反而会由于管理复杂性的上升使大规模的事务所面临更多的治理难题。因此，事务所规模与内部治理水平之间的关系就成为一个有待检验的实证命题。基于上述分析，笔者提出本章的第三项假设：

H3：本土大所的内部治理水平比本土中小所更高

三　问卷设计、数据收集与描述性统计

（一）问卷设计

为实现本章的研究目的，需要解决两个关键问题，一个是解决事务所内部治理水平的测度问题，另一个是解决数据来源问题。遗

憾的是，现有研究未能提供事务所内部治理水平测度的现成工具，并且也没有公开可利用的数据。为解决上述问题，本章采取了问卷调查研究方法。

设计一套具有充分效度和信度的问卷是本研究成功的关键。本研究的问卷设计工作开始于 2009 年 9 月，笔者根据中国注册会计师协会 2007 年 5 月发布的《会计师事务所内部治理指南》设计出了用于评价我国会计师事务所内部治理水平的关键指标和调查问卷的初稿。2010 年 1 月至 3 月间开展了预调查，收到了 30 多家会计师事务所的回复。初步调查的结果显示问卷绝大部分题项表述准确，易于理解，具有较好的区分度。在 2010 年 4 月至 9 月间，根据预调查结果，以及 ICAEW 在 2010 年 1 月发布的《会计师事务所治理准则》，中国注册会计师协会在 2010 年 1 月发布的《会计师事务所分所管理暂行办法》、同年 6 月发布的《会计师事务所财务管理暂行办法》等重要文件，对调查问卷进行了多次修改。其间，针对问卷设计还与多名事务所合伙人和学术界同行进行了交流，在问卷修改时吸取了他们的意见和建议。

用于正式调查的问卷于 2010 年 10 月定稿。问卷分为 A、B、C 三个部分。A 部分包括 6 大类、50 个反映事务所内部治理水平的重要指标①。A 部分的指标主要根据相关的学术文献和中注协发布的《会计师事务所内部治理指南》等重要政策文件来设计，这些指标既包括了公认的会计师事务所内部治理良好实践，也包括了良好内部治理应该产生的积极效果，例如严格的风险管理与质量控制程序、对于员工权益的尊重与保护、对于职业道德的高度重视与制度保障等。换言之，A 部分的指标既包括决策权配置、董事会特征、合伙人权利等通常认为的"直接指标"，也包括一些通常而言归属

① A 部分指标的具体构成信息可参见附录。A42 由于只适合于证券资格事务所，在本章的分析中将不涉及，用于因子分析的题项共有 49 个。

于事务所管理范围的“间接指标”。在指标选择与设计上，客观性是一个重要的原则，即指标涉及的内容应尽可能是事实性的，尽可能减少被调查者答卷时的主观判断。

A 部分题项采取 5 点李克特量表（Likert scale）形式，要求被调查人根据其所在事务所实际情况与题项表述的相符程度进行选择。其中，选项 1 至 5 依次为“极不符合”“不符合”“有时符合，有时不符合”“符合”与“极为符合”。本章对于事务所内部治理水平的测度将主要依靠 A 类 50 项指标来完成。B 部分包括 8 个题项，内容涉及事务所控制权的集中度、董事会（或合伙人管理委员会）的积极程度、员工流动率、晋升年限等，每个题目均事先给出 5—8 个选项，每个选项代表某一指标的某个取值范围。C 部分的题项用于了解被调查人的身份信息，包括 3 个题目，内容涉及被调查人在事务所中的职位和所负责的业务领域等。

（二）问卷发送与回收情况

本章采用问卷调查方式获取研究所需的主要数据。问卷调查的对象是 2010 年中国注册会计师协会综合排名前 100 强事务所的合伙人。选择“百强所”作为研究对象是因为它涵盖了我国的大型会计师事务所和中型会计师事务所[①]，同时其公开可获得的信息较多。选择合伙人作为调查对象是因为他们作为事务所的所有者和管理者，对本所的内部治理状况有较为全面和深入的了解。

笔者从中国注册会计师协会的行业管理信息系统、中国证监会的会计师事务所及资产评估机构监管系统、证券资格事务所 2010 年度报备资料等信息来源获得了百强事务所及其合伙人的基本信息。笔者在 2010 年 10 月、11 月和 2011 年 1 月分三批发送了

① 用前 10 大或前 20 大事务所作为大型事务所的代表，用其余事务所作为中型事务所的代表。

共计 1299 份问卷，百强所中平均每家有近 13 位合伙人收到问卷。第一批问卷采用电子邮件形式发送，第二、第三批采用信函方式发送，共获得有效回复 122 份。另外，笔者在 2010 年 11 月通过朋友关系获得了 5 位合伙人的有效回复，有效回复的总数为 127 份，涵盖了百强所中的 71 家。表 4—1 对问卷发送及回收情况进行了说明。

表 4—1　　　　　　　　问卷发送与回收情况

序号	批次	发送形式及数量			回收形式及数量			
		电邮	信函	小计	电邮	信函	传真	小计
1	1	636	0	636	25	0	4	29
2	2	0	344	344	0	57	1	58
3	3	0	319	319	0	35	0	35
4	*	5	0	5	5	0	0	5
小计		641	663	1304	30	92	5	127

注：* 为通过朋友关系获得。

本次问卷调查的综合回复率为 9.74%，信函方式的回复率为 14.03%，电邮方式的回复率为 4.56%（不含通过朋友关系获得的 5 份有效问卷）。Carcello 等（1992）对审计合伙人进行问卷调查的回复率为 38%。与国外的相关研究相比，本次研究的回复率较低。导致问卷回复率偏低的主要原因包括：第一，本次问卷的题项较多，认真完成需要 20—30 分钟，加之作为调查对象的事务所合伙人在被调查期间业务较为繁忙，导致问卷回复率下降；第二，本次问卷涉及较多的事务所内部情况，有些是较为敏感的信息，导致部分被调查者不愿意提供相关信息，例如，“四大”的某位合伙人就以填写问卷需要提供的信息涉密为由婉拒了笔者的调查请求；第三，有接近一半的问卷采用电邮方式发送，而电邮方式的回复率仅为4.56%①，这显然也降低了问卷的回复率。

本次问卷的回复率虽较低，但预期不会对本次研究构成不利影响。这是因为：第一，本章的研究对象是会计师事务所而不是单个合伙人，对合伙人实施问卷调查是为了获得事务所的内部治理信息，而本次调查获得了来自百强所中71家事务所的有效回复，覆盖率超过70%，比较理想；第二，本次问卷调查的有效回复填写非常认真，问卷有意设计的9个反向问题②，其回复结果与其他题项存在显著区别，反映出回复者在填写问卷前对题项进行了认真的阅读和准确的理解；第三，鉴于问卷本身内容较多且涉及事务所敏感信息，被调查者对于问卷的回复主要是出于对此研究主题的关注和兴趣，这极大地减少了被调查者消极应付的可能性；第四，从回复者的身份信息来看，大部分回复者为主任会计师或副主任会计师、董事会成员、审计合伙人，这些回复者对所在事务所内部治理情况有着全面而深入的了解，保证了问卷回复的质量。表4—2对于回复者的身份信息进行了说明。

表4—2　　问卷回复人的身份构成

序号	分类	人数	比例（%）
1	主任会计师	32	25.2
	副主任会计师	48	37.8
	其他合伙人	46	36.22
	信息缺失	1	0.79
2	董事会成员	85	66.93

① 在以电邮方式发出的636封问卷中，有46封由于地址不存在或错误而被退回。除此之外，由于人们通常拥有多个电邮，且电邮地址变动较为频繁，也会导致电邮地址不如邮寄地址准确。

② 即题项描述的不是理想的状况，而是应该避免的情况。选择序号越大的选项，代表会计师事务所在此指标上的表现越差。

续表

序号	分类	人数	比例（%）
	非董事会成员	39	30.71
	信息缺失	3	2.36
3	审计合伙人	105	82.68
	非审计合伙人	19	14.96
	信息缺失	3	2.36

回复本次问卷的127位合伙人来自百强所中的71家。在由71家事务所组成的样本中，每家事务所最少有1位合伙人的回复，最多有5位合伙人的回复，有56.34%的事务所有超过1位合伙人的回复。在“四大”和本土十大事务所中，每家均有超过1位合伙人的回复。样本中，证券资格事务所有47家，占全部54家证券资格事务所的87.04%。71家事务所样本的具体构成如表4—3所示。

表4—3　　事务所样本的具体构成

序号	分类	家数	比例（%）
1	证券资格所	47	66.20
	非证券资格所	24	33.80
2	四大所	4	5.63
	本土十大所	10	14.08
	本土十一大至二十大	9	12.68
	其他	48	67.61

（三）问卷信度与效度的检验

本次问卷的信度和效度均较为理想。良好的内部一致性是采用累加李克特量表的一个前提，折半信度法（split-half reliability）和克朗巴哈（Cronbach）α系数法是常用的问卷内部一致性的评价方法（巫秀美、倪宗瓒，1998）。当一次测评不适宜分为对等的两半时，折半信度法不宜采用（徐辉、高拴平，2007），笔者使用克朗巴哈 α 系数法对本次使用的问卷进行信度检验。表 4—4 给出了信度检验的结果。从表 4—4 可以看出，6 类问题的克朗巴哈 α 系数最低为 0.601，最高为 0.852，平均超过 0.8，汇总的克朗巴哈 α 系数更是高达 0.933。一般而言，若为探索性研究，α 系数一般应大于 0.7，应用研究则大于 0.9 为宜（李怀祖，2004，第 263 页），因此本次调查所使用问卷满足信度方面的要求。

表 4—4　　　　问卷信度检验

题目类别	样本数	题目个数	克朗巴哈 α 系数
合伙人资格与权利	71	9	0.601
决策权配置与董事会特征	71	9	0.761
人力资源管理与员工权益保障	71	8	0.815
总分所管理与事务所一体化	71	7	0.825
风险管理与质量控制	71	12	0.852
职业道德与文化	71	4	0.778
合计	71	49	0.933

效度包括表面效度、内容效度、效标效度和结构效度等多个层面（李灿、辛玲，2008）。笔者重点考虑了本次问卷设计的结构效度，而评价结构效度常用的统计方法是因子分析。根据评价问卷结构效度的三个标准（李灿、辛玲，2008），笔者认为本次调查所使用的问卷满足结构效度的基本要求。具体而言：第一，公共因子的累计方差贡献率至少应在 40% 以上，在本次研究中，9 个公共因子的累计方差贡献率为 63.83%；第二，每个题项都应在其中一个公共因子上有较高负荷值（大于 0.4），而对其他公共因子的负荷值则较低，此标准在本次研究中得到了满足；第三，公因子方差均应大于 0.4，即每个题项 40 % 以上的方差都可以用公共因子解释，在

本次研究中，所有题项的公因子方差均大于 0.6，故也满足此条标准。上述相关数据来自本章的因子分析。

（四）描述性统计

笔者对 127 位合伙人的有效回复按照其所在事务所进行数据整理，得到由 71 家事务所构成的样本。对于每一题项，按照回复人在五点李克特量表上的选择直接进行赋值。对于 9 项有意设计的反向问题，在数据处理时则进行了逆向处理，使处理后的所有题项取值与拟测度的会计师事务所内部治理水平变量均呈同向变动关系。对于来自同一事务所的多位合伙人的有效回复，采取了取平均值的处理。对于四家存在少量缺失值的样本，则采用了均值替代的办法填补了缺失值。表 4—5 列示了所有题项的描述性统计数据。

从表 4—5 来看，所有题项的最小值为 1，最大值为 5，其均值仅有 3 项低于 3，其余均大于 3，显示出百强所整体的内部治理水平为中等偏上。各个选项的标准差仅有 5 项大于 1，且与 1 接近，显示出样本事务所在大部分题项上的得分较为接近。当然，上述结论有待于进一步实证检验。

表 4—5　　描述性统计数据

题项编号	样本量	最小值	最大值	均值	标准差
A01	71	2.00	5.00	4.7537	.50943
A02	71	3.00	5.00	4.7796	.41841
A03	71	1.00	5.00	2.9810	.86972
A04	71	2.00	5.00	3.4110	.75676
A05	71	1.67	5.00	4.5565	.75733
A06	71	2.00	5.00	3.3434	.80666

续表

题项编号	样本量	最小值	最大值	均值	标准差
A07	71	1.00	5.00	3.3132	1.13411
A08	71	2.00	5.00	3.8054	.71138
A09	71	2.00	5.00	3.9045	.87972
A10	71	2.67	5.00	4.0541	.53917
A11	71	1.00	5.00	2.5981	1.10775
A12	71	2.00	5.00	4.2122	.63961
A13	71	3.00	5.00	4.3861	.52939
A14	71	3.00	5.00	4.2811	.54132
A15	71	3.00	5.00	4.3924	.53642
A16	71	2.00	5.00	4.0423	.61389
A17	71	1.67	5.00	3.7171	.87267
A18	71	2.00	5.00	4.2096	.61157
A19	71	2.00	5.00	3.6554	.58326
A20	71	2.00	5.00	4.0186	.66482
A21	71	3.00	5.00	3.8961	.51313
A22	71	2.67	5.00	3.9614	.58480
A23	71	2.67	5.00	3.7276	.55484
A24	71	2.50	5.00	3.6123	.54576
A25	71	2.00	5.00	3.7425	.56133
A26	71	2.67	5.00	3.7761	.54241
A27	71	1.00	5.00	3.8921	.88399
A28	71	1.00	5.00	3.2157	1.00007
A29	71	1.00	5.00	3.1997	1.04891
A30	71	2.00	5.00	4.0342	.60399
A31	71	2.00	5.00	4.2157	.60649
A32	71	1.00	5.00	3.6780	1.02285
A33	71	1.00	5.00	2.9735	.97896

续表

题项编号	样本量	最小值	最大值	均值	标准差
A34	71	2.00	5.00	3.8309	.77072
A35	71	2.00	5.00	3.4573	.83992
A36	71	1.67	5.00	3.9190	.74244
A37	71	1.00	5.00	3.9128	.90302
A38	71	2.00	5.00	3.5417	.72698
A39	71	3.00	5.00	4.0960	.39119
A40	71	2.00	5.00	3.9683	.68206
A41	71	2.00	5.00	4.3351	.54025
A43	71	2.00	5.00	4.1530	.65434
A44	71	2.00	5.00	4.2039	.65565
A45	71	2.00	5.00	4.0011	.72266
A46	71	1.00	5.00	3.4781	.95800
A47	71	3.67	5.00	4.3593	.44415
A48	71	3.00	5.00	4.1385	.46653
A49	71	2.00	5.00	3.9283	.72330
A50	71	2.00	5.00	3.8006	.84246

表4—6列示了均值最高的10个题项。这些题项能够在一定程度上反映出我国大中型会计师事务所在内部治理方面平均而言表现较好的地方。具体来说：第一，在合伙人要求方面，我国大中型事务所的合伙人基本上拥有必备的执业资格，且能够在事务所专职执业，显示出仅凭出资或关系就能担任合伙人、合伙人在不同事务所兼职等不良现象已得到治理；第二，在董事会（或合伙人管理委员会）及议事规则方面，我国大中型会计师事务所基本上能够做到重大事项集体决策和科学决策；第三，在主任会计师职权方面，我国大中型会计师事务所基本上消除了由主任会计师的直系亲属主管事务所会计事务的情况，事务所的家族化和裙带关系得到治理；第

四，在质量控制方面，我国大中型会计师事务所基本上能够严格执行业务质量复核制度，且重视在不同分所之间实施统一的质量控制政策；第五，在职业道德和事务所文化方面，我国大中型会计师事务所基本上能够做到诚信为本、操守为重。

表4—6　　均值最高的10个题项列表

题项编号	题项内容	均值
A02	本所所有合伙人均在本所专职执业	4.7796
A01	本所全体合伙人均拥有注册会计师证书或主管机关认可的其他专业资格	4.7537
A05	本所主任会计师的直系亲属不担任本所会计机构负责人和会计主管人员	4.5565
A15	本所董事会每次会议的参与人数均满足事务所章程规定的最低人数要求	4.3924
A13	对于事务所合并事项，必须经过本所合伙人会议一致通过或2/3以上多数通过	4.3861
A47	诚信为本、操守为重确已成为本所全体员工共同的职业理念	4.3593
A41	对于审计业务，本所严格实施由项目经理、部门经理和合伙人参与的多层次质量复核	4.3351
A14	本所重大事项均由董事会集体决策	4.2811
A31	本所所有分所遵循统一的执业标准和质量控制制度	4.2157
A12	对于吸纳新的合伙人，必须经过本所合伙人会议一致通过或2/3以上多数通过	4.2122

表4—7列示了均值最低的10个选项。这些选项能够在一定程度上反映出我国大中型会计师事务所在内部治理方面亟待改进的领域。具体而言：第一，在合伙人决策权配置方面，我国大中型会计师事务所普遍存在着以出资金额和股权比例决定表决权大小的情

况，不符合事务所的“人合”特性；第二，在合伙人绩效考核和晋升方面，存在着过于重视合伙人的商业贡献、人脉关系和客户资源的倾向；第三，在事务所资源归属方面，客户资源隶属于合伙人个人的现象还比较普遍，不利于事务所整体凝聚力的提升和事务所的稳定发展；第四，在总分所管理方面，我国大中型会计师事务所总所对分所的财务集中控制程度较弱，分所财务自主性似乎过大，不利于事务所整体的风险控制；第五，在事务所合并方面，我国大中型会计师事务所仍然存在着为了迅速扩大规模而实施合并的短期行为，这将导致事务所大而不强，且增大了事务所整体的风险；第六，在事务所质量控制方面，我国大中型会计事务所在一定程度上存在着业务外包与分成的现象，不利于执业质量的提升和风险的防范，同时在管理信息系统建设方面较为落后，不利于审计效率和审计效果的提高。

表 4—7　　均值最低的 10 个题项列表

题项编号	题项内容	均值
A11	本所合伙人会议（或股东会，下同）按照合伙人拥有的股权比例决定表决权大小	2.5981
A33	本所与其他事务所合并主要是为了扩大规模，提升在各级注协排名中的位次	2.9735
A03	本所晋升合伙人的条件中，人脉关系和客户资源最为重要	2.9810
A29	分所收入、费用纳入本所统一核算，收益按照本所统一的分配制度进行分配	3.1997
A28	本所分所的资金由总所统一控制与调配	3.2157
A07	本所合伙人分享的利润只取决于合伙人在事务所中的出资比例	3.3132
A06	本所合伙人的绩效考核只考虑其为事务所创造的业务收入净额和为事务所带来的新客户和新业务项目	3.3434

续表

题项编号	题项内容	均值
A04	本所合伙人如果离开事务所，其所负责的客户也会随之流失	3.4110
A35	对于由于时间和人手限制无法如期完成的项目，本所允许以业务分成方式与其他事务所合作完成	3.4573
A46	本所已建立审计项目管理信息系统，总部可以及时监控所有业务的进展情况	3.4781

四　因子分析与假设检验

（一）因子分析的适用性与因子提取

对问卷调查数据实施因子分析需要满足一定的条件。检验因子分析的适用性常用的两种方法是采样充足度的 KMO（Kaiser-Meyer-Olkin）测度和相关矩阵是否为单位矩阵的巴特利球体检验（Bartlett's test of sphericity）。一般认为，KMO 值小于 0.5 时，不适宜进行因子分析，而 KMO 值大于或等于 0.6 时则表明适宜进行因子分析。本次研究问卷调查数据的 KMO 值为 0.668，表明采样充足度是令人满意的。同时，本次研究巴特利球体检验的结果是近似卡方为 2421.014，在 0.000 的显著性水平上拒绝了相关矩阵为单位阵的假设，也表明本次研究的问卷调查数据适合使用因子分析。

本书使用 SPSS17.0 来对问卷调查数据实施因子分析，因子提取方法为主成分法（principal components），因子旋转方法为最大方差正交旋转法（Varimax）。经过分析，删去了 A05、A07、A45、A50 四个与其他题项相关程度较低的题项。剩余的 45 个题项，其公因子方差均大于 0.6，显示出提取的公共因子对题项有较好的解释力。提取的公共因子共有 12 个，累积方差贡献率为 74.54%，因子提取的结果令人满意。然而，结合随后进行的因子命名，发现第 10 至第 12 个公共因子或者仅有一个题项与之对应，或者在理论上难以解释或命名，故加以删除，最终选择的公共因子为第 1 至第 9 个，具体见表 4—8。

表 4—8　　　　　　　方差贡献率矩阵（旋转后）

公共因子	特征值	方差贡献率（%）	累计方差贡献率（%）
FAC1	5.039	11.197	11.197
FAC2	4.467	9.926	21.123
FAC3	4.185	9.301	30.424
FAC4	3.826	8.503	38.927
FAC5	2.588	5.752	44.679
FAC6	2.382	5.293	49.972
FAC7	2.220	4.934	54.906
FAC8	2.103	4.673	59.579
FAC9	1.912	4.249	63.828

从表 4—8 中可以看出，9 个公共因子的累计方差贡献率为 63.83%。一般认为，累计方差贡献率超过 60% 比较理想，本次研究显然满足这一要求。同时笔者注意到，前面四个公共因子，其方差贡献率显著大于其他因子，同时累计方差贡献率也达到了 38.93%，超过了 9 个公共因子累计方差贡献率的 60%，因此在对我国大中型会计师事务所的内部治理水平进行评价时，第 1 至第 4 个公共因子尤其值得重视。

（二）因子命名

因子命名是对公共因子进行理论解释的过程，一般根据因子载荷矩阵，选择在某一因子上载荷超过 0.4 的同类题项，探究这些题项之间的逻辑联系，再赋予相关的因子适当的概念。从本次研究获得的旋转后因子载荷矩阵来看，每一因子均有至少两个载荷超过的 0.4 的题项与之对应。本次研究中有少数题项在两个不同因子上有超过 0.4 的载荷，对于这些题项，根据其内涵及其与其他题项的逻辑联系来决定其归属。表 4—9 对因子命名的结果及其对应的题项情况进行了说明。

按方差贡献率排序为第一位的公共因子为决策权配置与董事会特征。公司治理需要解决的首要问题是公司决策权的配置，包括决策权在股东大会、董事会和经理层之间的配置。现代公司治理的主流是董事会中心主义（李维安等，2001，第 64 页），这意味着对于各种类型的公司制企业，董事会的构成及其决策机制都是内部治理机制的核心。作为一类特殊的企业，会计师事务所的内部治理也首先需要解决决策权的配置问题。由于会计师事务所不存在通常意义上所有权和经营权的分离，合伙人既是事务所的所有者，也是其经营者，事务所决策权的配置主要体现在股东会（或合伙人会议）和董事会（或合伙人管理委员会）之间的决策权分配以及董事会的构成和决策规则。决策权配置与董事会特征成为事务所内部治理的第一大公共因子，合乎公司治理的一般原理，显示出问卷设计的有效性。从第一大公共因子的载荷分布来看，类似吸纳新合伙人、事务所合并之类重大事项的决策权集中于合伙人会议，建立董事会集体民主决策机制和设置董事会专门委员会，是良好的事务所内部治理实践。

表 4—9　　　　因子命名及其对应题项说明

因子代码	因子描述	载荷
FAC1	决策权配置与董事会特征（11.197%，11.197%）*	
	A12 对于吸纳新的合伙人，必须经过本所合伙人会议一致通过或 2/3 以上多数通过	.824
	A13 对于事务所合并事项，必须经过本所合伙人会议一致通过或 2/3 以上多数通过	.809
	A14 本所重大事项均由董事会集体决策	.753
	A15 本所董事会每次会议的参与人数均满足事务所章程规定的最低人数要求	.732
	A16 本所董事会对于重大事项总是能够及时作出适当的决策	.680
	A18 本所董事会对于重大事项的所有决议均会及时传达至全体合伙人	.609
	A17 本所董事会通过适当设置专门委员会提高了决策的效率和效果	.463
FAC2	风险管理与质量控制（9.926%，21.123%）	
	A46 本所已建立审计项目管理信息系统，总部可以及时监控所有业务的进展情况	.739
	A37 本所每年至少 1 次向所有受独立性要求约束的人员获取其遵守独立性政策和程序的书面确认函	.724
	A44 本所统一开发和维护整套审计工作底稿模板	.707
	A43 本所定期选取已完成的业务进行检查，每个周期（最长不超过 3 年）内对每个项目负责人的业务至少选取 1 项进行检查	.652
	A34 高风险客户的接受和续约，本所一律由董事会或其专门委员会决策	.503
	A41 对于审计业务，本所严格实施由项目经理、部门经理和合伙人参与的多层次质量复核	.491
FAC3	人力资源管理与员工权益保障（9.301%，30.424%）	
	A25 业务完成质量对于本所员工的薪酬有着重大影响	.683

续表

因子代码	因子描述	载荷
	A21 本所员工均具有与其执行的业务相适应的专业胜任能力	.647
	A26 本所总是能够及时提拔符合晋升条件的员工	.646
	A24 本所的绩效考评体系能够准确地反映员工的能力和贡献	.629
	A23 对所有涉及员工利益的重大事项，本所总是充分征求员工的意见和建议	.582
	A22 对于新进员工，本所总是对其进行严格的培训和辅导	.481
FAC4	总分所管理与事务所一体化（8.503%，38.927%）	
	A28 本所分所的资金由总所统一控制与调配	.849
	A29 分所收入、费用纳入本所统一核算，收益按照本所统一的分配制度进行分配	.843
	A27 本所的分所负责人由总所统一委派、监督和考核	.704
	A30 本所分所只在授权范围内承接和承办业务，并报总所备案	.626
	A32 本所在全所范围内执行统一的人员聘用、定级、培训、考核、奖惩和退出等标准	.514
	A31 本所所有分所遵循统一的执业标准和质量控制制度	.506
FAC5	质量导向与合规管理（5.752%，44.679%）	
	A06 本所合伙人的绩效考核只考虑其为事务所创造的业务收入净额和为事务所带来的新客户和新业务项目	.631
	A40 如果审计报告日临近但本所内部对于某审计项目仍存在重大意见分歧，本所可考虑先出具报告再解决分歧	.561
	A35 对于由于时间和人手限制无法如期完成的项目，本所允许以业务分成方式与其他事务所合作完成	.480
	A20 对于有不良诚信记录但业务能力很强的应聘人员，本所可以考虑录用	.432

续表

因子代码	因子描述	载荷
FAC6	合伙人绩效考核与客户资源归属（5.293%，49.972%）	
	A03 本所晋升合伙人的条件中，人脉关系和客户资源最为重要	.771
	A04 本所合伙人如果离开事务所，其所负责的客户也会随之流失	.740
FAC7	合伙人权益保障（4.934%，54.906%）	
	A08 本所合伙人出于正当目的查阅事务所会计账簿的要求均会得到满足	.820
	A09 本所年度财务报表经过严格审计后会提交给全体合伙人	.768
FAC8	职业道德水准（4.673%，59.579%）	
	A47 诚信为本、操守为重确已成为本所全体员工共同的职业理念	.690
	A49 本所至少有 1 名合伙人专门负责职业道德事项	.575
	A48 本所制定有员工行为守则并得到了普遍的遵守	.535
FAC9	合伙人资质（4.249%，63.828%）	
	A02 本所所有合伙人均在本所专职执业	.856
	A01 本所全体合伙人均拥有注册会计师证书或主管机关认可的其他专业资格	.612

注：* 括号中第一项为该因子的方差贡献率，第二项为累计方差贡献率。

风险管理与质量控制成为第二大公共因子。事务所的基本职能是促进专业人士的人力资本合作与风险分担，良好的内部治理应有利于注册会计师遵循执业准则，维持执业质量，控制执业风险。中注协《会计师事务所内部治理指南》第六章专门规定了事务所重要的质量控制机制，ICAEW 的《会计师事务所治理准则》也将事务所的风险管理与质量控制置于突出位置。因此，会计师事务所内部治理的评价离不开对于事务所风险管理与质量控制系统的评价。从因子载荷来看，业务接受与续约、独立性、技术方法、信息系统、质量复核与检查等方面的控制机制尤为重要。

人力资源管理与员工权益保障是本次内部治理评价研究的第三大公共因子。会计师事务所是典型的人力资本集中型企业和知识密集型企业，其主要的资本来源和竞争力源泉是事务所合伙人和员工（含各级经理）的知识、经验和技能。事务所只有不断吸引并留住具备良好专业素质的员工，才能持续发展壮大，在竞争中立于不败之地。“四大”的市场竞争优势在很大程度上来自于它们能够吸引最优秀的大学毕业生，并为员工提供广泛的发展机遇。同时，在大中型会计师事务所中，审计等各项业务的大部分工作是由员工完成的，合伙人虽可最后把关，但只有各级员工都尽职尽责确保业务质量，业务风险才能得到及时的识别、预防和控制。良好的事务所内部治理应反映为和谐的“合伙人—员工”关系、对于优秀专业人才的持续吸引力和较高的员工满意度。从因子载荷来看，我国会计师事务所在人力资源管理和员工权益保障方面应重点关注新进员工的培训与辅导，员工专业能力与事务所业务类型的匹配，员工绩效考评与晋升以及对于员工利益的充分尊重。

总分所管理与事务所一体化是本次研究中排序第四的公共因子。大中型会计师事务所一般都是业务上多元、地理上分散的组织，设立分所或合并其他事务所是事务所规模化发展的主要途径。会计师事务所分所是“半自主”（semi-autonomous）的执业单位，与特定客户相关的大部分审计决策是由分所而不是总部来负责的（Ferguson et al.，2003）。与大型集团公司必须解决母公司与子公司、总公司与分公司的关系类似，大中型会计师事务所必须理顺总部和业务分所之间的关系，在集权与分权之间找到适当的平衡，实现适度的一体化（integration）。在我国，总分所管理与事务所一体化是一个尤其值得关注的话题，因为近几年我国大型会计师事务所在政府主管部门推动下规模扩张很快，合并是短期内迅速扩大规模的主要途径，但这些合并很多是缺乏整合的形式合并，实质上仅为松散联合。为此，中注协2010年1月发布的《会计师事务所分所管理暂行办法》要求事务所实施一体化管理，实现总部和各个分所在人事、财务、业务、技术标准和信息管理五个方面的实质性统一。从该公共因子的载荷来看，人事、财务、业务、技术标准四个方面的一体化均有体现。

第五至第九个公共因子依次为质量导向与合规管理、合伙人绩效考核与客户资源归属、合伙人权益保障、职业道德水准与合伙人资质，合计有24.901%的方差贡献率，占9项公共因子累积方差贡献率的40%左右。与前四个因子一样，这五个因子也均有其理论依据，但从方差贡献率来看，其相对重要性则要低于前四个因子。从公共因子对应的载荷超过0.4的题项数来看，后五个因子中只有一个对应的题项数为4个，其他因子对应的题项数目则均少于4个。这意味着后五个因子命名的理论依据不如前四个充分。总体而言，因子提取和命名的结果既有理论依据，也符合我国的实际情况，能够较好地反映我国会计师事务所内部治理评价应予关注的主要内容，因此是较为成功的。

（三）因子得分

因子得分（factor score）可以衡量样本在不同因子上的相对表现。在本次研究中，则可以反映样本事务所在内部治理水平9个因子上的优势和劣势。因子得分可以通过SPSS统计软件直接计算得出，本次研究选择的计算方法为回归法。同时，可以利用因子方差贡献率占累计方差贡献率的比重作为权重，计算样本事务所的综合得分，作为其内部治理总体水平的测度指标。综合得分计算公式为：

SCORE = （11.197 × FAC1 + 9.926 × FAC2 + 9.301 × FAC3 +

8.503 × FAC4 + 5.752 × FAC5 + 5.293 × FAC6 + 4.934 × FAC7 + 4.673 × FAC8 + 4.249 × FAC9）/63.828。

表 4—10 列示了 2010 年中注协综合排名前 14 位会计师事务所（含“四大”和本土“十大”）的因子得分及其排序情况。利用表 4—10 中的数据，可以得出如下推论：第一，前 14 位会计师事务所内部治理综合得分与其综合排名之间存在显著相关性，其 Spearman 相关系数为 0.56，具有统计显著性（5% 显著性水平，双尾检验），这说明事务所内部治理水平与其绩效之间的确存在较强关联；第二，前 14 大事务所的内部治理水平总体而言排序较为靠前，但也有少数几家事务所的排序靠后，说明在我国现阶段的大中型事务所中，的确存在规模虽大，但内部治理并不完善的情况；第三，内部治理水平较高，并不意味着在内部治理每个方面都表现良好，甚至有可能出现在内部治理的某个方面非常薄弱的情况，我国前 14 大事务所的内部治理均有值得改进的薄弱环节；第四，值得注意的是，我国前 14 大事务所在第一大因子即决策权配置和董事会特征上的排序明显靠后，这似乎表明规模较大的事务所，由于难以协调众多合伙人的利益，在内部治理的这个核心维度上其表现反倒较差。

（四）不同类型事务所因子得分差异的 T 检验

针对本章的三个假设，笔者对样本进行了分类并执行了独立样本 T 检验。其中，利用“本土十大”和“本土二十大”作为本土大所的替代变量。为了更深入地探讨我国大中型会计师事务所内部治理水平的差异，本章还对“四大”与“本土十大”和“本土二十大”进行了比较。本章除了分析不同类型事务所内部治理水平综合得分上的差异，还分别分析了 9 个因子得分上的差异。不同类型事务所因子得分差异的 T 检验结果归纳在表 4—11 中。根据表 4—11 以及相关数据，本章可以得出如下结论：

表 4—10　　2010 年综合排名前 14 位事务所的因子得分与排序

样本	SCORE		FAC1		FAC2		FAC3		FAC4		FAC5		FAC6		FAC7		FAC8		FAC9	
编号	得分	排序	得分	排序	得分	排序	得分	排序	得分	排序	得分	排序	得分	排序	得分	排序	得分	排序	得分	排序
001	0.743	2	0.028	38	1.617	4	1.866	2	1.578	2	−1.003	62	1.859	4	−1.681	65	0.775	18	0.205	38
002	0.119	28	−1.696	68	0.689	14	1.411	8	0.233	32	0.867	9	−0.375	45	−0.047	45	0.787	16	−0.424	56
003	0.729	3	1.102	10	1.330	8	−0.259	41	0.762	19	0.900	8	1.514	7	0.754	17	1.431	7	−1.575	65
004	0.280	14	−0.705	56	1.836	2	0.991	12	1.323	6	−0.340	48	0.112	31	−1.615	64	0.366	25	−1.248	63
005	−0.265	57	−2.372	70	0.084	37	0.043	31	−0.007	38	1.111	5	0.064	34	0.496	22	−0.921	56	0.854	10
006	0.221	20	−0.919	59	1.167	9	0.418	23	0.776	18	0.281	33	−0.722	55	−0.474	53	0.901	13	0.631	18
007	0.192	22	0.662	17	0.405	20	−0.746	56	1.202	8	0.797	11	−0.369	44	0.097	38	−1.158	65	−0.038	49
008	0.467	7	0.244	32	0.650	15	1.703	3	0.660	22	−0.630	55	0.162	30	0.884	13	−0.560	49	0.041	47
009	0.141	27	0.097	37	0.211	31	−0.389	45	1.229	7	0.161	40	−0.685	54	0.405	24	−0.412	45	0.387	28
010	−0.616	67	−2.107	69	−0.094	44	−0.689	53	0.321	30	−0.282	46	0.091	33	−1.009	61	−0.129	37	−1.036	62
011	−0.204	52	−0.238	42	0.229	28	−0.419	46	−1.198	60	−0.570	54	0.430	25	−0.620	58	1.066	10	0.122	44
012	0.234	17	0.574	21	0.494	17	−1.337	65	1.099	9	−0.634	56	1.628	5	0.913	12	−0.756	53	0.178	42
013	−0.201	51	−0.973	60	−0.068	42	0.894	15	−1.120	58	0.252	34	−0.341	43	−0.024	44	−0.693	51	0.857	9
014	−0.307	59	−0.243	43	0.954	11	0.296	27	0.042	37	−1.146	65	−0.487	48	−1.901	67	−0.969	58	−1.503	64

注：本书样本总数为 71 家，表中各项排名皆为在 71 家样本中的排名。

证券资格所的内部治理水平显著高于非证券资格所，假设1得到初步证明。证券资格所的综合因子得分均值高于非证券资格所，且在10%的水平上显著。证券资格所在第2大因子（风险管理与质量控制）和第9大因子（合伙人资质）上，治理水平显著高于非证券资格所，显著性水平分别为5%和10%。上述结果意味着，对于我国会计师事务所而言，外部监管的强化能够在一定程度上提高事务所内部治理水平，尤其有助于提高风险管理与质量控制水平，并确保合伙人具有适当的资质。值得注意的是，证券资格所和非证券资格所整体的内部治理水平差异显著性水平仅为10%，说明外部监管在提升事务所内部治理水平上的作用不宜过度强调。

“四大”的内部治理水平优于非四大，同时还优于以本土十大和本土二十大为代表的本土大所，假设2得到证明。“四大”的内部治理综合因子得分均值显著高于非四大、本土十大和本土二十大，显著性水平分别为1%、5%和5%。相对于非四大而言，四大在内部治理上的优势主要体现在风险管理与质量控制、人力资源管理与员工权益保护、总分所管理与事务所一体化、职业道德水准四个方面，在其他方面的内部治理优势则不明显。相对于本土十大而言，四大在内部治理上的优势主要体现为风险管理与质量控制、人力资源管理与员工权益保护、职业道德水准上，在其他方面则与本土十大无显著差异。相对于本土二十大而言，四大的内部治理优势则主要体现在风险管理与质量控制、总分所管理与事务所一体化、职业道德水准几个方面，其他方面则无明显优势。上述研究结果有助于澄清四大执业质量是否真的高于非四大，以及四大的竞争优势是否仅仅来自其市场地位的争论。本章的研究表明，从内部治理的角度来看，四大提供高质量服务的能力确实更有保障，更值得信赖；四大的竞争优势不仅来自其市场地位，更来自其相对而言更加完善的内部治理机制；国际四大在向中国等转型经济体扩展其执业网络时，不仅仅给其成员所带来了品牌和声誉，还确实向这些成员所内部“移植”了良好的治理机制，提升了其专业能力和管理水平。

本土大所与本土中小所相比，其内部治理水平的优势并不显著，假设3未得到证明。以本土十大、二十大为代表的本土大所，其综合因子得分与本土中小所不存在显著差异，而且其均值还低于本土中小所。在9个因子得分上，除本土十大在第2个公共因子上内部治理水平显著高于本土非十大外，其他公共因子得分均无显著优势。不仅如此，在第1大公共因子上，本土十大、二十大的因子得分还显著低于本土非二十大。这一结果表明，我国大型会计师事务所规模的扩大并未伴随内部治理水平的提升。与此相反，当前我国大型事务所面临更多的内部治理难题，例如，由于合伙人人数的增多带来了利益冲突可能性的增加，由于采用合并手段实现规模迅速扩张导致事务所内部整合的困难。因此，本土大所的内部治理水平在短期内低于本土中小所是完全有可能的。这一研究结论启示我们，当前政府主管部门全力推行的“做大做强”战略，可能偏向于规模的扩张，而不是内部治理的改善，从而导致事务所在“做大”的同时没有达到“做强”的目的。

表4—11　不同类型会计师事务所内部治理因子得分差异的T检验结果

Panel A 主检验的结果						
项目	证券资格 v. 非证券资格		四大 v. 非四大		本土十大 v. 本土非十大	
	T值	P值	T值	P值	T值	P值
FAC1	-0.41	0.68	-0.65	0.52	-1.92*	0.06
FAC2	3.33***	0.00	2.97***	0.00	1.75*	0.09
FAC3	0.25	0.80	2.11**	0.04	0.13	0.90

续表

Panel A 主检验的结果						
项目	证券资格 v. 非证券资格		四大 v. 非四大		本土十大 v. 本土非十大	
	T 值	P 值	T 值	P 值	T 值	P 值
FAC4	-0.38	0.71	2.05**	0.04	1.24	0.22
FAC5	0.39	0.70	0.22	0.83	-0.20	0.84
FAC6	1.53	0.13	1.62	0.11	0.08	0.94
FAC7	-0.94	0.35	-1.34	0.19	-0.56	0.58
FAC8	-0.19	0.85	1.75*	0.08	-1.07	0.29
FAC9	1.79*	0.08	-1.58	0.12	0.01	0.99
SCORE	1.77*	0.08	2.86***	0.01	-0.06	0.95
Panel A 主检验的结果 Panel B 附加检验的结果						
项目	本土二十大 v. 本土非二十大		四大 v. 本土十大		四大 v. 本土二十大	
	T 值	P 值	T 值	P 值	T 值	P 值
FAC1	-2.08**	0.04	0.33	0.75	0.08	0.94
FAC2	1.12	0.27	3.70***	0.00	2.66**	0.01
FAC3	0.68	0.50	1.94**	0.08	1.57	0.13
FAC4	-0.17	0.87	1.38	0.19	2.30**	0.03
FAC5	0.28	0.78	0.38	0.38	0.15	0.89
FAC6	0.10	0.93	1.67	0.12	1.54	0.14
FAC7	-0.86	0.40	-0.91	0.38	0.94	0.36
FAC8	0.47	0.64	2.90**	0.01	1.75*	0.09
FAC9	1.17	0.25	-1.75	0.11	-2.65**	0.02
SCORE	-0.09	0.93	2.58**	0.02	2.41**	0.03

注：双尾检验，*、**、*** 分别表示在 10%、5% 和 1% 水平上显著。

（五）稳健性检验

本章检验了研究结论相对于内部治理水平不同计量方法的稳健性。表4—12列示了相关的描述性统计数据，表4—13列示了相关的检验结果。

如前所述，在本次研究中特征值大于1的公共因子一共有12个，由于已经述及的原因，笔者在正式的研究中只提取了前9大因子。为了考察纳入更多的公共因子是否会改变本书的研究结果，本章所做的第一项稳健性检验是将特征值大于1的12个因子全部纳入，计算因子综合得分*SCORE*1，再执行本章的比较和检验。从表4—13中可以看出，除证券资格所与非证券资格所内部治理的差异不再显著外，利用*SCORE*和*SCORE*1进行检验的结果高度一致。

表4—12　　不同的内部治理综合指标描述性统计结果

项目	样本数	均值	极小值	极大值	标准差
SCORE	71	0	-0.754	.817	.353
*SCORE*1	71	0	-0.691	.784	.314
*SCORE*2	71	26.042	3.00	45.00	10.738

注：均值为0是由于因子得分计算过程中进行标准化处理的原因。

借鉴Prawitt等（2009）的做法，笔者将49个题项的数据进行了转换，如果样本中某一题项的取值高于该题项的样本均值，其取值替换为1，否则为0，然后计算样本事务所所有题项的得分之和，作为评价其内部治理水平的综合指标*SCORE*2。从表4—13中可以看出，基于*SCORE*和*SCORE*2的检验结果完全一致。

表 4—13 **稳健性检验结果**

项目	证券资格 v. 非证券资格		四大 v. 非四大		本土十大 v. 本土非十大	
Panel A 主检验的结果						
	T 值	P 值	T 值	P 值	T 值	P 值
*SCORE*1	1.490	0.141	2.962***	0.004	-0.033	0.974
*SCORE*2	1.705*	0.093	2.749***	0.008	0.351	0.727
Panel B 附加检验的结果						
项目	本土二十大 v. 本土非二十大		四大 v. 本土十大		四大 v. 本土二十大	
	T 值	P 值	T 值	P 值	T 值	P 值
*SCORE*1	0.242	0.810	2.568**	0.025	2.379**	0.026
*SCORE*2	0.573	0.568	2.823**	0.016	2.136**	0.044

注：双尾检验，*、**、*** 分别表示在 10%、5% 和 1% 水平上显著。

五 结论与讨论

利用问卷调查数据和因子分析方法，本章对我国大中型会计师事务所的内部治理水平进行了初步的定量研究。研究结果显示，本章所设计的问卷具有良好的效度和信度，可以为进一步的研究提供有价值的参考。决策权配置和董事会特征等 9 个因子合计具有 63.83% 的方差贡献率，在内部治理评价过程中应重点关注。利用 9 个因子的得分，本章计算了每家样本事务所的综合因子得分，作为评价其内部治理水平的综合指标，并利用该指标对本章的假设进行了检验。检验结果表明，四大的内部治理水平显著高于非四大和本土大所；证券资格所的内部治理水平高于非证券资格所，但显著性相对较弱；本土大所与本土中小所之间的内部治理水平差异并不显著。

本章的研究具有重要的理论内涵与政策含义。四大的内部治理水平显著高于非四大，也高于本土大所，这说明四大的审计质量优势和市场地位有其微观基础，而并非仅仅体现在“深口袋效应”之上，这为理解四大与非四大的质量差异提供了新的视角和证据。证券资格所的内部治理水平高于非证券资格所，这一结论表明政府主管部门和监管机构强化对于会计师事务所的外部监管有利于事务所内部治理结构的完善，进而有利于提高审计服务的质量。本土大所和本土中小所的内部治理水平不存在显著差异，这意味着我国大型会计师事务所近些年的扩张可能过于重视增长的“量”而非“质”，内部治理水平的提升速度没有赶上规模的扩张速度。为了保证规模上的优势能够切实转化为质量、效益上的优势，我国本土大型会计师事务所有必要进一步加大在内部治理建设上的投入。

本章存在一定的局限性。首先，本章没有现成的量表可供利用，可直接借鉴或参考的相关文献较少，这直接导致本章所使用的调查问卷有待进一步完善。其次，问卷调查的有效性经常受到被调查者态度的影响，产生所谓的“乐观偏向”和“悲观偏向”，被调查者如果比较稳健或保守，其回复有可能低估本事务所的内部治理水平，而被调查者如果比较乐观或激进，其回复有可能高估本事务所的内部治理水平。本次研究尽管采用了一系列措施保证被调查者客观的回复问卷，但被调查者的回复态度不是研究者可以完全控制的。最后，因子分析方法本身也存在一定的局限性，例如可能遗漏事务所内部治理评价的某些重要维度等。

事务所内部治理评价是一个值得进一步研究的重要领域。本次研究仅是这一领域的初步尝试。值得关注的研究方向包括：第一，开展范围更大的调研，开发更为科学、合理、系统的事务所内部治理评价指标体系；第二，运用多种研究方法，包括案例研究、实地访谈等，更为深入地研究不同类型事务所内部治理水平的差异及其成因；第三，事务所内部治理中重要细分领域的专题研究，例如合伙人会议、合伙人管理委员会的决策议事机制，合伙人绩效考评与晋升机制，合伙人利润分享规则等；第四，事务所内部治理水平其他影响因素的研究，包括事务所法律组织形式、业务类型、地域分布等；第五，事务所内部治理水平经济后果的研究，包括内部治理改善是否能够提升审计质量，是否能够提高事务所绩效等。

第五章

会计师事务所内部治理与资本市场审计质量

——基于我国A股上市公司2008—2010年的数据

一　引言

会计师事务所内部治理是资本市场审计质量的微观基础。完善的内部治理机制，有助于促进审计师与利益相关者的激励相容，使提供高质量的审计服务不仅有利于保障社会公众的利益，也有利于促进审计师的个人利益。在2002年以后，世界各国的证券市场政策制定者和监管者，普遍开始重视会计师事务所的内部治理建设，将其作为改革审计制度、预防重大审计失败的重要举措。例如，欧盟议会和理事会于2006年5月17日颁布的《关于法定审计的第八号指令》要求欧盟范围内负责公众利益实体审计的会计师事务所必须每年披露透明度报告（transparency report），向投资者提供决策相关的事务所内部治理信息。美国公众公司会计监管委员会（PCAOB）则在其质量检查项目中强调应关注某些重要的事务所内部治理要素，例如“高层基调”（tone of the top）、合伙人薪酬制度等。我国注册会计师行业的政府主管部门和行业自律组织更是将完善事务所内部治理作为实施事务所做大做强战略的重要支柱，中国注册会计师协会（以下简称“中注协”）于2006年7月成立了会计师事务所内部治理指导委员会，2007年5月公布了《会计师事务所内部治理指南》，并在2007年以后将会计师事务所内部治理状况作为其年度质量检查项目的工作重点。

提供高质量的审计服务，是协调审计师与社会公众利益的关键点，良好的事务所内部治理，能够为审计师提供高质量的审计服务提供必要的激励与约束。当前与会计师事务所内部治理有关的政策规定和监管要求，其制定前提是事务所内部治理的完善能够促进资本市场审计质量的提高，或者说，事务所的内部治理是资本市场审计质量的重要影响因素。然而，受制于数据可得性等约束因素，学术界尚未对事务所内部治理与资本市场审计质量的相关性提供系统的、有力的证据支持。这一状况既不利于我们深入理解会计师事务所内部治理对于资本市场的重要性，也不利于评价我国会计师事务所开展内部治理建设的实际效果。

利用对于我国事务所内部治理水平的问卷调查数据和因子分析方法，笔者对会计师事务所的内部治理水平进行了定量评价，计算得出了47家有证券、期货业务审计资格的会计师事务所（以下简称证券资格事务所）的内部治理综合得分（参见第四章）。基于这一独有数据和2008—2010年A股上市公司的数据，笔者检验了事务所内部治理水平和资本市场审计质量的相关性，发现会计师事务所内部治理水平越高，其审计的上市公司客户异常应计项目的绝对值越低，从而证明事务所内部治理水平的确是导致审计质量差异的重要因素。不仅如此，本章还发现上市公司的所有权属性，对于事务所内部治理水平与审计质量的相关性具有重要的调节效应（moderating effect），即由于事务所内部治理水平提高带来的审计质量提升效应，在国有企业中显著更弱。上述研究发现相对于内部治理分数的不同计算方法和异常应计项目的不同计量模型具有稳健性。在加入事务所规模、审计师任期、客户重要性和审计师行业专长等多个特征变量之后，本章的研究结论依然成立。本章的研究发现对于认识和理解会计师事务所内部治理的价值以及资本市场审计质量的影响因素具有重要意义。

本章的结构安排如下，第二部分对相关的文献进行了简短回顾，在理论分析的基础上提出了本章的研究假设；第三部分描述了本章的研究设计，包括样本的选择与数据来源、主要变量的定义和研究模型；第四部分报告了本章的实证结果，包括描述性统计、相关性分析和多元回归的结果；第五部分报告了本章的稳健性检验结果；最后一部分对本章进行了总结，指出了本章的研究局限性和未来研究的方向。

二　文献回顾与研究假设

（一）相关文献的简短回顾

与本章相关的文献主要包括三个部分，一是审计质量及其影响因素的研究，二是事务所内部治理及其经济后果的研究，三是公司治理评价及其经济后果的研究。

自 DeAngelo（1981）提出审计质量的分析框架以来，众多影响审计师专业能力和独立性的因素，尤其是影响独立性的变量，得到了广泛而深入的探讨（Francis，2004；Francis，2011；陈波、夏玲，2012）。与审计质量相关的定量研究，依赖作为审计客户的上市公司公开披露的信息。目前公认的审计质量影响因素，例如审计收费、客户重要性、行业专长等，几乎全部依靠上市公司公开披露的数据来加以量化。尽管事务所内部的结构与运营影响到审计师的激励与约束，进而影响到审计师的行为和资本市场的审计质量，但由于它并非公开可获得的信息，目前仍无法得到深入的研究，尤其是大样本的实证研究，导致其对于学术界而言仍然是一个尚未得到深入研究的“黑箱”（Francis，2011）。

很多学者都认识到，事务所的内部治理结构对于审计质量有着重要影响。在国外，事务所内部治理中某些关键的因素或机制，例如合伙人薪酬和事务所利润分享规则（Trompeter，1994；Carcello et al.，2000），已经成为重要的研究主题。在国内，2003 年以后，特别是 2006 年政府主管部门提出事务所做大做强战略之后，会计师事务所内部治理成为我国会计学术界的一个重要研究课题，与此相关的研究成果构成了中注协颁布的《会计师事务所内部治理指南》的重要理论基础。然而，我国关于事务所内部治理的研究较为零散，缺乏系统、深入的理论研究与实证检验，本书则属于弥补上述缺憾的初步尝试。

本书还受益于公司治理评价理论和方法取得的进展。Gompers et al.（2003）开创性地构造了反映股东权利大小的“公司治理指数”（governance index），并以此为基础研究了公司治理与权益资本定价之间的关系。Gompers et al.（2003）的成果引发了与公司治理经济后果相关的大量研究，例如，公司治理对于企业绩效、公司价值的影响等。这些文献采用了类似的研究思路，即按照精心挑选的一系列关键指标对样本公司各个方面的治理状况进行打分，在此基础上得到反映公司治理整体水平的定量指标，然后检验该指标与某些经济后果变量的相关性。由于会计师事务所是一种特殊的企业，而审计质量则是事务所治理最重要的经济后果，有关公司治理经济后果的研究可以为本书提供借鉴。为了解决对事务所内部治理水平进行综合评价的难题，本书借鉴了白重恩等人（2005）的做法，即通过因子分析（或主成分分析）提取反映内部治理水平的核心指标，再以此为基础计算内部治理综合得分。

（二）研究假设的提出

会计师事务所对于理解审计质量至关重要，因为事务所聘用并培训审计人员，通过薪酬和其他组织政策对审计人员进行激励，设计审计方案和测试程序以指导证据的收集程序，利用内部的管理结构确保业务质量和对于审计政策的遵守（Francis，2011）。审计业务是由具体的审计人员执行的，但审计人员并非孤立的执业者，而是会计师事务所的组织成员，审计活动与其说是一种个人行为，不如说是一种组织行为。事务所的内部治理，特别是激励与控制政策，影响到审计人员提供高质量审计服务的动机和能力，进而影响到审计服务的质量。具体而言，在具有良好内部治理结构的会计师事务所中，事务所的绩效考评、薪酬制度将会为审计人员提供高质量审计服务的行为给予充分的激励，而不会鼓励审计人员以牺牲审计质量为代价片面地追求客户的招揽、业务量的增长和收入的创造。不仅如此，内部治理良好的会计师事务所通常会建立有效的质量控制与风险管理系统，促进审计人员严格遵循专业标准，在执业过程中保持应有的职业谨慎，同时对审计人员可能存在的机会主义行为进行制衡和约束。基于上述分析，笔者提出本章的第一项假设：

H1：内部治理水平越高的会计师事务所，其提供的审计服务的质量越高

审计质量不是由审计师单方面决定的，而是同时取决于审计师特征和客户特征，以及审计师与客户之间的策略性互动。中国资本

市场的一个基本特征是上市公司大多数为国有企业[①]，而国有企业由于独特的所有者特征、政企关系和治理安排，其财务报告的动机和对于高质量审计服务的需求不同于非国有企业。例如，国有企业的CEO通常由政府任命，与政府的政治关联非常普遍（Fan et al.，2007），他们通常需要追求政府所规定的社会或政治目标，即使这些目标并不总是与企业价值最大化目标相一致（Chen et al.，2011）。国有企业CEO的薪酬合约通常会对会计绩效指标给予相对较少的权重，这导致审计作为公司治理中监督工具的价值在国有企业中不如在非国有企业中那样明显（Chen et al.，2011）。同时，国有企业的产权属性隐含了企业在出现亏损或破产时的政府补贴和担保，这降低了会计师事务所审计意见的鉴证价值和保险价值（龚启辉等，2011）。Chen et al.（2011）发现，尽管高质量审计具有约束客户盈余管理行为和降低客户资本成本的作用，但对于国有企业而言，这一效应显著弱于非国有企业。因此笔者认为，尽管会计师事务所内部治理的完善具有提高审计质量的作用，但这一效应在国有企业中显著更弱。本章的第二项研究假设表述如下：

H2：会计师事务所内部治理水平提高导致的审计质量提升效应，会因为审计客户的国有企业性质而弱化

三　研究设计

（一）样本选择与数据来源

本章试图利用会计师事务所内部治理水平的高低解释上市公司审计质量的差异。基于下述原因，笔者选择2008—2010年我国A

① 在本章的样本中，有67%的观察值为国有企业。

股上市公司作为样本。第一，上市公司公开披露的财务报表和审计报告使笔者有可能获得计量审计质量所必需的数据；第二，由于B股、中小板和创业板的证券发行及监管制度与A股主板存在较大差异，且数量相对较少，在本次研究中被排除在外；第三，因为我国自2007年1月1日起执行与国际准则趋同的新会计准则与审计准则，同时由于计算异常应计项目需要上年度财务数据，笔者将研究区间确定在2008—2010年三个年度。时间区间选择的另一个考虑是本次研究中解释变量（事务所内部治理水平）数据的获取时间在2010年10月至2011年1月，选择与此时间段较为接近的三个年度，可以保证内部治理综合得分数据的有效性。

因为会计师事务所内部治理状况鲜有公开披露的数据可以利用，笔者构建了评价内部治理水平的指标和量表，并在2010年10月至2011年1月间对我国2010年度综合排名前100强的会计师事务所进行了问卷调查。问卷共收到来自71家事务所（其中有47家为证券资格所）127位合伙人的有效回复①，问卷经过检验满足必要的信度和效度要求。利用问卷调查的数据，笔者采用因子分析方法从45个指标中提取了9大公共因子②，这些公共因子涵盖了事务所决策权配置与董事会特征、风险管理与质量控制、人力资源管理与员工权益保障、总分所管理和事务所一体化等内部治理重要维度，累计可以解释样本方差63.83%的差异。利用9个公共因子的得分和各个公共因子的方差贡献率，笔者得到了反映样本事务所内部治理水平的综合指标。问卷调查和因子分析的详细情况，读者可参阅前一章。

本章具体的样本筛选过程如下：2008—2010年上市公司总数为

① 为何保证问卷结果的可靠性，对于证券资格事务所，笔者从每家事务所中均获得了两位以上合伙人的回复，并将其均值作为计算内部治理得分的基础。

② 问卷共有50个指标，其中有5个因为相关性太弱而在因子分析中被剔除。

5336 个观察值，删去 B 股、中小板和创业板上市公司共 1320 个观察值，得到 A 股主板上市公司共 4016 个观察值。然后依次删去金融类上市公司 89 个观察值，IPO 公司 37 个观察值，由于缺失必要数据以及所在行业年度观察值数目不足 20 家导致异常应计项目无法计算的 54 个观察值，缺失事务所内部治理水平数据的 363 个观察值，缺失其他必要数据的 157 个观察值，得到最终样本数 3316 个观察值。2008—2010 年三个年度观察值各为 1106 个、1086 个和 1124 个。除解释变量数据是手工收集外，本章所使用的其他数据来自国泰安数据库（CSMAR）。

（二）主要变量的衡量

1. 审计质量的计量指标

以异常应计项目衡量的盈余管理程度是使用最为广泛的审计质量替代指标。本章以修正的琼斯模型为基础（DeChow et al.，1995），采用绩效调整（performance adjusted）的方法（Kothari et al.，2005），计算异常应计项目。异常应计项目为如下回归方程的残差项（residual）：

$$\frac{TA_{it}}{ASSET_{it-1}} = \alpha_1 \frac{1}{ASSET_{it-1}} + \alpha_2 \frac{\Delta REV_{it} - \Delta REC_{it}}{ASSET_{it-1}} + \alpha_3 \frac{PPE}{ASSET_{it-1}} + \alpha_4 ROA_{it-1} + \varepsilon_{it} \quad (1)$$

在回归方程（1）中，TA 为总应计项目，等于营业利润减去经营性现金流量。ΔREV 和 ΔREC 分别为营业收入和应收账款的变化值，PPE 为固定资产的原值，$ASSET_{it-1}$ 为期初资产总额，ROA_{it-1} 为期初资产净利率。对于回归方程（1），笔者分年度分行业进行了回归，得到回归系数的估计值 $\hat{\alpha}_1$、$\hat{\alpha}_2$、$\hat{\alpha}_3$ 和 $\hat{\alpha}_4$。为了保证回归系数估计的可靠性，要求每一年度每一行业的观察值数目不得低于 20 个。异常应计项目（DA）的计算式如下：

$$DA_{it} = \frac{TA_{it}}{ASSET_{it-1}} - [\hat{\alpha}_1 \frac{1}{ASSET_{it-1}} + \hat{\alpha}_2 \frac{\Delta REV_{it} - \Delta REC_{it}}{ASSET_{it-1}} + \hat{\alpha}_3 \frac{PPE_{it}}{ASSET_{it-1}} + \hat{\alpha}_4 ROA_{it-1}] \quad (2)$$

DA 值的绝对值（*DA_ABS*）即为本章所使用的审计质量替代指标。由于审计师对于不同方向的盈余管理行为敏感度不一致，本章除了利用 *DA_ ABS* 作为审计质量替代指标外，还分别考虑了事务所内部治理水平对于旨在调增盈余的正值 *DA*（*DA_ POS*）和旨在调减盈余的负值 *DA*（*DA_ NEG*）的影响。在本章的稳健性检验部分，笔者还采用未进行绩效调整的修正琼斯模型计算出的异常应计项目以及绩效配对的异常应计项目（Kothari et al.，2005）作为审计质量的替代指标，以考察研究结论相对于异常应计项目不同计量方法的稳健性。

2. 会计师事务所内部治理水平的计量指标

会计师事务所内部治理涵盖了旨在保护利益相关者权益、实现事务所使命和目标的一系列决策、激励和监督机制，对其进行整体评价殊为不易。在认真研读了中注协的《会计师事务所内部治理指南》（2007）、英格兰与威尔士特许会计师公会（ICAEW）的《会计师事务所治理准则》等文件基础上，笔者归纳、提炼出反映会计师事务所内部治理良好实践的 50 个关键指标①，并将其设计为 5 点李克特量表（Likert scale）形式，作为调查问卷的主体部分。调查问卷要求会计师事务所的合伙人针对每一问题根据本事务所内部治理的实际情况作出选择，选择“5”意味着事务所完全符合某一良好内部治理实践的要求②，选择“1”则意味着完全没有达到有关

---

① 其中 45 个用于正式的因子分析。

② 为了检查合伙人是否认真填写问卷，问卷在少量题目上采用了反向处理，即这些题目描述的是某一糟糕的内部治理安排，选择“5”意味着事务所在这一指标上表现很差。在数据处理时，笔者对这些选项的得分进行了转换（6 减去实际得分），使之与其他选项保持一致。

的要求。合伙人的回复成为笔者对会计师事务所内部治理水平进行综合评价的基础。

本书采用因子分析以进一步提炼能够反映我国会计师事务所内部治理水平差异的核心指标。采样充足度的 KMO（Kaiser-Meyer-Olkin）测度和相关矩阵是否为单位矩阵的巴特利球体检验（Bartlett's test of sphericity）结果显示出问卷调查数据适合进行因子分析[①]。本书使用的因子提取方法为主成分法（principal components），因子提取过程中使用了最大方差正交旋转法（Varimax），最终得到累计方差贡献率为 63.83% 的 9 个公共因子。本书将因子方差贡献率占累计方差贡献率的比重作为权重，对每一公共因子的得分进行加权求和，计算样本事务所的综合得分，作为其内部治理总体水平的测度指标 *SCORE*[②]。*SCORE* 即为本章的解释变量，其取值范围为（-1，1），其值越大，代表内部治理水平越高。在稳健性检验部分，本章还采用了其他方法构造事务所内部治理整体水平的替代指标。

值得注意的是，*SCORE* 与传统上用于区分审计质量的指标，例如"四大"和"非四大"的二分法（Francis，2004），既有联系又有区别。在我们的样本中，"四大"组 *SCORE* 的均值为 0.52，而非"四大"组 *SCORE* 的均值为 0.04，二者在 1% 的水平上显著相异。这说明，"四大"的内部治理水平显著高于非"四大"。然而，事务所是否为"四大"的虚拟变量 *BIG4* 与 *SCORE* 的相关系数约为 0.38，这说明 *BIG4* 只能解释 *SCORE* 的一小部分，*SCORE* 是

---

① 本研究问卷调查数据的 KMO 值为 0.668，大于 0.6 这一被广泛采用的门槛值，表明本研究的采样充足度是令人满意的。同时，本研究巴特利球体检验的结果是近似卡方为 2421.014，在 0.000 的显著性水平上拒绝了相关矩阵为单位阵的假设，也表明本书的问卷调查数据适合使用因子分析。

② 综合得分计算公式为：SCORE = (11.197FAC1 + 9.926FAC2 + 9.301FAC3 + 8.503FAC4 + 5.752FAC5 + 5.293 FAC6 + 4.934FAC7 + 4.673FAC8 + 4.249FAC9) /63.828。

除 *BIG4* 之外重要的审计质量影响因素。

（三）研究模型

借鉴国内外将异常应计项目作为审计质量替代指标的相关文献，尤其是以中国为制度背景的研究成果，笔者构造了本章的研究模型。

$$
\begin{aligned}
DA\_ABS = &\beta_0 + \beta_1 SCORE + \beta_2 SOE + \beta_3 SCORE * SOE + \\
&\beta_4 SIZE + \beta_5 LEV + \beta_6 CFO + \beta_7 BM + \beta_8 GROWTH + \beta_9 AGE + \\
&\beta_{10} SWITCH + \beta_{11} MERGER \\
&+ \sum \gamma_t YEAR_t + \sum \eta_i IND_i + \varepsilon
\end{aligned}
\tag{3}
$$

在方程（3）中，被解释变量 *DA_ ABS* 为异常应计项目的绝对值，解释变量 *SCORE* 为审计某一上市公司的会计师事务所内部治理水平综合得分，预期 *DA_ ABS* 和 *SCORE* 之间存在着负相关关系，即某一事务所的内部治理水平越高，经其审计的上市公司盈余管理程度越低。为了检验事务所内部治理水平对于审计质量的影响是否会因为审计客户的所有权属性而存在差异，笔者在模型中加入了 *SCORE* 和 *SOE*（客户是否为国有企业的虚拟变量）的交乘项，并预期其系数（β_3）为正值，即会计师事务所内部治埋水平改进带来的审计质量提高效应，在国有企业审计客户中会相对较弱。

笔者在模型中控制了研究者通常认为会影响盈余管理程度的公司特征变量，主要包括：公司资产总额的自然对数（*SIZE*），以控制公司规模和其他众多遗漏变量对于操控性应计项目的影响；公司的财务杠杆（*LEV*），以控制债务契约导致的盈余管理动机；公司的经营性活动现金流量占总资产的比重（*CFO*），以控制公司现金流量状况对于异常应计项目的影响；公司的账面价值与市值之比（*BM*）和公司营业收入的增长率（*GROWTH*），以控制公司成长性对于盈余管理行为的影响；公司上市时间的长短（*AGE*），以控制公司融资需求对于盈余管理行为的影响。本章还在模型中控制了与审计师相关的若干重要变量，即审计师更换的虚拟变量（*SWITCH*）和会计师事务所合并的虚拟变量（*MERGER*）。除了上述公司特征和审计师特征变量，模型还控制了年度（*YEAR*）和行业（*IND*）对于回归结果的影响，其中行业分类采用中国证监会2001年的分类标准，除制造业采用二级分类以外，其他行业均采用一级分类。

基于现有文献，笔者预期方程（3）中与被解释变量存在正相关关系的有：财务杠杆（*LEV*），因为公司负债率越高，为满足债务契约要求而进行盈余管理的动机越强；公司营业收入的增长率（*GROWTH*），因为快速成长的公司极可能为了满足市场预期而较多地进行盈余管理；公司上市时间（*AGE*），因为公司上市时间越长，再融资的需求越强烈，盈余管理动机随之增强（Chen et al.，2010）。笔者预期方程（3）中与被解释变量存在负相关关系的有：公司的所有权性质（*SOE*），因为已有不少研究发现国有企业与非国有企业相比，其异常应计项目显著更低（Chen et al.，2011；龚启辉等，2011）；公司资产总额的自然对数（*SIZE*），因为公司规模越大，其运营往往越规范、稳定，其盈余管理程度相对较低；公司经营活动现金流量占总资产的比重（*CFO*），它与公司的应计项目存在反向变动的关系；公司账面价值与市值比（*BM*），因为越高的*BM*值意味着公司的成长性越低，而其盈余管理动机越弱。方程（3）中的其他变量由于理论上存在相互冲突的解释或实证结果没有一致的结论，笔者未估计其系数的预期符号。

四 实证结果

（一）描述性统计

表5—1中报告了方程（3）中主要变量的描述性统计数据，A

部分报告的是全样本数据，B 部分报告的是 *SOE* 和非 *SOE* 的分组数据。表格中的连续变量均已经过上下 1% 的缩尾（winsorize）处理。从 A 部分来看，异常应计项目的绝对值占总资产的比重（*DA_ABS*）平均约为 7%，证券资格所内部治理综合得分（*SCORE*）的平均值为 0.08，样本中约有 67% 的公司为国有企业（*SOE* = 1）。描述性统计的数据还显示，样本公司平均来看财务状况较好（资产负债率平均约为 56%，经营性活动现金流量为正，占总资产的比重约为 5%），发展速度快（营业收入增长率平均高达 59%），上市年数较短（平均约为 11 年）。从 A 部分还可以看出，样本公司平均约有 8% 存在会计师事务所变更行为（*SWITCH* = 1），平均约有 23% 存在会计师事务所合并现象（*MERGER* = 1）。

表 5—1　　描述性统计

Panel A：全样本的描述性统计						
变量	样本数	均值	中值	标准差	最小值	最大值
DA_ ABS	3316	0.07	0.05	0.07	0.00	0.38
SCORE	3316	0.08	0.16	0.33	-0.75	0.82
SOE	3316	0.67	1.00	0.47	0.00	1.00
SIZE	3316	21.84	21.73	1.35	18.20	26.76
LEV	3316	0.56	0.54	0.29	0.03	3.06
CFO	3316	0.05	0.05	0.09	-0.28	0.35
BM	3316	0.33	0.28	0.27	-0.70	1.28
GROWTH	3316	0.59	0.09	2.15	-0.98	18.10
AGE	3316	11.03	11.00	3.70	1.00	20.00
SWITCH	3316	0.08	0.00	0.28	0.00	1.00
MERGER	3316	0.23	0.00	0.42	0.00	1.00

Panel B：SOE 和非 SOE 分组描述性统计

变量	SOE			非 SOE			差异	
	Mean	Median	Std.	Mean	Median	Std.	Mean	Median
DA_ ABS	0. 07	0. 05	0. 06	0. 08	0. 06	0. 08	-0. 02***	-0. 01***
SCORE	0. 07	0. 14	0. 34	0. 09	0. 16	0. 31	-0. 01	-0. 02*
SIZE	22. 12	21. 92	1. 32	21. 29	21. 28	1. 24	0. 83***	0. 64***
LEV	0. 55	0. 55	0. 21	0. 59	0. 53	0. 40	-0. 04***	0. 03*
CFO	0. 05	0. 05	0. 08	0. 05	0. 05	0. 10	0. 01**	0. 01**
BM	0. 37	0. 31	0. 26	0. 27	0. 23	0. 27	0. 10***	0. 08***
GROWTH	0. 48	0. 07	1. 83	0. 81	0. 12	2. 66	-0. 33***	-0. 05***
AGE	10. 88	11. 00	3. 78	11. 33	12. 00	3. 52	-0. 45***	-1. 00***
SWITCH	0. 09	0. 00	0. 29	0. 07	0. 00	0. 25	0. 03**	0. 00***
MERGER	0. 23	0. 00	0. 42	0. 23	0. 00	0. 42	0. 00	0. 00
观察值数	2206			1110				

注：*、**、*** 分别表示 10%、5% 和 1% 水平上显著（双尾），星号显示的是均值 t 检验和中值 Mann-Whitney 检验的结果；所有连续变量均已经过上下 1% 的 winsorize 处理。

表 5—1 的 B 部分显示出国有企业和非国有企业之间存在系统性的差异，在模型中控制观察值的所有权属性是很有必要的。具体而言，与非国有企业相比，国有企业的异常应计项目绝对值显著更低，资产规模显著更大，资产负债率显著更低，经营性现金流量显著更多，成长性显著更低，上市年数显著更短，这都意味着国有企业的盈余管理程度有可能显著更低，盈余质量有可能显著更高，这与 Chen et al.（2011）、龚启辉等（2011）的发现一致。值得注意的是，审计国有企业和非国有企业的会计师事务所内部治理水平的差异非常微弱（仅中值在 10% 水平上存在显著差异），这在一定程度上说明国有企业和非国有企业对于内部治理水平不同的会计师事务所的选择并不存在显著差异。

（二）相关性分析

表5—2报告了方程（3）中变量的成对（pairwise）相关系数表，其中表格对角线以下报告的是Pearson相关系数，对角线以上报告的是Spearman相关系数。从被解释变量*DA_ ABS*与解释变量*SCORE*的关系来看，二者的Pearson相关系数在5%的水平上显著为负，与预期相符。从*DA_ ABS*与控制变量的关系来看，*DA_ ABS*与除*MERGER*之外的控制变量均存在显著的相关关系。*SOE*、*SIZE*、*CFO*、*BM*与*DA_ ABS*显著负相关，*LEV*、*GROWTH*、*AGE*与*DA_ ABS*显著正相关，与预期相符。*DA_ ABS*与*SWITCH*显著正相关，意味着发生会计师事务所变更之后，上市公司的异常应计项目绝对值显著增大。以上分析为本章研究假说的成立提供了初步的证据，后续的多元回归分析将进行更为严格的假设检验。

值得注意的是，尽管本章的解释变量和控制变量之间的相关系数绝大多数是显著的，这些相关系数大部分低于0.10，在少数超过0.10的相关系数中，最大值也仅为0.380（*SIZE*与*BM*的Spearman相关系数），因此笔者认为本章的解释变量与控制变量之间不存在严重的多重共线性关系。方程（3）右侧变量（年度和行业变量除外）之间的方差膨胀因子（VIF）最大值仅为1.35，平均值仅为1.12，这进一步表明方程（3）的多重共线性问题非常轻微。

（三）多元回归分析

1. 异常应计项目绝对值的回归结果

表5—3报告了以异常应计项目的绝对值（*DA_ ABS*）为被解释变量的回归结果。表格同时报告了未加入*SCORE*和*SOE*交乘项的基本模型回归结果和加入二者交乘项的回归结果。基本模型假定*SCORE*对于*DA_ ABS*的影响在国有企业和非国有企业中没有差异，

而加入交乘项的模型则考虑了 *SOE* 的调节效应。由于本章的数据包括相同公司在不同年度的数据，回归方程残差的自相关性既存在于同一年度的不同公司之间，也存在于同一公司不同年度的数据之间。为此，笔者采用了 Petersen（2009）的方法，按照公司和年度进行了双重聚类（clustering）以对回归方程的标准误（standard errors）进行必要调整，并同时控制了回归方程可能具有的异方差问题。模型的 F 值和调整的 R^2 值显示模型拟合程度良好，对于被解释变量有较高的解释力。

模型的回归结果提供了假设 1 和假设 2 成立的证据。在基本模型中，*SCORE* 的系数在 10% 的水平上显著为负，显示出内部治理水平较高的事务所审计的上市公司盈余操纵的程度较低，具有较高的审计质量。但是，*SCORE* 的系数无论是从统计显著性和经济重要性来看，都相对较低。加入 *SCORE* 和 *SOE* 的交乘项之后，*SCORE* 的系数在 1% 的水平上显著为负，而 *SCORE* 和 *SOE* 的交乘项则在 5% 的水平上显著为正，意味着对于非国有企业而言，内部治理水平较高的会计师事务所具有更高的审计质量，对于国有企业而言，由于内部治理水平上升导致的审计质量提高效应则显著减弱。由于方程（3）中的（$\beta_1+\beta_3$）代表着国有企业中 *SCORE* 对于 *DA_ ABS* 的影响，对于（$\beta_1+\beta_3$）的联合 t 检验不能拒绝（$\beta_1+\beta_3$）等于 0 的零假设（t = 0.78，p = 0.44），这说明在国有企业中，事务所内部治理水平的高低不能导致审计质量的差异。值得注意的是，加入交乘项以后，*SCORE* 的回归系数无论是统计显著性还是经济重要性均有明显提高，这意味着在非国有企业中，*SCORE* 对于 *DA_ ABS* 的影响更为突出，基本模型的回归结果实际上是由非国有企业的子样本驱动的。

方程（3）中控制变量的回归结果大部分与预期相符。其中，*SOE*、*CFO*、*BM* 的系数显著为负，意味着国有企业的盈余管理程度相对较低，企业的经营活动现金流量越充沛，发展越稳健，其以异常应计项目绝对值衡量的盈余质量越高。*LEV*、*GROWTH*、*AGE* 的系数显著为正，意味着负债率越高、财务风险越高的公司，成长速度过快的公司，以及上市年数较长、再融资需求强烈的公司，其盈余操纵行为较多，盈余质量较差。*SWITCH* 的系数显著为正，显示出更换会计师事务所的上市公司的异常应计项目绝对值显著更高，这在一定程度上支持了"意见收买"假设。

2. 分正负号的异常应计项目回归结果

表5—4的报告了分正负号的异常应计项目回归结果。由于正的异常应计项目（*DA_ POS*）和负的异常应计项目（*DA_ NEG*）符合截断数据的特点（truncated data），笔者在分正负号的 *DA* 模型回归中采用了截断回归（truncated regression）的方法（Caramanis and Lennox，2008），并在回归过程中控制了异方差和自相关对于回归结果的影响，Wald $\chi 2$ 统计量显示出回归模型具有较好的解释力。

从表5—4中可以看出，无论是 *DA_ POS* 回归模型还是 *DA_ NEG* 回归模型，*SCORE* 和 *SCORE* * *SOE* 回归系数的符号均与理论预期相符。然而，在 *DA_ POS* 回归模型中，*SCORE* 和 *SCORE* * *SOE* 回归系数均不显著，在 *DA_ NEG* 模型中，*SCORE* 和 *SCORE* * *SOE* 回归系数则分别在5%和1%的水平上显著。这意味着，在中国的资本市场环境下，由于事务所内部治理水平提高带来的审计质量提升效应，主要表现在审计师能够更好地抑制客户旨在调减盈余的盈余管理行为①，而对于客户旨在调增盈余的行为则相对而言较不敏感。这一结论虽然与基于美国等发达国家数据的研究发现不一致，但与基于中国数据的某些相关研究的发现一致（刘启亮等，2006；徐浩萍，2004）。

---

① 旨在调减收益的盈余管理动机主要包括"洗大澡"（big bath）和避税等，审计师对此类行为敏感很可能是因为监管机构对此较为关注，或此类行为有可能会导致严重的法律后果（例如违反税法）。

表 5—2 **相关性系数表**

变量		(1)	(2)	(3)	(4)	(5)	(6)	(7)	(8)	(9)	(10)	(11)
DA_ ABS	(1)	1	-0.027	-0.107***	-0.120***	0.094***	-0.051***	-0.157***	0.104***	0.069***	0.070***	0.004
SCORE	(2)	-0.037**	1	-0.030*	0.077***	-0.060***	0.075***	0.081***	-0.019	-0.004	-0.066***	-0.009
SOE	(3)	-0.116***	-0.017	1	0.273***	0.029*	0.042**	0.195***	-0.047***	-0.057***	0.047***	0.003
SIZE	(4)	-0.107***	0.133***	0.290***	1	0.184***	0.073***	0.380***	-0.100***	-0.036**	-0.036**	-0.067***
LEV	(5)	0.160***	-0.029*	-0.071***	-0.025	1	-0.179***	-0.159***	0.055***	0.052***	0.064***	-0.028
CFO	(6)	-0.134***	0.063***	0.045***	0.054***	-0.165***	1	-0.037**	-0.078***	-0.103***	-0.022	0.031*
BM	(7)	-0.171***	0.075***	0.183***	0.345***	-0.332***	-0.028	1	-0.189***	-0.146***	-0.044**	-0.024
GROWTH	(8)	0.111***	-0.021	-0.057***	-0.170***	0.071***	-0.082***	-0.177***	1	0.063***	-0.01	-0.092***
AGE	(9)	0.206***	-0.027	-0.072***	-0.043**	-0.005	-0.114***	-0.068***	0.104***	1	0.017	0.004
SWITCH	(10)	0.081***	-0.060***	0.047***	-0.035**	0.084***	-0.028	-0.041**	-0.009	0.048***	1	0.018
MERGER	(11)	-0.002	-0.055***	0.003	-0.071***	-0.031*	0.042**	-0.003	-0.084***	-0.038**	0.018	1

注：表格对角线以下为 Pearson 相关系数，对角线以上为 Spearman 相关系数；*、**、*** 分别表示 10%、5% 和 1% 水平上显著（双尾）；所有连续变量均已经过上下 1% 的 winsorize 处理。

表 5—3 **多元回归结果**

变量	预期符号	基本模型		加交乘项的模型	
		系数估计	T 值	系数估计	T 值
Intercept	?	0.078***	3.24	0.083***	3.81
SCORE	-	-0.003*	-1.84	-0.015***	-2.60
*SCORE * SOE*	+			0.017**	2.36
SOE	-	-0.008***	-3.54	-0.009***	-3.68
SIZE	-	-0.001	-0.85	-0.001	-1.10
LEV	+	0.020***	6.39	0.020***	6.25
CFO	-	-0.057*	-1.94	-0.058*	-1.94
BM	-	-0.036***	-6.14	-0.036***	-6.02
GROWTH	+	0.004***	5.76	0.004***	5.59
AGE	+	0.001**	2.49	0.001**	2.38
SWITCH	?	0.014***	5.66	0.014***	6.02
MERGER	?	-0.001	-0.54	-0.001	-0.53
年度		控制		控制	
行业		控制		控制	
N		3316		3316	
F		11.85***		11.66***	
Adj. R^2		13.01%		13.12%	

注：*、**、***分别表示10%、5%和1%水平上显著（双尾）；所有连续变量均已经过上下1%的winsorize处理。

表 5—4 **分正负号的异常应计项目回归结果**

变量	*DA_ POS*			*DA_ NEG*		
	预期符号	系数估计	z 值	预期符号	系数估计	z 值
Intercept	?	-0.260**	-2.14	?	-0.152*	-1.79
SCORE	-	-0.025	-1.04	+	0.042**	2.48

续表

变量	DA_ POS			DA_ NEG		
	预期符号	系数估计	z 值	预期符号	系数估计	z 值
SCORE * *SOE*	+	0. 021	0. 75	−	−0. 060 ***	−2. 83
SOE	−	−0. 044 ***	−3. 80	+	−0. 007	−0. 93
SIZE	−	0. 014 **	2. 38	+	0. 015 ***	3. 84
LEV	+	−0. 096 **	−2. 55	−	−0. 117 ***	−8. 41
CFO	−	−1. 320 ***	−14. 70	+	−0. 860 ***	−16. 50
BM	−	−0. 170 ***	−5. 24	+	−0. 005	−0. 26
GROWTH	+	0. 004 **	2. 18	−	−0. 004 ***	−2. 73
AGE	+	0. 002	1. 19	−	−0. 001	−1. 21
SWITCH	?	0. 054 ***	3. 10	?	−0. 033 ***	−2. 68
MERGER	?	0. 000	−0. 03	?	−0. 001	−0. 09
年度		控制			控制	
行业		控制			控制	
N		1604			1712	
Waldχ2		299. 54 ***			465. 34 ***	

注：DA_ POS 和 DA_ NEG 模型采用截断回归方法（truncated regression）方法；*、**、*** 分别表示 10%、5% 和 1% 水平上显著（双尾）；所有连续变量均已经过上下 1% 的 winsorize 处理。

五　稳健性检验

（一）事务所其他审计质量特征变量对于回归结果的影响

在本章主回归中，没有控制通常被认为会影响审计质量的会计师事务所特征变量，这有可能导致本章存在遗漏相关变量问题。为了解决这一问题，笔者依次在回归模型中加入了以下事务所特征变量：事务所规模（*TOP*14）、审计师任期（*SHORT*）、客户重要性（*IMPOR*）和审计师行业专长（*EXPERT*）。其中，*TOP*14 为事务所规模虚拟变量，当事务所为当年中国注册会计师协会综合排名前14位（包括国际四大中国成员所和本土十大事务所）时取1；*SHORT*为审计师任期虚拟变量，当审计师任期小于等于3时取值为1；*IMPOR*是按照客户资产总额为基础计算的客户重要性变量，它反映了事务所对于特定客户的经济依赖性；*EXPERT*是反映事务所行业专长的虚拟变量，当事务所在特定年度特定行业按照客户资产总额计算的市场份额超过10%时取1①。*TOP*14、*EXPERT*的预期符号为负，即当事务所为大所、行业专家时，*DA_ ABS*显著更小，审计质量显著更高；*SHORT*、*IMPOR*预期符号为正，即当审计师任期越短，对于客户的经济依赖性越强，*DA_ ABS*显著更大，审计质量显著更低。表5—5列表报告了依次加入各个特征变量后模型的回归结果（简化起见，未报告所有控制变量的回归结果）。

表5—5　　加入其他事务所特征变量后的回归结果

变量名称	预期符号	模型1	模型2	模型3	模型4	模型5
SCORE	-	-0.015***	-0.014**	-0.014**	-0.015***	-0.014**
		(-2.66)	(-2.48)	(-2.49)	(-2.67)	(-2.45)
SCORE * *SOE*	+	0.016**	0.016**	0.017**	0.017**	0.016**
		(2.36)	(2.15)	(2.49)	(2.34)	(2.20)
SOE	-	-0.009***	-0.009***	-0.009***	-0.009***	-0.009***
		(-3.25)	(-3.48)	(-3.53)	(-3.67)	(-3.13)
*TOP*14	-	-0.006***				-0.006***
		(-2.73)				(-5.20)

① 在样本中，*EXPERT*=1的样本占比约为11%。表5—5报告的*IMPOR*和*EXPERT*是以客户资产为基础计算的。用客户营业收入为基础来计算，结论性质上完全一致（简化起见，未列表报告）。

续表

变量名称	预期符号	模型 1	模型 2	模型 3	模型 4	模型 5
SHORT	+		0.002			0.002
			(0.77)			(0.94)
IMPOR	+			0.013		0.000
				(0.54)		(0.01)
EXPERT	-				-0.000	0.002
					(-0.07)	(0.38)
其他控制变量		略	略	略	略	略
年度		控制	控制	控制	控制	控制
行业		控制	控制	控制	控制	控制
N		3316	3316	3316	3316	3316
F		11.31***	11.19***	11.30***	11.28***	10.24***
Adj. R^2		13.28%	13.10%	13.12%	13.10%	14.10%

注：所有回归方程的标准误按照年度和行业双重聚类调整。*、**、***分别表示10%、5%和1%水平上显著（双尾）；所有连续变量均已经过上下1%的winsorize处理。

从表5—5来看，无论是依次加入*TOP*14、*SHORT*、*IMPOR*、*EXPERT*的模型1至模型4，还是一次性加入四个新增控制变量的模型5，其多元回归结果均与表5—3中对应模型的结果极为接近，无论是从系数的大小、符号，还是统计显著性来看，新增事务所特征变量的加入并未改变本章主测试中得到的结论：即内部治理得分越高的事务所，其审计的客户*DA_ ABS*显著更低，审计质量显著更高；但这一效应主要存在于非国有企业，企业的国有属性抵消了内部治理改进对于审计质量的提升作用。笔者同时以*DA_ POS*、*DA_ NEG*为被解释变量，执行了上述所有回归模型，表5—4中*DA_ POS*、*DA_ NEG*模型的回归结果并未改变，即内部治理水平提高带来的审计质量提升效应，主要体现在治理水平高的事务所更能约束客户旨在调减利润的盈余管理活动。为节约篇幅，本章未列表报告加入新增事务所特征变量之后 *DA_ POS*、*DA_ NEG* 模型的回归结果。综上所述，本章的研究并不存在明显的遗漏相关变量问题，事务所内部治理水平是除事务所规模、审计师任期、客户重要性、审计师行业专长、事务所变更、事务所合并之外，影响审计质量的又一重要因素。

（二）异常应计项目的其他计量方法

除了本章使用的绩效调整异常应计模型之外，笔者使用了另外两种异常应计项目的估计方法，以检验本章结果相对于异常应计项目计量方法的敏感性。第一种是在方程（1）中不控制上一期的 *ROA*，得到未进行绩效调整的异常应计项目 *DA_ BASIC*，然后在方程（3）中加入当期的 *ROA* 作为附加的控制变量；第二种是绩效配对（performance matched）的异常应计项目，即对于每一观察值，先计算其 *DA_ BASIC*，然后为其找到同一年度同一行业的期初总资产净利率与其最为接近的另一家公司作为配对公司，将该公司的 *DA_ BASIC* 值减去配对公司的 *DA_ BASIC* 值得到绩效匹配的异常应计项目*DA_ PER*。表 5—6 报告了以 *DA_ BASIC*、*DA_ PER* 的绝对值为被解释变量的回归结果，以及分正负号的异常应计项目回归结果，回归方法与主测试完全一致。为简化起见，表 5—6 未报告控制变量的回归结果。

表 5—6　　按其他方法计算的异常应计项目回归结果

变量	*DA_ BASIC*			*DA_ PER*		
	DA 绝对值	正 *DA*	负 *DA*	*DA* 绝对值	正 *DA*	负 *DA*
SCORE	-0.018***	-0.015	0.036**	-0.015**	-0.017	0.058
	(-3.26)	(-1.13)	(2.42)	(-2.27)	(-0.48)	(1.38)

续表

变量	DA_ BASIC			DA_ PER		
	DA 绝对值	正 DA	负 DA	DA 绝对值	正 DA	负 DA
SCORE * SOE	0.019 **	-0.000	-0.048 ***	0.019 **	0.062	-0.046
	(2.50)	(-0.02)	(-2.71)	(2.56)	(1.41)	(-0.92)
N	3316	1549	1767	3291	1623	1668
F/Waldχ2	12.10 ***	607.50 ***	657.68 ***	10.42 ***	224.02 ***	169.36 ***
Adj. R2	14.09%	/	/	8.78%	/	/

注：分正负号的 *DA* 模型采用截断回归方法（truncated regression）方法；*、**、*** 分别表示 10%、5% 和 1% 水平上显著（双尾）。

从表 5—6 来看，在以 *DA_ BASIC* 为被解释变量的回归模型中，无论是异常应计项目的绝对值还是分正负号的异常应计项目，其回归结果在性质上与主测试的结果完全一致。在以 *DA_ PER* 为被解释变量的回归模型中，异常应计项目的绝对值回归结果与主测试的异常应计项目绝对值回归结果一致，但在分正负号的异常应计项目回归中，无论是正的异常应计项目还是负的异常应计项目，*SCORE* 和 *SCORE * SOE* 的系数符号虽然符合预期，但均不显著。值得注意的是，*DA_ BASIC* 和 *DA_ PER* 的绝对值回归模型中，*SCORE* 和 *SCORE * SOE* 的回归系数不仅在统计显著性上与主测试的异常应计项目绝对值回归结果一致，而且在数量大小上也与之接近。总体而言，笔者认为，本章的回归结果相对于异常应计项目的不同计量方法而言是稳健的。

（三）事务所内部治理水平的其他计量方法

基于相同的问卷调查数据，笔者采用了另外两种计算事务所内部治理综合得分的方法，以检验本章研究结论相对于不同的内部治理水平计算方法的稳健性。第一种方法借鉴 Prawitt et al.（2009）的思路，本章将 45 个题项的数据进行了转换，如果被调查事务所在某一题项的取值高于该题项的样本均值，其取值替换为1，否则为0，然后计算被调查事务所所有题项的得分之和，作为评价其内部治理水平的综合指标 *SCORE*1。第二种方法将被调查事务所各个题项得分的算术平均值 *SCORE*2 作为衡量其内部治理水平的综合指标。这两种方法的共同局限性是未考虑不同的内部治理评价指标之间的内在关联和相对重要性。两个替代指标生成的详细过程，读者可参见第四章。

表5—7　　内部治理水平替代计量指标的回归结果

变量	以 *SCORE*1 为解释变量			以 *SCORE*2 为解释变量		
	DA 绝对值	正 *DA*	负 *DA*	*DA* 绝对值	正 *DA*	负 *DA*
*SCORE*1 /*SCORE*2	-0.0005** (-2.59)	-0.0007 (-0.92)	0.0014** (2.58)	-0.0232** (-2.19)	-0.0437 (-1.12)	0.0518** (2.12)
*SCORE*1 * *SOE* /*SCORE*2 * *SOE*	0.0005*** (2.75)	0.0008 (0.88)	-0.0018*** (-2.80)	0.0171 (1.57)	-0.0115 (-0.24)	-0.0715** (-2.29)
N	3316	1604	1712	3316	1604	1712
F/Waldχ2	11.66***	296.55***	462.17***	11.51***	300.13***	475.21***
Adj. R2	13.14%	/	/	13.17%	/	/

注：分正负号的 *DA* 模型采用截断回归方法（truncated regression）方法；*、**、*** 分别表示10%、5%和1%水平上显著（双尾）。

表5—7报告了内部治理水平替代计量指标的回归结果，模型的回归方法与采用 *SCORE* 作为解释变量的模型完全一致。为简化起见，本章未报告控制变量的回归结果。从表5—7来看，除了 *SCORE*2 * *SOE* 的系数不显著之外，以 *SCORE*1 和 *SCORE*2 为替代解释变量的回归结果与以 *SCORE* 为解释变量的回归结果性质上基本一致。值得注意的是，*SCORE*1 和 *SCORE*1 * *SOE* 回归系数的绝对值显著更小，意味着 *SCORE*1 对于异常应计项目的解释力较弱。

总体而言，表 5—7 的结果意味着本章的结论对于内部治理水平的不同计量方法而言是稳健的。

（四）其他稳健性测试

本章所使用的样本中共有 370 个观察值为 ST 公司，占样本总数的 11.16%。由于 ST 公司属于财务状况不断恶化，持续经营能力存在重大不确定性的公司，同时面临不同交易规则和监管要求，这部分公司的特征显著异于正常经营的公司。为了考察本章的结论是否仅仅由 ST 公司驱动，笔者剔除了样本中的 ST 公司，得到缩减后的样本 2946 个。笔者对缩减后的样本执行本章主回归中的所有程序，得到的结果与主回归的结果性质上基本一致。因此，本章的结论并非是由 ST 公司的子样本所驱动的。

在本章的主回归中，笔者已经对所有的连续变量执行了上下 1% 的缩尾（winsorize）处理，以控制异常值对于回归结果的影响。为了进一步考察本章的结论是否由异常值所驱动，笔者执行了额外的测试，即将标准化残值（standardized residuals）的绝对值大于 3 的观察值界定为异常值，共得到 65 个异常值，而后在回归中剔除异常值，得到缩减后的样本共 3251 个。笔者对缩减后的样本执行主回归中所有的程序，得到的结果在性质上与主回归的结果完全一致。因此，笔者认为本章的结果不是由异常值驱动的。

六　结论与讨论

利用对于 2010 年全国百强事务所合伙人的问卷调查数据，以及 A 股上市公司 2008 年至 2010 年的有关数据，本章检验了会计师事务所内部治理水平和资本市场审计质量之间的相关性。研究发现，内部治理水平越高的会计师事务所，其客户的异常应计项目绝对值越低，其审计质量相对越高；审计客户的所有权性质对于事务所内部治理水平与审计质量的相关性具有显著的调节作用，事务所内部治理水平上升导致的审计质量提高效应，仅存在于非国有企业之中，而国有企业由于特殊的所有者特征、政企关系和治理安排，由内部治理水平不同的事务所来审计，并不能体现出审计质量的差异。本章的研究结论表明，行业主管部门和自律组织鼓励和促进会计师事务所完善内部治理的政策是合理的，能够获得提高资本市场审计质量的效果。值得注意的是，这一效果在国有企业中相对较弱，如果要提高会计师事务所针对国有企业的审计质量，除了要求会计师事务所完善其内部治理之外，还应该通过完善国有企业的治理结构以提高独立审计对于国有企业的价值和国有企业对于高质量独立审计服务的需求。本章的研究结论还意味着，既然事务所的内部治理水平是影响资本市场审计质量的重要因素，要求事务所向社会公众披露与内部治理相关的信息，可以帮助社会公众更好地评价审计质量，作出更为合理的审计师选择决策。

根据笔者掌握的资料，现有文献中尚无系统探讨事务所内部治理水平与资本市场审计质量关系的研究成果，尤其没有对二者的关系进行大样本实证检验的成果。本章的研究对于资本市场审计质量形成机制及其影响因素的研究作出了一定的贡献，它表明资本市场审计质量不仅取决于那些外部可观测的审计师特征、客户特征和审计师—客户关系变量，还取决于对于审计师的动机和行为有着更为直接影响的事务所内部治理结构。然而，本章属于探讨事务所内部治理与资本市场审计质量关系的初步尝试，尽管本书的问卷设计满足了必要的信度和效度要求，它可能在理论基础上不是那么充分，其有效性需要进一步的验证和改善。同时，由于研究的时效性原因，本书所取得的数据反映了会计师事务所在 2010 年左右的内部治理水平，并假定它在 2008 年至 2010 年间是稳定不变的。然而，会计师事务所的内部治理水平尽管相对稳定，但也会随着外部环境的变化而变化，尤其是有外力推动或有重大事项发生（例如事务所合并）的情况下尤其如此。这些都表明本章的研究具有一定的局限性。随着会计师事务所信息披露制度的逐步强化和完善，研究者们将有可能获得更为可靠和及时的用于评价事务所内部治理水平的信息，并在此基础上构建更为合理的事务所内部治理水平评价指标体系，进而更加深入地研究事务所内部治理结构的形成机理、影响因素和经济后果。

第六章

会计师事务所内部治理对审计收费和事务所经营绩效的影响研究

一 引言

会计师事务所作为营利性企业，虽然不能以追求利润最大化为目标，但也必须以创造收入、补偿成本作为生存和发展的前提。获取审计费用的溢价，提高事务所的经营绩效，是会计师事务所的发展目标，也是事务所内部治理的目标。然而，目前尚无系统性的实证证据证明会计师事务所的内部治理水平对于审计收费和事务所经营绩效有着统计意义和经济意义上的显著影响。关于审计收费影响因素的实证研究，几乎均是以可观测的公司特征变量或审计师特征变量作为解释变量或控制变量（例如，Simunic，1980；Choi et al.，2008），会计师事务所内部的结构与运营，基本上还是一个尚未打开的"黑箱"（Francis，2011）。有关事务所经营绩效的有限研究中（例如，Greenwood et al.，2005），也没有证据表明绩效是否受到事务所内部治理水平的影响以及受到内部治理水平的多大影响。

事务所内部治理与审计收费之间的关系以及内部治理与事务所经营绩效之间的关系，具有重要的研究价值。对于事务所内部治理与审计收费关系的实证研究，有助于打开事务所的“黑箱”，探索事务所内部治理与审计服务市场定价之间的关系，揭示以往研究中被忽视的审计收费关键影响因素。由于审计收费是审计质量的重要替代指标（DeFond and Zhang，2014），尤其是感知的审计质量（perceived audit quality）的重要替代指标，对于内部治理与审计收费关系的研究，可以为内部治理与审计质量的相关性提供进一步证据。内部治理与事务所经营绩效相关性的研究，一方面可以拓展公司治理与企业价值、绩效相关性的现有研究（例如，Gompers et al.，2003），另一方面也有助于丰富方兴未艾的专业服务公司（professional services firms）绩效影响因素的研究（例如，Greenwood et al.，2005）。无论是内部治理与审计收费关系的研究，还是内部治理与事务所经营绩效关系的研究，均有助于论证事务所内部治理建设是否具有积极的经济后果，事务所决策者和管理者是否有必要在内部治理建设方面投入更多的时间、精力和资源。

本章第二部分对于事务所内部治理与审计收费的相关性进行了大样本实证研究，第三部分对内部治理与事务所经营绩效之间的相关性进行了实证研究，第四部分对研究成果进行了总结和讨论。

二 事务所内部治理对审计收费的影响

（一）理论分析与研究假设

审计质量、审计收费和审计师选择是审计实证研究中的三大主题（陈波、夏玲，2012）。自 Simunic（1980）建立审计收费模型，开创严格意义上的审计收费大样本实证研究以来，学者们已从各个角度对审计收费的影响因素进行了理论探讨和实证检验。国外主流学术期刊中得到确认的审计收费影响因素多达 186 个（Hay et al.，

2006），而国内学术界探讨的审计收费影响因素也高达近80个（吴联生、刘慧龙，2008）。Hay et al.（2006）将审计收费的影响因素划分为四大类：客户特征（clients attributes）、审计师特征（auditor attributes）、业务项目特征（engagements attributes）和其他因素。笔者则认为，审计收费的影响因素可以划分为事务所外部因素和内部因素，前者包括市场竞争环境、供求关系和客户特征等，后者则包括事务所层面、分所层面、业务项目层面、合伙人层面的审计师特征。对于现有文献的回顾表明，目前尚无学者正式地讨论事务所内部运营与结构对于审计收费的影响，更没有学者研究事务所内部治理水平与审计收费的相关性。

内部治理的一项基本功能是为事务所制定并实施合理的竞争战略提供保障。讨论事务所内部治理水平与审计收费的相关性，其前提是事务所将会采取何种价格竞争策略。按照审计质量和审计收费的相互关系，可以将事务所的价格竞争策略划分为四种基本类型：即高质高价、高质低价、低质高价、低质低价（见表6—1）。在这四种价格策略中，高质低价策略会导致事务所“入不敷出”，而低质高价策略不可能长久欺骗消费者，故均不可能为长期均衡策略。低质低价策略虽然能够实现质量、成本和价格的匹配，但对于审计服务而言，也难以成为均衡策略。这是因为审计服务攸关广泛的公众利益，低质量的审计服务，最终会给投资者造成巨大的损失，因此成熟市场上不存在对于低质量审计服务的普遍需求。因此，高质高价最终将成为审计服务市场上的占优策略。在多个国家和地区，“四大”均被发现可以获得溢价审计收入，溢价幅度为16.5%至36%（Ireland and Lennox，2000），这是审计市场主导者采用高质高价策略的重要证据。对于非“四大”事务所，在其拥有行业专长的某些细分市场上，同样可以采取高质高价策略并获得溢价审计收入，在其他审计市场上，它们必须将其审计质量维持在社会可接受的水平之上才能生存下去，但不一定可以获得溢价审计收入。综上所述，笔者认为，事务所完善内部治理的主要经济目的之一，是为了提高审计收费，获得溢价审计收入。

表 6—1　　　　事务所的价格竞争策略

	低价格	高价格
高质量	（高质、低价）	（高质、高价）
低质量	（低质、低价）	（低质、高价）

影响审计收费的因素众多，但在市场经济之中，它主要由供求关系而决定。会计师事务所可以收取更高的审计费用，从需求的角度来看是因为客户愿意支付更高的价格，从供给的角度来看则是因为事务所有更高的成本投入，需要通过审计收费来加以弥补。在审计服务市场上，不同会计师事务所提供的审计服务存在质量差异且审计质量难以衡量（DeAngelo，1981b；Palmrose，1986），事务所的品牌和声誉能够是一种克服审计师和客户之间质量信息不对称的重要机制（Greenwood et al.，2005），它能够增强客户对于审计师的信任程度，提高客户感知的审计质量差异，从而提高其愿意支付的服务价格。显然，良好的内部治理是会计师事务所营造良好品牌和声誉的前提条件。如果会计师事务所治理结构混乱，其结果必然是合伙人、员工和其他利益相关者之间持续不断的利益冲突，事务所决策者和管理者必然不能集中精力从事维护和提高品牌与声誉价值的活动，而品牌和声誉价值的下降必然带来议价能力的下降，导致审计收费的降低。从这个角度来看，事务所内部治理水平越高，客户愿意支付的审计服务价格将会越高。从供给的角度来看，内部治理水平的提高，要求事务所能够吸引专业水平更高的人才，为专业人士提供必要的培训和辅导，向他们提供有竞争力的薪酬，这显

然会提高事务所在人力资本方面的投资，带来更高的运营成本。不仅如此，内部治理水平的提高要求事务所建立更为科学合理的质量控制与风险管理系统，增设技术支持和质量监控部门，加强审计业务项目的监督与复核，确保符合审计准则和事务所内部质量标准的审计程序能够执行到位，这些均会增加审计过程的投入，提高审计的成本。简言之，内部治理水平的提高会导致审计成本的上升，进而要求提高审计收费水平。基于上述分析，笔者提出本章的第一项假设：

H1：治理水平越高的会计师事务所，其收取的审计费用越高。

（二）模型设计与变量定义

基于前人的研究，我们构造的研究模型如下：

$$LnFEE = \gamma_0 + \gamma_1 Score + \gamma_2 Top14 + \gamma_3 Expert + \gamma_4 Switch + \gamma_5 ST + \gamma_6 Asset + \gamma_7 LEV + \gamma_8 REC + \gamma_9 INV + \gamma_{10} ROA + \gamma_{11} Loss + \gamma_{12} Turnover + \theta_i \sum Year_i + \lambda_k \sum IND_k + \varepsilon \quad (1)$$

在模型（1）中，被解释变量为审计费用，遵循通常的处理方式，取其自然对数（*LnFee*）；解释变量为事务所的内部治理综合得分（*Score*），其取值方法参见本书第四章和第五章。为了检验本章结论相对于内部治理综合得分不同计算方法的稳健性，本书还设计了另外两种计算方法，所获的综合得分分别命名为 *Score*1 和 *Score*2。

在模型（1）中，笔者借鉴前人的研究（Simunic，1980；Choi et al.，2009；Choi et al.，2010 等），控制了通常认为会影响审计收费的审计师特征变量和客户特征变量。审计师特征变量主要包括 3 个，即 *Top*14，*Expert* 和 *Switch*。*Top*14 是用于衡量审计师品牌和声誉的虚拟变量，当会计师事务所在当年中注协百强所排名中位于前 14 位时取 1，否则取 0。前十四大事务所包括“四大”的中国成员所以及本土事务所中的前十大知名品牌。控制 *Top*14 是因为前人研究证明“四大”等声誉卓著的事务所能够收取审计费用的溢价（Ireland and Lennox，2000）。*Expert* 是用于度量审计师行业专长的虚拟变量，当会计师事务所在某一年度某一行业按照客户资产总额衡量的市场份额大于10%时取1①，否则取0。控制 *Expert* 是因为已有大量证据表明，具有行业专长的事务所能够收取审计费用的溢价（例如，Ferguson et al.，2003）。*Switch* 是反映事务所变更的虚拟变量，当发生变更时取1，否则取0。控制该变量是因为如果发生事务所变更，对于后任事务所而言相当于首次承接业务（initial audit engagement），而过去的大量研究表明，审计师会通过降低报价来竞争客户，导致初次审计业务的收费较低，甚至低于审计成本（DeAngelo，1981a；Craswell and Francis，1999）。笔者预期 *Top*14 和 *Expert* 与 *LnFEE* 存在正相关关系，而 *Switch* 与 *LnFEE* 存在负相关关系。

在模型（1）中，笔者也控制了通常会影响审计收费的客户特征变量。其一是公司当年是否为ST公司（*ST*）。ST公司由于经营状况严重恶化而面临更加严厉的监管，审计师一般会要求更高的风险溢价。然而，ST公司也有可能因为陷入财务困境而缺乏支付能力，而要求支付更少的审计费用，故事前难以预测 *ST* 回归系数的符号。其二是反映公司规模的资产总额，取其自然对数（*Asset*）。公司规模越大，所需的审计资源投入越高，审计成本越大，资产总额又是中国上市公司计算审计费用最重要的基数，笔者预期 *Asset* 与 *LnFEE* 存在正相关关系。其三是公司的财务杠杆，即资产负债率（*LEV*）。资产负债率越高，财务风险越大，审计师需要增加收

① 国外一般将审计费用作为计算市场份额的基础，本章选择客户资产总额作为计算市场份额的基础，是因为中国上市公司披露的审计费用数据有较多的缺失值。本章还选择客户营业收入总额作为计算市场份额和会计师事务所行业专长的基础，所得结果与以资产总额为基础得到的结果类似。简化起见，本章未报告以客户营业收入为基础计算事务所行业专长所得的回归结果。

费以应对未来可能出现的诉讼和赔付。笔者预期 *LEV* 与与 *LnFEE* 存在正相关关系。其四是反映审计复杂程度的 *REC* 和 *INV*，即应收账款和存货占资产总额的比重。由于应收账款和存货通常是消耗审计时间和其他资源较多的审计项目，笔者预期 *REC* 和 *INV* 与 *LnFEE* 存在正相关关系。其五是反映公司盈利能力的指标总资产净利率（*ROA*）和公司盈亏状况（*Loss*）。公司盈利能力越强，其经营风险和财务风险越低，审计师可能会降低其索取的风险溢价；然而，盈利能力越强，也意味着公司有着更强的支付能力，可能会导致支付的审计费用越高。因此，笔者对于 *ROA* 和 *Loss* 回归系数的预期符号不作出事前的预测。其六是笔者还控制了反映公司资产管理能力的指标 *Turnover*，即总资产周转率。与盈利能力指标相似，资产管理能力提高对于审计收费的影响存在不确定性，笔者对于回归系数的符号不作事前的预计。

除上述审计师特征变量和客户特征变量之外，笔者还在模型中控制了年度和行业固定效应的影响。表 6—2 对模型（1）中涉及变量定义进行了具体的说明。

表 6—2　　　　审计费用模型变量定义表

序号	变量代码	变量性质	预期符号	变量说明
1	*LnFEE*	DV	N/A	审计费用的自然对数。
2	*Score*	IV	+	会计师事务所内部治理水平综合指标，利用因子分析得出（纳入方差贡献率排序前 9 位的公共因子）
3	*Score*1	IV	+	会计师事务所内部治理水平综合指标，利用因子分析得出（纳入特征值大于 1 的全部 12 项公共因子）

续表

序号	变量代码	变量性质	预期符号	变量说明
4	*Score2*	IV	+	会计师事务所内部治理水平综合指标，借鉴 Prawitt 等（2009）的做法进行处理后得出
5	*Top14*	CV	+	会计师事务所为“四大”中国成员所或本土十大事务所取 1，否则取 0
6	*Expert*	CV	+	审计师行业专长虚拟变量，会计师事务所在某一年度某一行业按照客户资产总额计算的市场份额超过 10% 时取 1，否则取 0
7	*Switch*	CV	-	当年发生会计师事务所变更取 1，否则取 0
8	*ST*	CV	?	公司为特别处理公司时取 1，否则取 0
9	*Asset*	CV	+	本年度年末资产总额的自然对数
10	*LEV*	CV	+	本年度资产负债率，为年末负债除以年末资产总额
11	*REC*	CV	+	年末应收账款净额除以年末资产总额
12	*INV*	CV	+	年末存货净额除以年末资产总额
13	*ROA*	CV	?	总资产净利率，计算时取年初总资产和年末总资产的算术平均值作为分母，当年净利润作为分子
14	*Loss*	CV	?	盈亏状况虚拟变量，当年净利润小于 0 取 1，否则取 0
15	*Turnover*	CV	?	总资产周转率，计算时取年初总资产和年末总资产的算术平均值作为分母，当年营业收入作为分子

注：DV、IV、CV 依次代表被解释变量、解释变量和控制变量。

（三）描述性统计与单变量分析

笔者选择了我国 2008 年至 2010 年 A 股主板上市公司作为研究样本，在此期间 A 股上市公司观察值总数为 4016 个，剔除金融类上市公司[①]、缺失必要数据的上市公司观察值 924 个之后，得到用于回归分析的最终样本观察值 3092 个。其中，2008 年至 2010 年各年的样本数分别为 988 家、1041 家、1063 家。表 6—3 列示了样本的行业分布，其中制造业样本的分布较为集中。除解释变量 *Score* 的原始数据系手工收集外，模型（1）中其他数据均来自国泰安数据库（CSMAR）。

表 6—3　　　　　　　　　　样本行业分布

序号	行业名称	代码	数量	比例（%）
1	农、林、牧、渔业	A	67	2.17
2	采掘业	B	83	2.68
3	制造业——食品、饮料	C0	147	4.75
4	制造业——纺织、服装、皮毛	C1	119	3.85
5	制造业——造纸、印刷	C3	51	1.65
6	制造业——石油、化学、塑胶、塑料	C4	319	10.32
7	制造业——电子	C5	110	3.56
8	制造业——金属、非金属	C6	249	8.05
9	制造业——机械、设备、仪表	C7	448	14.49
10	制造业——医药、生物制品	C8	212	6.86
11	电力、煤气及水的生产和供应业	D	155	5.01
12	建筑业	E	71	2.3
13	交通运输、仓储业	F	150	4.85
14	信息技术业	G	190	6.14
15	批发和零售贸易业	H	214	6.92

① 金融类上市公司的财务数据与其他上市公司存在较大差异，常规的审计费用模型对于金融类公司可能并不适用，故删去之。

续表

序号	行业名称	代码	数量	比例（%）
16	房地产业	J	222	7.18
17	社会服务业	K	94	3.04
18	综合类	M	191	6.18
19	合计		3092	100

注：行业分类采用中国证券监督管理委员会2001年发布的《上市公司行业分类指引》。其中，制造业由于上市公司数量众多，采用二级代码分类，其余行业均采用一级代码分类。

表6—4提供了主要变量的描述性统计数据。样本上市公司2008年至2010年支付的审计费用均值约为615 383元，最小值为169 397元，最大值为11 994 995元[①]。反映事务所内部治理水平高低的3个解释变量中，*Score*和*Score*1的均值均大于0，而*Score*2的均值也偏向于取值范围的右端，显示出承担样本上市公司审计的会计师事务所，其内部治理水平相对较好[②]。

表6—4　　审计费用模型描述性统计数据

序号	变量	观测数	均值	标准差	最小值	最大值
1	*LnFEE*	3092	13.33	0.66	12.04	16.30
2	*Score*	3092	0.07	0.33	-0.75	0.82
3	*Score*1	3092	0.05	0.30	-0.59	0.78

---

① 金融类上市公司支付的审计费用较高，例如，中国银行2012年支付给普华永道中天会计师事务所的审计费用为2.22亿元人民币（含财务报表审计和内部控制审计）。此处的最大值为1000多万元，是因为最终样本中不包含金融类上市公司的原因。

② *Score*和*Score*1的取值范围为（-1，1），数值越大，代表内部治理水平越好，其取值范围大于0的，可认为内部治理水平超过一般事务所的水平（在全部71家样本事务所中）。按照*Score*2的计算方法，其最小值为0，最大值为45（对应于用于因子分析的45个问题），均值约为29，意味着有近29个题目（占全部题目的近2/3）的得分超过该问题的得分均值，也意味着样本上市公司的大多数是由内部治理水平相对较好的事务所审计的。

续表

序号	变量	观测数	均值	标准差	最小值	最大值
4	*Score2*	3092	28.89	10.82	4	45
5	*Top14*	3092	0.53	0.50	0	1
6	*Expert*	3092	0.12	0.32	0	1
7	*Switch*	3092	0.09	0.28	0	1
8	*ST*	3092	0.12	0.32	0	1
9	*Asset*	3092	21.79	1.35	18.20	26.76
10	*LEV*	3092	0.56	0.31	0.03	3.06
11	*REC*	3092	0.07	0.08	0	0.37
12	*INV*	3092	0.19	0.17	0	0.76
13	*ROA*	3092	0.03	0.08	-0.35	0.32
14	*Loss*	3092	0.13	0.34	0	1
15	*Turnover*	3092	0.72	0.52	0.02	2.84

注：表中所有连续变量均经过上下1%的winsorize处理。

描述性统计数据还显示，样本上市公司中有53%是由排名前14大事务所（*Top*14 = 1）审计的，说明规模较大、声誉较好，但数量相对较少的会计师事务所占据了上市公司审计市场的“半壁江山”①。同时，有近12%的样本公司，其审计师是具有行业专长的会计师事务所（*Expert* = 1）；近9%的样本公司，发生了会计师事务所的变更（*Switch* = 1）。如果低价竞争业务（low balling）的假说成立，则这部分上市公司的审计费用将出现下降。

从客户特征来看，样本公司中有12%为ST公司，资产负债率平均约为56%，应收账款和存货占资产总额的比重平均分别为7%

① 这仅是按照上市公司数目来计算的，考虑到大型会计师事务所审计的上市公司通常规模较大，如果按照审计费用或客户资产总额、营业收入作为计算基础，前十四大事务所的市场份额还要高出很多。

和19%，总资产净利率平约为3%，有约13%的样本公司报告亏损，而总资产周转率平均约为0.72。

表6—5报告了模型（1）中主要变量的Pearson和Spearman相关系数。被解释变量*LnFEE*与解释变量*Score*，*Score*1，*Score2*之间的相关系数均显著为正，意味着内部治理水平越高，审计收费越高，这为假设1提供了初步的支持性证据。除*LnFEE*与*LEV*和*INV*的Pearson相关系数不显著，与*INV*的Spearman相关系数不显著之外，*LnFEE*与模型（1）中的其他控制变量均存在显著的相关关系，显著性水平均为1%，这意味着本章选择的控制变量，确系审计费用的重要影响因素。*LnFEE*与*Top*14和*Expert*的相关系数均显著为正，意味着规模大的前十四大事务所以及具有行业专长的事务所，其审计收费的确更高，与预期相符。*LnFEE*与*Switch*的相关系数显著为负，说明变更事务所之后上市公司的审计费用下降，支持事务所以降低审计收费为手段竞争客户的假设。*LnFEE*与*Asset*之间的Pearson（Spearman）相关系数高达0.704（0.653），说明客户资产总额可能是审计收费最重要的影响因素。

解释变量*Score*，*Score*1和*Score*2相互之间的正相关系数均高达0.9以上，说明这几个变量对于会计师事务所内部治理水平的度量具有高度的一致性。控制变量之间大多存在显著的相关性，但其相关系数的绝对值大多数没有超过10%，仅有*ROA*和*Loss*之间的Pearson相关系数绝对值超过了60%。模型（1）右侧除行业和年度虚拟变量以外其他变量的方差膨胀因子（VIF）最大值仅为2.06（*ROA*），最小值仅为1.04（*Switch*），远低于表明多重共线性问题较为严重的临界值10。以上分析表明，本章建立的审计费用回归模型不存在严重的多重共线性问题。

表 6—5 **相关系数表**

变量	序号	(1)	(2)	(3)	(4)	(5)	(6)	(7)	(8)	(9)	(10)	(11)	(12)	(13)	(14)	(15)
LnFEE	(1)	1	0.179 ***	0.163 ***	0.189 ***	0.254 ***	0.264 ***	-0.052 ***	-0.191 ***	0.653 ***	0.126 ***	-0.042 **	0.017	0.170 ***	-0.149 ***	0.163 ***
Score	(2)	0.217 ***	1	0.956 ***	0.938 ***	0.012	0.068 ***	-0.074 ***	-0.083 ***	0.061 ***	-0.061 ***	-0.065 ***	-0.043 **	0.055 ***	-0.035 *	0.027
Score1	(3)	0.223 ***	0.980 ***	1	0.931 ***	0.073 ***	0.075 ***	-0.052 ***	-0.086 ***	0.072 ***	-0.067 ***	-0.062 ***	-0.036 **	0.065 ***	-0.034 *	0.043 **
Score2	(4)	0.194 ***	0.955 ***	0.942 ***	1	0.080 ***	0.116 ***	-0.053 ***	-0.090 ***	0.087 ***	-0.062 ***	-0.060 ***	-0.027	0.057 ***	-0.033 *	0.040 **
Top14	(5)	0.283 ***	-0.021	0.023	0.037 **	1	0.292 ***	0.0548 ***	-0.073 ***	0.178 ***	0.022	0.060 ***	0.025	0.093 ***	-0.032 *	0.098 ***
Expert	(6)	0.334 ***	0.083 ***	0.098 ***	0.096 ***	0.292 ***	1	-0.022	-0.064 ***	0.238 ***	0.071 ***	-0.085 ***	-0.063 ***	0.022	-0.034 *	-0.026
Switch	(7)	-0.048 ***	-0.066 ***	-0.050 ***	-0.052 ***	0.055 ***	-0.022	1	0.128 ***	-0.045 **	0.065 ***	0.020	-0.010	-0.034 *	0.052 ***	-0.003
ST	(8)	-0.181 ***	-0.084 ***	-0.086 ***	-0.082 ***	-0.073 ***	-0.064 ***	0.128 ***	1	-0.367 ***	0.216 ***	-0.064 ***	-0.117 ***	-0.142 ***	0.227 ***	-0.178 ***
Asset	(9)	0.704 ***	0.102 ***	0.123 ***	0.086 ***	0.210 ***	0.310 ***	-0.049 ***	-0.391 ***	1	0.165 ***	-0.152 ***	0.059 ***	0.214 ***	-0.246 ***	0.097 ***
LEV	(10)	0.020	-0.031 *	-0.034 *	-0.043 **	-0.023	0.019	0.099 ***	0.406 ***	-0.086 ***	1	-0.024	0.194 ***	-0.324 ***	0.203 ***	0.037 **
REC	(11)	-0.065 ***	-0.074 ***	-0.072 ***	-0.063 ***	0.052 ***	-0.081 ***	0.022	-0.039 **	-0.149 ***	0.017	1	0.084 ***	-0.052 ***	0.017	0.339 ***
INV	(12)	-0.009	-0.030 *	-0.029	-0.02	-0.009	-0.042 **	-0.005	-0.075 ***	0.080 ***	0.078 ***	-0.053 ***	1	-0.025	-0.066 ***	0.144 ***
ROA	(13)	0.142 ***	0.035 *	0.043 **	0.034 *	0.073 ***	0.01	-0.060 ***	-0.170 ***	0.201 ***	-0.315 ***	-0.037 **	-0.010	1	-0.587 ***	0.179 ***
Loss	(14)	-0.127 ***	-0.033 *	-0.032 *	-0.027	-0.032 *	-0.034 *	0.052 ***	0.227 ***	-0.236 ***	0.248 ***	0.000	-0.061 ***	-0.668 ***	1	-0.1438 ***
Turnover	(15)	0.142 ***	0.036 **	0.040 **	0.041 **	0.079 ***	-0.008	0.004	-0.134 ***	0.113 ***	0.002	0.242 ***	-0.039 **	0.156 ***	-0.129 ***	1

注：左下角为 Pearson 相关系数矩阵，右上角为 Spearman 相关系数矩阵。* ，** ，*** 分别代表在 10%、5% 和 1% 的水平上显著（双尾）。

（四）多元回归分析

表6—6报告了审计费用模型的多元回归结果。模型（1a）未放入通常认为会影响审计收费的三个审计师特征变量，即 *Top*14，*Expert* 和 *Switch*，以测试 *Score* 对于审计收费的单独影响。模型（1b）至模型（1d）分别依次单独放入 *Top*14，*Expert* 和 *Switch*，以观察这三个变量分别如何影响 *Score* 与 *LnFEE* 的相关性。模型（1e）是本章构建的审计费用模型的完整形式，同时控制了 *Top*14，*Expert* 和 *Switch* 这三个变量。模型（1a）至模型（1e）在回归过程中均采用稳健标准误（robust standard errors），以解决可能存在的异方差和残差非正态分布等问题；同时，标准误还按照公司代码进行了聚类调整（clustered），以控制同一公司不同年度观测值可能存在的残差自相关（auto-correlation）问题。五个模型的 F 值和调整 R^2 显示模型具有较好的拟合度和解释力。

表6—6　　审计费用模型多元回归结果

变量	预期符号	模型（1a）	模型（1b）	模型（1c）	模型（1d）	模型（1e）
Intercept		5.029***	5.270***	5.438***	5.030***	5.532***
		(16.30)	(17.49)	(18.50)	(16.30)	(19.03)
Score	+	0.302***	0.311***	0.293***	0.300***	0.301***
		(7.49)	(8.04)	(7.30)	(7.42)	(7.70)
*Top*14	+		0.184***			0.158***
			(8.62)			(7.02)
Expert	+			0.248***		0.178***
				(5.76)		(3.99)
Switch	−				−0.046	−0.063**
					(−1.49)	(−2.10)

续表

变量	预期符号	模型（1a）	模型（1b）	模型（1c）	模型（1d）	模型（1e）
ST	?	0.200***	0.195***	0.184***	0.204***	0.191***
		(4.77)	(4.67)	(4.48)	(4.85)	(4.60)
Asset	+	0.377***	0.362***	0.355***	0.377***	0.348***
		(26.28)	(25.83)	(25.92)	(26.27)	(25.77)
LEV	+	0.132***	0.135***	0.122***	0.134***	0.129***
		(3.40)	(3.54)	(3.21)	(3.41)	(3.38)
REC	+	0.287	0.231	0.264	0.286	0.221
		(1.56)	(1.26)	(1.48)	(1.56)	(1.23)
INV	+	-0.308***	-0.310***	-0.283***	-0.308***	-0.292***
		(-3.58)	(-3.65)	(-3.38)	(-3.58)	(-3.49)
ROA	?	0.264	0.183	0.286	0.260	0.205
		(1.41)	(1.01)	(1.53)	(1.38)	(1.13)
Loss	?	0.110***	0.089**	0.103***	0.109***	0.087**
		(3.00)	(2.49)	(2.84)	(2.98)	(2.43)
Turnover	?	0.060**	0.052*	0.055*	0.061**	0.051*
		(2.09)	(1.84)	(1.93)	(2.13)	(1.81)
Year fixed effect		Controlled	Controlled	Controlled	Controlled	Controlled
Industy fixed effect		Controlled	Controlled	Controlled	Controlled	Controlled
N		3092	3092	3092	3092	3092
F		37.336***	38.297***	39.161***	36.338***	38.122***
Adj. R^2		0.555	0.573	0.567	0.555	0.579

注：*，**，***分别代表在10%、5%和1%的水平上显著（双尾）。

从模型（1a）至模型（1e）解释变量的回归系数来看，无论是不放入三个常规审计师特征变量，还是依次单独放入三个变量中的一个，还是一次性放入三个变量，*Score* 的回归结果均没有大的变化，回归系数均在1%的水平上显著为正，且其数值在0.3左右。

这为本章的假设1提供了支持性的证据，即事务所的内部治理水平越高，其审计收费也越高。值得注意的是，*Score* 的回归系数不仅具有统计上的显著性，而且具有经济上的重要性。完整模型（1e）中 *Score* 的回归系数为0.301，意味着 *Score* 每增加0.1，审计费用将上升约3%（$e^{0.301*0.1}-1$）。*Score* 的回归系数的绝对值不仅高于三个常规审计师特征变量，而且高于除 γ_6（*Asset* 的回归系数）之外其他所有的控制变量回归系数的绝对值。这意味着 *Score* 是以往研究中被忽视的、极为重要的审计费用影响因素。

根据完整模型（1e）的回归结果，*Top*14，*Expert* 和 *Switch* 的回归系数均具有统计显著性且符号均与预期相符，它意味着：年度排名前14位的大型会计师事务所，相对于非14大事务所，其平均审计费用溢价幅度约为17%（$e^{0.158}-1$）；如果事务所为行业专家，相对于非行业专家，其平均审计费用溢价幅度约为19%（$e^{0.178}-1$）；如果上市公司发生事务所变更，相对于未发生变更的上市公司，其支付的审计费用将会下降约6.5%（$e^{-0.063}-1$）。

模型（1e）客户特征变量的回归结果显示，除 *REC* 和 *ROA* 之外，其他变量的回归系数均具有统计显著性。*Asset* 和 *LEV* 的回归系数为正，与预期相符。*INV* 的回归系数显著为负，与预期不符，这可能是因为 *INV* 较高的上市公司，具有较高流动比率，其财务风险相对较低。*ST* 和 *Loss* 的回归系数显著为正，支持审计师对ST公司和亏损公司收取风险溢价的假说。*Turnover* 的回归系数也显著为正，但统计显著性相对较弱（10%水平上显著），支持资产管理水平较高的公司，其支付能力较强，导致审计费用相对较高的假说。

（五）稳健性检验

为了检验本章结论对于会计师事务所内部治理水平不同计量方法的稳健性，我们将模型（1）中的 *Score* 替换为 *Score*1 和 *Score*2。

*Score*1 与 *Score* 的主要区别在于前者基于特征值大于 1 的 12 项公共因子，而后者基于解释力最强的 9 项公共因子。*Score*2 的计量方法与 *Score*1 和 *Score*2 存在较大区别，它是采用 Prawitt 等（2009）的方法计算得来的。根据表 6—5 提供的信息，三个指标相互之间的相关系数均高于 0.9，说明它们在计量事务所内部治理水平上具有高度一致性。以 *Score*1 和 *Score*2 为解释变量的回归结果提供了假设 1 成立的进一步证据。其中，*Score*1 的回归系数为 0.302（t = 6.78，p = 0.000），*Score*2 的回归系数为 0.009（t = 7.22，p = 0.000）[①]。在以 *Score*1 和 *Score*2 为解释变量的回归模型中，各个控制变量的回归结果也与以 *Score* 为解释变量的模型回归结果高度一致。以上分析表明本章的研究结论相对于内部治理水平的不同计量指标具有稳健性。

在回归模型中，笔者已经控制了异方差、自相关等可能存在的问题对于回归结果稳健性的影响。同时，通过将所有的连续变量进行上下 1% 的 winsorize 处理，笔者在一定程度上控制了异常值对于回归结果的影响。为了进一步保证本章的结果不是由异常值驱动的，笔者从最终样本中剔除了 Studentized 残值绝对值大于或等于 2 的 156 个观察值，得到一个包括 2936 个观察值在内的新样本。在该新样本之上执行审计费用多元回归，本章前面得到的研究结论没有变化。这进一步说明本章的研究结论不是由异常值驱动的。

---

① *Score*2 的回归系数较小是因为其取值较大，其均值为 28.89，而 *Score* 和 *Score*1 的均值分别只有 0.07 和 0.05。

三 内部治理对事务所经营绩效的影响

（一）理论分析与研究假设

会计师事务所具有知识密集、不依赖物质资本、劳动力高度专业化的特征，因此是最典型的专业服务企业（Professional Service Firm）之一（Von Nordenflycht，2010）。对于会计师事务所绩效影响因素的研究，不仅对于会计师事务所有着直接的应用价值，而且有助于深化专业服务企业的研究，并为知识经济之中传统企业向“新型企业”（Rajan and Zingales，2000）转型提供借鉴。然而，受制于数据可得性等原因，目前关于事务所绩效影响因素的国内外学术文献并不丰富。在国外，Greenwood et al.（2005）探讨了声誉、多元化战略、人力杠杆（leverage ratio）对于会计师事务所绩效的影响，是与本节主题相关的少数文献中最有代表性的一篇。在中国，尤其是台湾地区，有关会计师事务所绩效影响因素的文献相对较多。在中国大陆，学者们主要关注合并（王琰，2011）、人力资本（柳木华等，2011）等因素对事务所经营绩效的影响，或运用数据包络分析（DEA）（许汉友等，2008；邱吉福等，2012；卢太平、张东旭，2014）分析、评价会计师事务所经营效率及其影响因素。在中国台湾地区，既有从内部视角探讨会计师事务所资源、战略等因素对会计师事务所经营绩效影响的研究（陈燕锡、陈琼燕，2014；郭弘卿等，2011；陈燕锡等，2011；陈燕锡、李家琪，2006），也有从外部视角探讨市场结构和竞争对于会计师事务所经营绩效的研究（林昭伶，2013）。然而，内部治理安排对于会计师事务所绩效的影响，目前还缺乏系统、深入的实证研究。

已有大量研究表明，良好的公司治理有助于提升公司绩效。在这一领域，不仅有大量的研究关注特定的公司治理安排（例如董事会规模与特征、高管薪酬安排等）对于公司绩效的影响，也有不少研究通过构造公司治理指数来探讨公司治理整体水平对于公司绩效的影响（Gompers et al.，2003）。代理理论（agency theory）是解释公司治理与公司绩效相关性的主流理论，即良好的公司治理，有助于降低代理成本，提升公司价值与绩效。会计师事务所作为一类特殊的企业，将代理理论运用于解释事务所内部治理与事务所绩效的相关性显然是适用的。良好的事务所内部治理，有助于实现合伙人、员工和其他利益相关者的激励相容，减少由于利益冲突而造成的代理成本，同时促进合伙人和员工更加积极地创造收入、控制经营成本，从而提高事务所的绩效。

由于会计师事务所是一类保护公共利益的私人企业（Brown，2007），其绩效评价具有复杂性。现代企业绩效评价强调应综合评价经济效益、社会效益和生态效益。对于会计师事务所而言，则需要同时兼顾经济效益和社会效益的评价。事务所的经济效益主要体现在经营绩效的好坏，而社会效益则主要体现在审计质量的高低和对于投资者权益的保护力度。本书第五章已经提供了会计师事务所内部治理水平上升能够促进审计质量提高的实证证据，本章将主要关注会计师事务所内部治理水平对于事务所经营绩效的影响。本章第二部分论证了内部治理水平越高的事务所，越能够提高审计收费，获取溢价审计收入，这为高水平的内部治理能够提升事务所的经营绩效提供了间接证据。除此之外，由于内部治理完善的事务所，能够提升事务所品牌和声誉的价值，这使得事务所不仅能够提高单项审计业务的收费水平，还能够吸引更多的客户，进而提高事务所的审计业务收入总额。业务规模的扩大，将不仅能够带来更多的业务收入，还有助于形成“规模经济”（economy of scale）优势，降低服务成本，并有助于行业专长的培育与形成。不仅如此，治理完善的事务所更能够扩展其业务范围，进入管理咨询、税务服务和其他非审计服务领域，这些业务领域通常比标准化程度更高、竞争更激烈的传统审计服务领域有更高的利润空间。良好的治理结构能够为会计师事务所实施上述多元化战略“保驾护航”，使事务所形成“范围经济”（economy of scope）。诚然，改进内部治理，需要事务所在制度建设、信息系统建设、专业人才引进与培训方面投入更多的时间和金钱，从而在短期内造成运营成本的上升，但这些成本经常是一种报酬率很高的“投资”而不是“费用”，它将提升而不是降低事务所整体的经营绩效。基于上述分析，笔者提出本章的第二项假设：

H2：治理水平越高的会计师事务所，其经营绩效越好。

（二）模型设计与变量定义

借鉴 Hitt et al.（2001）、Greenwood et al.（2005）等人的研究成果，我们构造了如下事务所经营绩效模型：

$$Performance = \delta_0 + \delta_1 Score + \delta_2 Leverage + \delta_3 Office\_num + \delta_4 Office\_cpa + \delta_5 Nonaudit + \delta_6 Sanction + \delta_7 Merger + \mu_i \sum Year_i \quad (2)$$

模型（2）中的被解释变量为 *Performance*，即事务所经营绩效。会计师事务所不像上市公司有丰富的财务数据可供利用，可供选择的经营绩效衡量指标较少。Hitt et al.（2001）利用净收益（net income）占事务所总收入之比来衡量律师事务所的经营绩效。Greenwood et al.（2005）则采用专业人员人均收入（revenues per professional）作为会计师事务所经营绩效的衡量指标。在中国台湾地区，学者们一般采用 Chen et al.（2008）的做法，将事务所净利作为其经营绩效的衡量指标（例如，陈燕锡等，2011；郭弘卿等，2011）[①]。应该说，事务所人均净利润是一个较好的衡量指标，但在我国公开披露的会计师事务所数据中，并不包括事务所的成本费用数据。退而求其次，笔者选择事务所注册会计师人均业务收入作为事务所经营绩效的替代指标，该指标与 Greenwood et al.（2005）的绩效指标接近。为了验证回归结论相对于不同绩效指标的稳健性，本章还计算了另外两个替代指标，即合伙人人均业务收入（*Performance*1）和全员人均业务收入（*Performance*2）。由于上述指标金额均较大，本章对其进行了取自然对数处理。

模型（2）中的解释变量为 *Score*，*Score*1 和 *Score*2，其界定方法与表6—1中的同名变量相同。笔者预期解释变量回归系数的符号为正。模型（2）中的控制变量主要包括：第一，事务所的人力杠杆（*Leverage*），即事务所员工总数与合伙人人数之比。该指标反映了事务所的人力资本结构及其利用程度。一般认为，该比值越高，事务所合伙人丰富的人力资本将得到更好的利用，而事务所的绩效将会越好（Hitt et al.，2001）。笔者预期 *Leverage* 回归系数的符号为正。第二，反映事务所经营和地理分散程度两个指标 *Office_ num* 和 *Office_ cpa*。*Office_ num* 是事务所某一年度的分所数目，而 *Office_ cpa* 是事务所某一年度分所注册会计师人数占事务所注册会计师总数的比例。*Office_ num* 越大，表明事务所规模越大，经营和地理上的分散程度越高，而 *Office_ cpa* 越大，则分所的实力越强，事务所捕捉地区市场业务机会、满足客户需求的能力越强。然而，经营和地理上的分散性也会带来不容忽视的弊端，例如，会分散事务所的资源，增加协调成本和控制成本。为

① 具体计算公式为：经营绩效 = 全年各项收入 - 全年各项支出 + 执业会计师全年薪资。之所以要加回会计师全年薪资，是因为各项支出中已包括该项，而且不同事务所是否披露会计师薪资和支付的薪酬标准各不相同（陈燕锡等，2011）。

此，事先难以预测 *Office_ num* 和 *Office_ cpa* 回归系数的符号。第三，事务所经营多元化程度的指标 *Nonaudit*，即事务所当年非审计收入占业务收入总额的比重。该指标越大，说明事务所经营的多元化程度越高，由于管理咨询等非审计业务具有比审计业务更高的利润空间，业务的多元化一般认为会提高事务所的经营绩效（陈燕锡、陈琼燕，2014；陈燕锡、李家琪，2006）。笔者预期 *Nonaudit* 回归系数的符号为正。第四，事务所当年受到行政处罚被扣的分值（*Sanction*），该指标取值越大，说明事务所的质量控制系统存在的问题越多，事务所被惩戒而遭受的声誉损失也越大。笔者预期 *Sanction* 的回归系数为负。第五，事务所合并（*Merger*）。合并既有可能扩大事务所规模，提高其经营绩效，也有可能导致内部整合难题，降低事务所经营绩效。笔者对 *Merger* 回归系数的符号不做事前的预计。除上述变量之外，笔者还在模型（2）中控制了年度固定效应的影响。表 6—7 对事务所经营绩效模型中的变量进行了定义。

表 6—7　　　　　　　　事务所经营绩效模型变量定义表

序号	变量代码	变量性质	预期符号	变量说明
1	*Performance*	DV	N/A	事务所注册会计师人均业务收入取自然对数
2	*Performance1*	DV	N/A	事务所合伙人人均业务收入取自然对数
3	*Performance2*	DV	N/A	事务所全员人均业务收入取自然对数
4	*Score*	IV	+	会计师事务所内部治理水平综合指标，利用因子分析得出（纳入方差贡献率排序前 9 位的公共因子）

续表

序号	变量代码	变量性质	预期符号	变量说明
5	*Score1*	IV	+	会计师事务所内部治理水平综合指标，利用因子分析得出（纳入特征值大于 1 的全部 12 项公共因子）
6	*Score2*	IV	+	会计师事务所内部治理水平综合指标，借鉴 Prawitt 等（2009）的做法进行处理后得出
7	*Leverage*	CV	+	事务所员工总数与合伙人人数之比
8	*Office_ num*	CV	?	事务所当年分所数目
9	*Office_ cpa*	CV	?	事务所分所 CPA 人数占事务所 CPA 人数的比重
10	*Nonaudit*	CV	+	事务所非审计业务收入占业务收入总额的比重
11	*Sanction*	CV	-	事务所当年由于行政处罚而被扣的分值
12	*Merger*	CV	?	事务所合并虚拟变量，当年发生合并取 1，否则取 0。

注：DV、IV、CV 依次代表被解释变量、解释变量和控制变量。

（三）样本选择与数据来源

本部分的样本为 2007 年至 2010 年我国拥有证券、期货业务从业资格的会计师事务所（简称证券资格所）。选择这些事务所作为样本是因为可以获得相关的公开数据。笔者获得了 2007—2010 年证券资格所的 233 个观察值，删去无事务所内部治理水平数据的观察值共 29 个，删去无其他变量数据的观察值 7 个，最终得到观察值 197 个。其中，2007 年至 2010 年各年的样本数分别为 53 家、52 家、46 家和 46 家。

本部分被解释变量和控制变量的数据主要来自中国注册会计师

协会2007—2010年百强事务所综合排名数据，以及财政部、证监会公布的2007—2010年证券资格会计师事务所报备数据。其中，事务所的年度业务收入数据主要来自中国注册会计师综合排名，其他数据则主要来自证券资格所的报备数据。笔者对有关的数据进行了仔细的交叉核对，保证了数据的可靠性。本部分解释变量的数据来自于基于问卷调查的自建数据库。

（四）描述性统计

表6—8提供了模型（2）中变量的描述性统计数据。被解释变量*Performance*，*Performance*1和*Performance*2的均值分别为13.41，15.83和12.56，即样本事务所每年的注册会计师人均业务收入、合伙人人均业务收入和全员人均业务收入平均约为66.66万元、749.69万元和28.49万元。解释变量*Score*，*Score*1和*Score*2的均值分别为0.05，0.04和27.76，显示样本中事务所的内部治理水平相对较高。这是因为样本中事务所均为证券资格所，而证券资格所内部治理水平显著高于非证券资格所。

控制变量的描述性统计数据表明，样本事务所的合伙人人力杠杆平均约为38.56，即约39人中有1名合伙人。这一数据明显高于国际上的平均水平[①]。样本事务所平均约有6.39个分所，最多有29个分所；分所CPA占全部CPA的比例平均约为45%，显示出我国特有的总分所管理模式，即总所不仅负责管理分所，而且自身也拥有事务所的大部分资源，承揽大部分业务。样本事务所非审计业务收入占业务总收入的比重约为23%，显示出我国的会计师事务所仍然依赖审计业务作为其主要的收入来源。样本事务所因为受到行政

---

① 例如，根据普华永道、德勤和毕马威2013年度全球年报，其合伙人人力杠杆分别为19，20和18（安永未披露合伙人人数）。

处罚平均被扣 2.15 分[①]，在 2007—2010 年约有 10% 发生过合并行为。

表 6—8　　　　　　事务所绩效模型描述性统计数据

序号	变量	观测数	均值	标准差	最小值	最大值
1	*Performance*	197	13.41	0.63	12.37	15.55
2	*Performance1*	197	15.83	1.01	13.85	18.78
3	*Performance2*	197	12.56	0.37	11.74	13.45
4	*Score*	197	0.05	0.33	-0.75	0.82
5	*Score1*	197	0.04	0.29	-0.59	0.78
6	*Score2*	197	27.76	10.58	4	45
7	*Leverage*	197	38.56	41.63	3.27	314.50
8	*Office_ num*	197	6.39	5.35	0	29
9	*Office_ cpa*	197	0.45	0.24	0	0.89
10	*Nonaudit*	197	0.23	0.19	0	0.74
11	*Sanction*	197	2.15	4.10	0	20.02
12	*Merger*	197	0.10	0.30	0	1

注：表中所有连续变量均经过上下 1% 的 winsorize 处理。

（五）相关性分析

表 6—9 提供了模型（2）中变量的相关系数表。被解释变量 *Performance*，*Performance1*，*Performance2* 相互之间存在显著的正相关关系（1% 显著性水平），特别是 *Performance* 和 *Performance1*，*Performance* 和 *Performance2* 之间的 Pearson 和 Spearman 相关系数均在 0.5 以上，表明三个被解释变量在衡量事务所经营绩效方面具有一致性。*Performance* 与解释变量 *Score* 之间的相关系数显著为正（1% 显著性水平），表明事务所内部治理水平越高，其经营绩效越

① 样本中大约有 31.47% 的事务所受到过行政处罚。

好。这为假设 2 的成立提供了初步的支持性证据。当事务所经营绩效改用 *Performance*1，*Performance*2 来衡量时，或者当事务所内部治理水平用 *Score*1 和 *Score*2 来衡量时，上述结论不受影响。

除了 *Office_ num* 之外，*Performance* 与其他控制变量均存在显著的相关关系。*Performance* 与 *Leverage* 高度正相关，符合预期，表明合伙人人力杠杆的确是事务所经营绩效的关键影响因素。*Performance* 与 *Nonaudit*、*Sanction* 之间相关系数的符号符合预期，但仅在 10% 的水平上显著，支持提供非审计服务有助于提升事务所经营绩效，遭受行政处罚将降低经营绩效的假设。*Performance* 与 *Office_ cpa*、*Merger* 之间的相关系数显著为正（但显著性水平仅为 10%），支持分所实力越强，事务所经营绩效越好的假说以及合并有助于提升事务所短期经营绩效的假说。

Score，*Score*1 和 *Score*2 相互之间的相关系数均高达 90% 以上，表明它们在衡量会计事务所内部治理上是高度一致的。*Score* 与 *Office_ num*，*Office_ cpa* 之间的相关系数均显著为负，似乎表明事务所分所数目越多，分所实力越强，事务所内部治理水平越低，这可能与分所数目增多、规模变大导致总所协调、控制难度加大有关。*Leverage* 与 *Office_ num*，*Office_ cpa* 之间显著正相关，其 Pearson 相关系数均超过 20%，而其 Spearman 相关系数均超过 40%。这说明，当分所数目增多、规模扩大时，合伙人监督、指导的员工数目将增加。*Office_ num* 和 *Office_ cpa* 之间显著正相关，且相关系数高于 60%，其原因在于分所数目越多，分所拥有的 CPA 也越多，事务所的人力资源分布越分散。除了上述几组相关系数，解释变量与控制变量之间，以及控制变量相互之间的相关系数要么不显著，要么统计显著性较弱，要么相关系数绝对值较小。

由于模型（2）解释变量、控制变量之间有一些存在较强的相

表 6—9　　事务所经营绩效模型相关系数表

变量		(1)	(2)	(3)	(4)	(5)	(6)	(7)	(8)	(9)	(10)	(11)	(12)
Performance	(1)	1	0.566***	0.789***	0.172**	0.154**	0.186***	0.326***	0.037	0.050	0.183**	-0.151**	0.198***
Performance1	(2)	0.663***	1	0.463***	0.105	0.157**	0.157**	0.930***	0.526***	0.427***	0.187***	0.030	-0.059
Performance2	(3)	0.772***	0.487***	1	0.197***	0.162**	0.198***	0.139*	-0.037	0.058	0.183**	-0.139*	0.181**
Score	(4)	0.306***	0.169**	0.213***	1	0.945***	0.959***	0.065	-0.223***	-0.240***	-0.017	-0.138*	0.003
Score1	(5)	0.307***	0.225***	0.190***	0.965***	1	0.948***	0.139*	-0.136*	-0.157**	0.030	-0.158**	-0.056
Score2	(6)	0.285***	0.183**	0.192***	0.950***	0.939***	1	0.124*	-0.117	-0.150**	0.008	-0.136*	-0.007
Leverage	(7)	0.555***	0.789***	0.243***	0.218***	0.267***	0.206***	1	0.597***	0.461***	0.138*	0.086	-0.136*
Office_ num	(8)	0.006	0.417***	-0.055	-0.205***	-0.162**	-0.120*	0.275***	1	0.747***	0.023	0.127*	-0.068
Office_ cpa	(9)	0.126*	0.433***	0.054	-0.220***	-0.154**	-0.155**	0.342***	0.672***	1	0.058	0.134*	-0.040
Nonaudit	(10)	0.133*	0.173**	0.164**	-0.046	0.002	-0.015	0.092	-0.027	0.029	1	-0.023	0.112
Sanction	(11)	-0.132*	0.036	-0.109	-0.077	-0.094	-0.050	-0.002	0.194***	0.097	-0.083	1	0.020
Merger	(12)	0.119*	-0.052	0.176**	-0.003	-0.048	-0.002	-0.105	-0.069	-0.056	0.101	0.081	1

注：左下角为 Pearson 相关系数矩阵，右上角为 Spearman 相关系数矩阵。*，**，*** 分别代表在 10%、5% 和 1% 的水平上显著（双尾）。

关关系，可能会导致多元回归存在多重共线性问题。为此，笔者考察了模型（2）右侧变量之间的方差膨胀因子（VIF）。其中最大值为2.20（*Office_ num*），最小值为1.06（Merger），平均值仅为1.52，远低于通常认为表明存在严重共线性问题的VIF临界值。为此，笔者认为本章的多元回归不存在严重的多重共线性问题。

（六）多元回归分析

表6—10报告了以*Performance*为被解释变量，*Score*为解释变量的多元回归结果。为了控制可能存在的异常值对回归结果的影响，模型中所有的连续变量均作了上下1%的winsorize处理。笔者在回归过程中采用稳健标准误（robust standard errors），以解决可能存在的异方差和残差非正态分布等问题。F值和调整R^2值显示模型具有较好的解释力。

表6—10　　　　事务所经营绩效模型多元回归结果

变量	预期符号	回归系数	T值
Intercept	?	12.943	152.12 ***
Score	+	0.323	2.18 **
Leverage	+	0.008	9.38 ***
Office_ num	?	-0.021	-2.68 ***
Office_ cpa	?	0.264	1.22
Nonaudit	+	0.223	1.14
Sanction	-	-0.013	-2.02 **
Merger	?	0.397	3.16 ***
Year Fixed Effect		Controlled	
N		197	
F		15.297 ***	
Adj. R^2		0.387	

注：*，**，***分别代表在10%、5%和1%的水平上显著（双尾）。

Score 的回归系数为 0.323，在 5% 的水平上显著大于零，表明内部治理水平越高的会计师事务所，其以注册会计师人均业务收入衡量的经营业绩越好，假设 2 得到证明。值得注意的是，*Score* 的回归系数不仅具有统计显著性，还具有经济重要性。在各个控制变量中，仅有 *Merger* 回归系数大于 *Score* 的回归系数。它意味着 *Score* 的取值每增加 0.1，事务所注册会计师人均业务收入将上升 3.28%（$e^{0.323*0.1}-1$）。

Leverage 的回归系数在 1% 的水平上显著为正，符合预期，但其经济重要性不突出，对事务所经营业绩的影响较小。*Office_ num* 的回归系数在 1% 的水平上显著为负，表明分所数目的增加会导致事务所经营绩效的显著下降。这可能是因为分所数目增加带来了协调和监督难度的提高，出现“规模不经济”的原因。*Sanction* 回归系数在 5% 水平上显著为负，与预期相符，支持行政处罚导致事务所声誉受损、绩效下降的假说。*Merger* 的回归系数在 1% 的水平上显著为正，支持合并有利于提升事务所短期经营绩效的假说。值得注意的是，在所有的回归变量中，*Merger* 回归系数的绝对值是最大的，意味着合并对事务所短期绩效有着突出的影响。

（七）稳健性检验

为检验回归结果相对于事务所经营绩效不同衡量指标的稳健性，笔者以 *Performance*1 和 *Performance*2 作为被解释变量，重新执行了回归，相关结果报告于表 6—11 的 Panel A。为检验回归结果相对于内部治理水平不同计算方法的稳健性，笔者以 *Score*1 和 *Score*2 为解释变量，重新执行了以 *Score* 为解释变量的所有回归，相关结果报告于表 6—11 的 Panel B。简化起见，笔者未在表格中报告控制变量的回归结果。

表 6—11　　　　　　　　稳健性检验结果

Panel A 事务所经营绩效的不同衡量方法

变量	*Performance*1	*Performance*2
Score	0.251*	0.148*
	(1.83)	(1.74)
N	197	197
F	29.042***	7.381***
Adj. R^2	0.678	0.219

Panel B 内部治理指标的不同计量方法

变量	*Performance*	*Performance*1	*Performance*2	*Performance*	*Performance*1	*Performance*2
*Score*1	0.315*	0.305*	0.125			
	(1.89)	(1.96)	(1.36)			
*Score*2				0.010**	0.008*	0.004*
				(2.57)	(1.94)	(1.82)
N	197	197	197	197	197	197
F	15.267***	28.862***	7.204***	14.746***	28.256***	7.372***
Adj. R^2	0.380	0.679	0.212	0.386	0.678	0.218

注：*，**，*** 分别代表在 10%、5% 和 1% 的水平上显著（双尾）；简化起见，未报告控制变量的回归结果。

从 Panel A 来看，当解释变量为 *Score*，而被解释变量为 *Performance*1 和 *Performance*2 时，*Score* 的回归系数均显著为正，支持假设 2，只不过其统计显著性稍弱（10% 显著性水平）。从 Panel B 来看，当解释变量为 *Score*1 和 *Score*2 时，除了当被解释变量为 *Performance*2 时 *Score*1 的回归系数不再显著之外，*Score*1 和 *Score*2 的回归系数均显著为正，支持假设 2。未列表报告的控制变量回归结果，也与主测试中的结果基本一致。因此，本章的回归结果相对于事务所经营绩效和内部治理水平的不同计量方法具有稳健性。

四　结论与讨论

本章对会计师事务所内部治理水平对上市公司审计收费和事务所经营绩效的影响进行了实证检验。研究发现，在控制了通常认为会影响审计收费的审计师特征变量和公司特征变量之后，会计师事务所内部治理水平对审计收费仍然有着显著的正向影响，这一影响不仅具有统计显著性，也具有经济重要性。这一研究结论表明会计师事务所内部治理水平的提高，有助于提高客户感知的审计质量，以及事务所相对于客户的议价能力。内部治理完善的事务所可以收取审计费用溢价。本章同时还发现，会计师事务所内部治理水平越高，其以注册会计师人均业务收入衡量的经营绩效也越好，该结论相对于事务所经营绩效的不同衡量指标和事务所内部治理的不同计量方法具有稳健性。

本章的研究结论具有重要的价值。其一，它论证了会计师事务所的内部治理水平具有积极的经济后果，能够提高审计收费，改进事务所的经营绩效。这说明会计师事务所要获得良好的经济效益，除了要拥有优质的资源、制定合理的发展战略之外，还必须致力于完善其治理结构，减少内部的利益冲突，降低代理成本。其二，它显示出事务所内部治理的确是审计收费和经营绩效的重要影响因素，这一因素在过去的相关学术研究中是没有得到应有重视的，属于被遗漏的重要相关变量。

当然，本章的研究也具有其局限性。第一，本章所构建的内部治理水平衡量指标还不够完善，它可能遗漏了内部治理的某些重要因素，其有效性还有待于进一步检验。第二，本章构建事务所内部治理水平指标所使用的问卷调查数据是2010年收集的，它可能比较准确地反映了2010年样本事务所的内部治理水平，但为了保证实证研究所需的足够样本量，笔者将其向前扩展了3个年度，即假定会计师事务所内部治理水平在2007年至2010年没有发生变化。显然，这会降低内部治理水平在计量上的准确性。第三，无论是在审计费用模型中，还是在事务所经营绩效模型中，可能都存在一定的遗漏相关变量问题。例如，影响事务所经营绩效的因素，既包括内部因素，也包括外部因素（林昭伶，2013），但由于数据可得性等因素限制，本章没有考虑市场竞争程度和事务所市场势力等因素对于经营绩效的影响。

结论、讨论与政策建议

会计师事务所内部治理是一个极具理论意义和应用价值的研究课题。对于这个研究课题，学术界已形成了大量的研究成果，但相关研究成果较为零散，不够系统和全面，尤其缺乏对于会计师事务所内部治理基本理论的研究以及对于事务所内部治理水平影响因素和经济后果的大样本实证研究。本书在一定程度上填补了现有研究的空白，得出了若干重要的研究结论。具体而言：

第一，本书构建了会计师事务所内部治理的基本理论框架。在深入分析会计师事务所性质、特征与起源的基础上，在代理理论、产权理论、利益相关者理论和知识理论等基础理论的指导下，专著构建了一个包括剩余控制权安排、剩余索取权安排在内的事务所内部治理基本理论框架。从代理理论的角度来看，会计师事务所内部治理重在解决合伙人之间、合伙人与员工之间的利益冲突；从产权理论的角度来看，事务所内部治理重在解决人力资本产权的保护；从利益相关者理论的角度来看，事务所内部治理重在保护利益相关者的权益并提供利益相关者参与内部治理的有效途径；从知识理论的角度来看，事务所内部治理重在促进专门知识、默会知识的生成与分享。会计师事务所的剩余控制权安排主要包括合伙人的进入与退出、治理机构设置及其议事规则和以质量控制为核心的监督机制，其剩余索取权安排则主要包括业绩评价、晋升与薪酬制度，需要解决剩余收益在合伙人之间以及合伙人与员工之间的最优分配。虽然会计师事务所不存在通常意义上所有权和控制权的分离，但其剩余控制权和剩余索取权并不能够自动实现最优的对应。

第二，本书对中国会计师事务所内部治理变革的制度背景、演进历程进行了全面、系统的梳理，对“四大”中国合作所和本土事务所内部治理结构的现状和问题进行了深入的分析。中国会计师事务所内部治理变革是在经济转型、政府职能转换、国际交流和注册会计师职业化的大背景下发生的，经历了“脱钩改制”、法律组织形式变更、合并浪潮和内部治理规范化运动引发的历次内部治理大变革。“四大”中国合作所内部治理具有突出的优势，但也存在中外合伙人控制权分配不均衡、治理结构不透明以及业绩考核和员工激励机制不完善等问题。本土事务所内部治理上存在的问题更多，这些问题的产生既有外部治理机制不完善的原因，也有事务所在政府行政力量推动下仓促扩大规模、内部治理建设滞后的原因。有限责任公司制、普通合伙制、特殊普通合伙制的本土事务所在内部治理方面既面临诸多共性问题，也面临由于法律组织形式不同而导致的一些特殊问题。

第三，本书对我国会计师事务所内部治理水平进行了定量分析与评价。利用问卷调查数据和因子分析方法，笔者提取了决定我国会计师事务所内部治理水平差异的 9 大公共因子，这些因子合计具有 63.83% 的方差贡献率，是我国会计师事务所内部治理评价过程中应该关注的主要方面。利用基于因子分析的综合评价指标，笔者对不同类型会计师事务所内部治理水平的差异进行了实证检验，发现证券资格事务所的内部治理水平显著高于非证券资格所，“四大”中国合作所的内部治理水平显著高于非四大和本土大所，本土大所与本土中小所的内部治理水平差异则不显著。研究结论意味着强化外部监管能够在一定程度上促进会计师事务所内部治理结构的完善；“四大”的声誉和品牌建立在更为完善的内部治理机制之上，具有提供高质量审计服务的更大动力和更高的能力；本土大所由于多是合并而成，且合并过程并未伴随有效的治理整合，在通过合并实现“做大”的同时，并未通过完善内部治理实现“做强”的目标。

第四，本书对于会计师事务所内部治理的经济后果进行了实证检验。研究发现会计师事务所内部治理水平越高，其审计的上市公司以操控性应计项目绝对值衡量的盈余管理程度越低，审计质量相对越高。然而，内部治理水平对于审计质量的促进作用，在国有企业中显著弱于非国有企业。研究还发现内部治理水平的高低对于上市公司支付的审计费用有着显著影响，即会计师事务所内部治理水平越高，上市公司支付的审计费用也相对越高。以上结论都是在控制了通常会影响审计质量、审计收费的审计师特征变量之后得到的，且内部治理综合得分作为解释变量的回归系数不仅具有统计显著性，而且具有经济重要性。笔者同时还对内部治理水平对于事务所经营绩效的影响进行了实证研究，发现事务所内部治理水平越高，以注册会计师人均业务收入衡量的事务所经营绩效也相对越高。这一结论相对于经营绩效的不同衡量指标和内部治理水平的不同计量方法具有稳健性。总之，专著提供了事务所内部治理水平的上升有助于提高资本市场审计质量、审计收费以及事务所自身经营绩效的有力证据。

本书的研究结论具有重要的理论价值和应用价值，它丰富和完善了专业服务企业的内部治理理论，并为公司治理基本理论和应用理论的完善作出了一定的贡献；它也有助于我国会计师事务所内部治理的完善，有助于政府主管部门和监管机构更好地评价事务所的内部治理水平，并为事务所内部治理的完善创造更好的外部制度环境。然而，作为一项探索性的研究，本书存在不容忽视的局限性，并没有、也不可能涵盖会计师事务所内部治理的所有研究领域。本书的研究局限性主要表现在：第一，本书提出的基本理论框架虽然具有简洁明了的优点，但同时也是较为粗略的，它在理论细节的探讨上还不够深入，理论的解释力有待进一步提高；第二，在会计师事务所内部治理水平的定量评价上由于没有现成的理论成果可资利用，本书构建的评价量表可能并不完善，这将影响到会计师事务所内部治理评价的准确性，并进而影响到会计师事务所内部治理经济后果研究结论的可靠性；第三，本书所使用的研究方法还不够丰富，主要使用了问卷调查、因子分析和大样本回归分析等实证研究方法，缺乏对于典型案例的深入分析，这制约了本书分析的深度和力度。

本书为进一步的研究奠定了良好的基础，未来值得进一步研究的领域包括：第一，丰富和完善会计师事务所内部治理基本理论的研究，包括对于事务所内部治理中重要细分领域的专项研究，例如合伙人会议、合伙人管理委员会的决策议事机制、合伙人业绩考评与晋升机制、合伙人利润分享规则等；第二，开展范围更大的调研，开发更为科学、合理、系统的事务所内部治理评价指标体系，运用多种研究方法，包括案例研究、实地访谈等，更为深入地研究不同类型事务所内部治理水平的差异及其成因；第三，更加深入地研究和探讨事务所内部治理水平的影响因素，包括事务所法律组织形式、业务类型、地域分布等；第四，更加深入地研究事务所内部治理的经济后果，包括在不同的时间范围内，利用不同的样本数据和更为多样化的变量计量方法，对会计师事务所内部治理对审计质量、审计收费、事务所绩效以及其他经济后果指标的影响，进行更为深入和透彻的研究。

本书的研究结论无论是对于政府主管部门还是对于实务界人士，均具有重要的政策内涵。对于政府主管部门，本书的政策内涵主要包括以下几个方面。首先，本书的研究结果表明，不同类型的会计师事务所，在内部治理上面临的主要问题并不相同，同时其内部治理的实际水平也存在相当大的差异，这意味着政府主管部门制定的政策和采取的行动，在方向、力度和时机的选择上应更加周全地考虑不同事务所的特殊情况，不宜“一刀切”，不应为不同的事务所规定统一的变革方向、路径和时间表，在推动会计师事务所进行特殊普通合伙转制时，尤其需要考虑这一法律组织形式及其相应的治理结构安排对于不同规模、类型事务所的适用性。其次，本书发现内部治理水平对于资本市场审计质量、审计收费和事务所经营绩效均具有显著的正向影响，这在一定程度上表明政府主管部门和行业协会近年来旨在促进会计师事务所完善其内部治理的一系列政策措施是合理的，它改变了以往过于依赖事后调查与惩戒的监管模式，有利于重大审计失败的预防和投资者利益的保护。政府应保证上述政策的连续性和一致性，在未来为会计师事务所完善其内部治理提供更好的外部制度环境。再次，本书发现四大中国所的内部治理水平显著高于非四大所，证券资格所的内部治理水平高于非证券资格所，但本土大所与本土中小所的内部治理水平并不存在显著差异。这一发现对于监管机构根据会计师事务所内部治理水平的相对高低调整监管的重点和力度具有重要启示，即监管机构可以提高对于内部治理水平相对较低的会计师事务所的监管力度以提高监管的效率和效果。同时，本土大所在内部治理上未能拉开与中小所的差距，说明近年来通过大规模合并而迅速“做大”的本土大所，并没有通过完善其内部治理而实现“做强”。政府主管部门和行业协会在通过政策措施扶持本土大所做大的同时，应高度关注事务所合并有可能带来的“规模不经济”问题，帮助或监督本土大所应对规模扩大后的内部治理挑战。另外，本书发现事务所内部治理水平对于资本市场审计质量有着显著影响，这为会计师事务所内部治理信息的强制公开披露提供了理论依据。欧盟已要求成员国强制负责公众利益实体审计的会计师事务所以透明度报告的形式披露其内部治理关键信息，其理由是此类信息有助于利益相关者评价会计师事务所提供高质量审计服务的动机和能力，因此能够帮助他们作出更明智的审计师选择决策。笔者建议我国监管机构借鉴这一做法，要求负责上市公司审计的会计师事务所发布年度报告，在其中公开披露有助于利益相关者评价审计质量的关键性内部治理信息。最后，笔者建议政府主管部门、监管者和行业协会积极开展会计师事务所内部治理评价工作。会计师事务所内部治理整体水平，与其提供的审计质量有着高度的相关性。由中注协开展的百强事务所年度排名，目前仍偏重于业务收入、注册会计师人数等指标的评价，对于会计师事务所的内部治理水平则考虑不足。建议政府部门、实务界和学术界联合开展会计师事务所内部治理评价体系的研究工作，并将其成果用于会计师事务所的综合评价与排名。

本书的研究结论对于实务界也具有重要的政策内涵。首先，本书的研究结论可以直接服务于会计师事务所内部治理的改进。例如，本书通过因子分析提取了决定我国会计师事务所内部治理水平差异的 9 大公共因子，并显示了不同类型事务所在内部治理综合水平和不同因子上的相对表现，这对于会计师事务所明确内部治理的关键环节，找到自身内部治理的薄弱环节，都是有帮助的。又如，本书的研究揭示了“四大”中国合作所和不同法律组织形式的本土会计师事务所在内部治理方面存在的主要问题，这可以帮助我国会计师事务所找准内部治理变革的方向和着力点。其次，本书的理论分析凸显了品牌和声誉资产对于会计师事务所内部治理的重要意义，它们不仅是会计师事务所经济利益的源泉，也是事务所内部治理机制有效运行的基础。“四大”之所以具有巨大的市场竞争优势，是因为其内部治理提供了合伙人和员工进行品牌和声誉资产投资的强劲动力，而极富价值的品牌和声誉资产，又成为“四大”最为有效的治理工具。因此，我国本土事务所应高度重视品牌和声誉资产的投资以及品牌和声誉资产价值的维护。再次，本书的研究结论表明内部治理的完善有助于事务所收取审计费用的溢价，并有助于事务所经营绩效的改善。这意味着，会计师事务所在内部治理方面加大投入，有助于形成能够为市场辨识和认可的品牌和声誉差异，进而为事务所带来丰厚的回报。因此，本书的研究结论可以帮助会计师事务所消除加强内部治理建设会降低经济效益的顾虑，使会计师事务所在完善其内部治理上具有更大的主动性和积极性。最后，本书设计的内部治理评价指标和调查问卷，对于实务界开展内部治理评价工作具有较高的参考价值。在本书研究成果的基础上，开发更为科学、合理、系统的事务所内部治理评价量表，并将其用于会计师事务所内部治理水平的自我评价与外部评价，能够帮助会计师事务所识别内部治理的强点和弱点，采取更有针对性的措施完善事务所的各项内部治理安排。

参考文献

1. ［美］艾瑞克·G. 菲吕博顿、［德］鲁道夫·瑞切特：《新制度经济学》，孙经纬译，上海财经大学出版社 1998 年版。

2. ［美］艾瑞克·G. 菲吕博顿、［德］鲁道夫·瑞切特：《新制度经济学：一个交易费用分析范式》，姜建强、罗长远译，上海人民出版社 2006 年版。

3. 白重恩、刘俏、陆洲、宋敏、张俊喜：《中国上市公司治理结构的实证研究》，《经济研究》2005 年第 2 期。

4. ［美］彼得·德鲁克：《社会的管理》，徐大建译，上海财经大学出版社 2003 年版。

5. ［美］彼得·德鲁克：《个人的管理》，沈国华译，上海财经大学出版社 2003 年版。

6. ［美］保罗·米尔格罗姆、［美］约翰·罗伯茨：《经济学、组织与管理》，费方域译，经济科学出版社 2004 年版。

7. 蔡宁、魏明海：《“大小非”减持中的盈余管理》，《审计研究》2009 年第 2 期。

8. 陈波：《注册会计师行业管制制度及其变迁研究》，中国社会科学出版社 2009 年版。

9. 陈波：《注册会计师行业独立型监管模式有效性研究——基于美国 PCAOB 运作情况的分析》，《审计与经济研究》2010 年第

1 期。

10. 陈波:《我国会计师事务所内部治理水平及其影响因素研究——基于问卷调查数据和因子分析方法》,《中国注册会计师》2013 年第 7 期。

11. 陈波、夏玲:《分所层次的资本市场审计实证研究——分析框架与文献述评》,《会计与经济研究》2012 年第 6 期。

12. 陈信元、夏立军:《审计任期与审计质量:来自中国证券市场的经验证据》,《会计研究》2006 年第 1 期。

13. 陈燕锡、陈琼燕:《会计师事务所与管理顾问公司联盟之经营绩效探讨》,《会计评论》2014 年第 7 期。

14. 陈燕锡、黄嫰婷、许智顺:《市场区隔下会计师事务所经营绩效决定因素探讨》,《会计学报》2011 年第 11 期。

15. 陈燕锡、李家琪:《管理顾问与会计师事务所策略联盟之绩效探讨——资源基础理论观点》,《管理与系统》2006 年第 4 期。

16. 丁平准:《中国注册会计师:世纪末的回眸(改革卷)》,东北财经大学出版社 2001 年版。

17. 龚启辉、李琦、吴联生:《政府控制对审计质量的双重影响》,《会计研究》2011 年第 8 期。

18. 郭弘卿、郑育书、林美凤:《会计师事务所人力资本与薪资对其经营绩效之影响》,《会计研究》2011 年第 9 期。

19. 郭晋龙:《会计师事务所合伙文化的理想与现实——基于 36 起合伙纠纷案例的研究》,《中国注册会计师》2005 年第 9 期。

20. [英] 罗伯特·霍奇金森:《公司治理的发展及其对会计师事务所的影响》,《中国注册会计师》2008 年第 8 期。

21. 靳丽萍:《中天勤崩塌》,《财经(双周刊)》2001 年第 50 期。

22. [美] 科斯、阿尔钦、诺斯等:《财产权利与制度变迁——产权学派与新制度学派译文集》,刘守英等译,上海三联书店、上海人民出版社 1994 年版。
23. 李灿、辛玲：《调查问卷的信度与效度的评价方法研究》，《中国卫生统计》2008 年第 5 期。
24. 李怀祖：《管理研究方法论（第 2 版）》，西安交通大学出版社 2004 年版。
25. 李维安等：《公司治理》，南开大学出版社 2001 年版。
26. 李维安，唐跃军：《公司治理评价、治理指数与公司业绩——来自 2003 年中国上市公司的证据》，《中国工业经济》2006 年第 4 期。
27. 李晓慧：《四大合作所合伙治理的框架、经验及其启示》，《中央财经大学学报》2011 年第 7 期。
28. 林昭伶：《以区域观点为基础探讨我国审计市场竞争对会计师产业绩效之影响》，《会计评论》2013 年第 1 期。
29. 刘峰、林斌：《会计师事务所脱钩与政府选择：一种解释》，《会计研究》2000 年第 2 期。
30. 刘峰、许菲：《风险导向型审计 · 法律风险 · 审计质量——兼论"五大"在我国审计市场的行为》，《会计研究》2002 年第 2 期。
31. 刘峰、张立民、雷科罗：《我国审计市场制度安排与审计质量需求——中天勤客户流向的案例分析》，《会计研究》2002 年第 12 期。
32. 刘峰、周福源：《国际四大意味着高审计质量吗——基于会计稳健性角度的检验》，《会计研究》2007 年第 3 期。
33. 刘启亮、陈汉文、姚易伟：《客户重要性与审计质量：来自中国上市公司的经验证据》，《中国会计与财务研究》2006 年第 4 期。
34. 刘启亮、唐建新：《学习效应、私人关系、审计任期与审计质量》,《审计研究》2009 年第 4 期。

35. 刘玉廷、刘光忠、王宏:《中国注册会计师行业改革与发展——解读〈关于加快发展我国注册会计师行业的若干意见〉》,人民出版社 2010 年版。

36. 柳木华、董秀琴、梁士帝、蒋鹄:《人力资本对会计师事务所经营效率的提升作用——来自中国审计市场的经验证据》,《中国注册会计师》2011 年第 11 期。

37. 南开大学公司治理评价课题组:《中国上市公司治理评价与指数分析——基于 2006 年 1249 家公司》,《管理世界》2007 年第 5 期。

38. 南开大学公司治理评价课题组:《中国上市公司治理状况评价研究——来自 2008 年 1127 家上市公司的数据》,《管理世界》2010 年第 1 期。

39. 卢太平、张东旭:《会计师事务所运营效率影响因素研究——基于 DEA-Tobit 研究框架》,《审计研究》2014 年第 1 期。

40. 邱吉福、王园、张仪华:《我国会计师事务所效率的实证研究》,《审计研究》2012 年第 2 期。

41. [美] 斯蒂芬·P. 罗宾斯等:《管理学(第 7 版)》,孙建伟等译,中国人民大学出版社 2004 年版。

42. 苏冬蔚、林大庞:《股权激励、盈余管理与公司治理》,《经济研究》2010 年第 11 期。

43. 孙娜:《我国会计师事务所合并的阶段特点分析》,《财会学习》2008 年第 1 期。

44. 谭燕:《资源控制权、控制权收益与会计师事务所合并》,《会计研究》2006 年第 6 期。

45. 万静:《有限责任合伙制会计行内应对冷热不一》,《法制日报》2007 年 10 月 28 日。

46. 王少飞、唐松、李增泉、姜蕾：《盈余管理、事务所客户资源控制权的归属与审计质量》，《审计研究》2010 年第 1 期。
47. 王琰：《合并对会计师事务所绩效的影响》，《中国注册会计师》2011 年第 11 期。
48. 王英姿、陈信元：《我国会计师事务所变更的因素分析——一项基于安永大华合并前后客户构成变化的案例分析》，《管理世界》2004 年第 12 期。
49. 巫秀美、倪宗瓒：《因子分析在问卷调查中信度效度评价的应用》，《中国慢性病预防与控制》1998 年第 1 期。
50. 吴联生、刘慧龙：《中国审计实证研究：1999—2007》，《审计研究》2008 年第 2 期。
51. 吴卫军：《走在会计发展和银行改革的前沿》，中国金融出版社 2009 年版。
52. 吴溪：《会计师事务所合并与质量控制：基于中天勤合并案例的经验分析》，《会计研究》2006 年第 10 期。
53. 吴应宇、毛俊、路云：《客户规模与审计费用溢价的研究：来自 2001—2004 年沪市的初步证据》，《会计研究》2008 年第 5 期。
54. 夏立军：《盈余管理计量模型在中国股票市场的应用研究》，《中国会计与财务研究》2003 年第 5 卷第 2 期。
55. 项怀诚：《新中国会计五十年》，中国财政经济出版社 1999 年版。
56. 谢德仁、陈武朝：《注册会计师职业服务市场的细分研究》，《会计研究》1999 年第 8 期。
57. 徐浩萍：《会计盈余管理与独立审计质量》，《会计研究》2004 年第 1 期。
58. 徐辉、高拴平：《企业人才测评与选拔的质量研究：信度与效度分析》,《内蒙古农业大学学报》(社会科学版)2007 年第 5 期。

59. 许汉友、汤谷良、汪先娣:《中国会计师事务所运营效率之 DEA 分析》,《会计研究》2008 年第 3 期。

60. 余玉苗、陈波:《资产特征、治理结构与会计师事务所组织形式》,《审计研究》2002 年第 5 期。

61. 原红旗、李海建:《会计师事务所组织形式、规模与审计质量》,《审计研究》2003 年第 1 期。

62. 张军平、郑少锋:《会计师事务所组织形式的适然探求》,《会计之友》2009 年第 8 期。

63. 张立民、刘剑萍:《中外会计师事务所内部治理制度比较与思考》,《中国注册会计师》2007 年第 2 期。

64. 张立民、唐松华:《注册会计师审计的产权功能:演化与延伸——改革开放 30 年中国会计师事务所产权演变评析》,《会计研究》2008 年第 8 期。

65. 张维迎:《所有制、治理结构及委托代理关系——兼评崔之元和周其仁的一些观点》,《经济研究》1996 年第 9 期。

66. 张维迎:《博弈论与信息经济学》,上海人民出版社 1996 年版。

67. 张维迎:《产权、激励与公司治理》,经济科学出版社 2005 年版。

68. 周其仁:《市场里的企业:一个人力资本与非人力资本的特别合约》,《经济研究》1996 年第 6 期。

69. 中国注册会计师协会期刊编辑部:《会计师事务所内部治理》,东北财经大学出版社 2006 年版。

70. 朱小平、叶友:《会计师事务所法律组织形式的企业理论观点——为什么应采取合伙制而不应采取有限公司制》,《会计研究》2003 年第 7 期。

71. 朱小平、叶友：《会计师事务所内部治理的实践表现》，《财会月刊》2003 年第 9 期。

72. 朱小平、叶友：《会计师事务所合伙制的发展趋势——从人力资本的不可分离性和专业知识的通用性谈起》，《财会通讯》2004 年第 3 期。

73. Aghion, P. and P. Bolton, "An incomplete contracts approach to financial contracting", The Review of Economic Studies, Vol. 59, No. 3, 1992.

74. Alchian, A. A. and H. Demsetz, "Production, information cost and economic organization", The American Economic Review, Vol. 62, No. 5, 1972.

75. Almer, E. D., J. L. Higgs, and K. L. Hooks, 2002, "An examination of the employment contract of public accounting firm employees: The application of agency theory to professionals", https://aaahq.org/audit/midyear/02midyear/papers/AlmerHiggsHooksWP.pdf.

76. Baker, G. P., M. C. Jensen, and K. J. Murphy, "Compensation and incentives: Practices vs. theory." The Journal of Finance, Vol. 43, No. 3, 1988.

77. Balachandran, B. and R. Ramakrishnan, "A theory of audit partnerships: Audit firm size and fees", Journal of Accounting Research, Vol. 25, No. 1, 1987.

78. Becker, C., M. L. DeFond, J. Jiambalvo and K. R. Subramanyam, "The effect of audit quality on earnings management", Contemporary Accounting Research, Vol. 15, No. 1, 1998.

79. Bedard, J. C., D. R. Deis, M. B. Curtis and J. G. Jenkins, "Risk monitoring and control in audit firms: A research synthesis", Audi-

ting: A Journal of Practice and Theory, Vol. 27, No. 1, 2008.

80. Bhamornsiri, S. and R. E. Guinn, "The road to partnership in the Big Six firms: Implications for accounting education", Issues in Accounting Education, Vol. 9, No. 24, 1991.

81. Blair, M. M, *Ownership and control: Rethinking corporate governance for the twenty-first century*, Washington: Brookings Institution Press, 1995.

82. Blair, M. M, *Employees and Corporate Governance*, Brookings Institution Press, 1999.

83. Brown, A. B, 2007, "Private firms working in the public interest: Is the financial statement audit broken", http://www.rand.org.

84. Brown, L. D. and M. L. Caylor, "Corporate governance and firm valuation", Journal of Accounting and Public Policy, Vol. 25, No. 4, 2006.

85. Burrows, G. and C. Black, "Profit sharing in Australian Big 6 accounting firms: An exploratory study", Accounting, Organizations and Society, Vol. 23, No. 5 – 6, 1998.

86. Caramanis, C. and C. Lennox, "Audit effort and earnings management", Journal of Accounting and Economics, Vol. 45, 2008.

87. Carcello, J. V., D. R. Hermanson, and H. F. Huss, "Going-concern opinions: The effects of partner compensation plans and client size", Auditing: A Journal of Practice & Theory, Vol. 19, No. 1, 2000.

88. Carcello, J. V., R. H. Hermanson and N. T. McGrath, "Audit quality attributes: The perception of audit partners, preparers, and financial statement users", Auditing: A Journal of Practice & Theory, Vol. 11, No. 1, 1992.

89. Carmichael, L, "Firm-specific human capital and promotion ladders", The Bell Journal of Economics, Vol. 14, No. 1, 1983.
90. CGAA, 2003, "Final report to the Secretary of State for Trade & Industry and the Chancellor of the Exchequer", http://www.bis.gov.uk/files/file20380.pdf.
91. Chan, K. H. and D. Wu, "Aggregate quasi rents and auditor independence: Evidence fromaudit firm mergers in China", Contemporary Accounting Research, Vol. 28, No. 1, 2011.
92. Chen, H., J. Z. Chen, G. J. Lobo and Y. Wang, "Effects of audit quality on earnings management and cost of equity capital: Evidence from China", Contemporary Accounting Research, Vol. 28, No. 2, 2011.
93. Chen, S., S. Y. J. Sun and D. Wu, "Client importance, institutional improvements, and audit quality in China: An office and individual auditor level analysis", The Accounting Review, Vol. 85, No. 1, 2010.
94. Chen, Y., B. Chang and C. Lee, "The association between continuing professional education and financial performance of public accounting firms", The International Journal of Human Resource Management, Vol. 19, No. 9, 2008.
95. Chen, Y., B. Chang and C. Lee, "Organization type, professional training, manpower and performance of audit firms", International Journal of Management, Vol. 25, No. 2, 2008.
96. Choi, J., J. Kim, X. Liu and D. A. Simunic, "Audit pricing, legal liability regimes, and Big 4 premiums: Theory and cross-country evidence", Contemporary Accounting Research, Vol. 25, No. 1, 2008.

97. Choi, J., F. Kim, J. Kim and Y. Zang, "Audit office size, audit quality, and audit pricing", Auditing: A Journal of Practice & Theory, Vol. 29, No. 1, 2010.

98. Chow, C. W., G. L. Harrison, J. L. McKinnon and A. Wu, "The organizational culture of public accounting firms: Evidence from Taiwanese local and U. S. affiliated firms", Accounting, Organizations and Society, Vol. 27, No. 4 – 5, 2002.

99. Coase, R. H, "The problem of social cost", Journal of Law and Economics, Vol. 3, No. 1 – 44, 1960.

100. Craswell, A. T. and J. R. Francis, "Pricing initial audit engagements: A test of competing theories", The Accounting Review, Vol. 74, No. 2, 1999.

101. Davis, J. S. and I. Solomon, "Experience, expertise and expert-performance research in public accounting", Journal of Accounting Literature, Vol. 8, No. 150 – 164, 1989.

102. DeAngelo, L. E, "Auditor independence, 'low balling', and disclosure regulation", Journal of Accounting and Economics, Vol. 3, No. 2, 1981a.

103. DeAngelo, L. E, "Auditor size and audit quality", Journal of Accounting and Economics, Vol. 3, No. 3, 1981b.

104. Dechow, P. M. and I. Dichev, "The quality of accruals and earnings: The role of accrual estimation errors", The Accounting Review, Vol. 77, 2002.

105. Dechow, P. M., R. G. Sloan and A. P. Sweeney, "Detecting earnings management", The Accounting Review, Vol. 70, No. 2, 1995.

106. DeFond, M. L., T. J. Wong and S. Li, "The impact of improved

auditor independence on audit market concentration in China", Journal of Accounting and Economics, Vol. 28, No. 3, 2000.

107. DeFond, M. L. and J. Zhang, 2014, "A review of archival auditing research", Available at SSRN: http://ssrn.com/abstract=2411228.

108. Demsetz, H, "Toward a theory of property rights", The American Economic Review, Vol. 57, No. 2, 1967.

109. Dirsmith, M. W. and M. A. Covaleski, "Informal communications and mentoring in public accounting firms", Accounting, Organizations and Society, Vol. 10, No. 2, 1985.

110. Dye, R. A, "Incorporation and the audit market", Journal of Accounting and Economics, Vol. 19, No. 1, 1995.

111. Eisenhardt, K. M, "Agency theory: An assessment and review", Academy of Management Review, Vol. 14, No. 1, 1989.

112. Fama, E. F. and M. C. Jensen, "Separation of ownership and control", Journal of Law and Economics, Vol. 26, No. 2, 1983a.

113. Fama, E. F. and M. C. Jensen, "Agency problems and residual claims", Journal of Law and Economics, Vol. 26, No. 2, 1983b.

114. Fan, J. P. H. and T. J. Wong, "Do external auditors perform a corporate governance role in emerging markets? Evidence from East Asia", Journal of Accounting Research, Vol. 43, No. 1, 2005.

115. Fan, J. P. H., T. J. Wong and T. Zhang, "Politically connected CEOs, corporate governance, and post-IPO performance of China's newly partially privatized firm", Journal of Financial Economics, Vol. 84, 2007.

116. Farinha, J, "Corporate governance: a survey of the literature", Review of Financial Markets, Vol. 6, No. 1-2, 2004.

117. Farrell, J. and S. Scotchmer, "Partnerships", The Quarterly Journal of Economics, Vol. 103, No. 2, 1988.

118. Ferguson, A., J. R. Francis and D. J. Stokes, "The effects of firm-wide and office-level industry expertise on audit pricing", The Accounting Review, Vol. 78, No. 2, 2003.

119. Firth, M., P. L. L. Mo, and R. M. K. Wong, "Auditors' Organizational Form, Legal Liability, and Reporting Conservatism: Evidence from China", Contemporary Accounting Research, Vol. 20, 2011.

120. Francis, J. R, "What do we know about audit quality", British Accounting Review, Vol. 36, No. 4, 2004.

121. Francis, J. R, "A framework for understanding and researching audit quality", Auditing: A Journal of Practice & Theory, Vol. 30, No. 2, 2011.

122. Freeman, R. E, *Strategic management: A stakeholder approach*, Boston: Pitman, 1984.

123. Freeman, R. E. and D. L. Reed, "Stockholders and stakeholders: A new perspective on corporate governance", California Management Review, Vol. 25, No. 3, 1983.

124. Gaynor, M. and P. Gertler, "Moral hazard and risk spreading in partnerships", The RAND Journal of Economics, Vol. 26, No. 4, 1995.

125. Gibbins, M. and A. M. Wright, "Expertise and knowledge management in public accounting professional services firms: A north American perspective", Australian Accounging Review, Vol. 9, No. 3, 1999.

126. Gibbins, M. and K. Jamal, 2001, "Expertise management by pub-

lic accounting firms", Available at SSRN: http: //ssrn. com/abstract = 259141.

127. Gifford, R. H. and H. Howe, "Regulation and unintended consequences: Thoughts on Sarbanes-Oxley", The CPA Journal, June, 2004.

128. Gillan, S. L, "Recent developments in corporate governance: An overview", Journal of Corporate Finance, Vol. 12, 2006.

129. Gilson, R. J. and R. H. Mnookin, "Sharing among the Human Capitalists: An economic inquiry into the corporate law firm and how partners split profits", Stanford Law Review, Vol. 37, No. 2, 1985.

130. Gompers, P. A., J. L. Ishii and A. Metrick, "Corporate governance and equity prices", Quarterly Journal of Economics, February, 2003.

131. Grant, R. M, "Toward a knowledge-based theory of the firm", Strategic Management Journal, Vol. 17, 1996.

132. Greenwood, R., S. X. Li, R. Prakash and D. L. Deephouse, "Reputation, diversification, and organizational explanations of performance in professional service firms", Organization Science, Vol. 16, No. 6, 2005.

133. Grossman, S. J. and O. D. Hart, "The costs and benefits of ownership: A theory of vertical and lateral integration", The Journal of Political Economy, Vol. 94, No. 4, 1986.

134. Gul, F. A., H. Sami and H. Zhou, "Auditor disaffiliation program in China and auditor independence", Auditing: A Journal of Practice & Theory, Vol. 28, No. 1, 2009.

135. Hart, O, "Corporate governance: Some theory and implications",

The Economic Journal, Vol. 105, No. 430, 1995.

136. Hart, O. and J. Moore, "Property rights and the nature of the firm", The Journal of Political Economy, Vol. 98, No. 6, 1990.

137. Hay, D. C., R. F. Baskerville and T. H. Qiu, "The association between partnership financial integration and risky audit client portfolios", Auditing: A Journal of Practice and Theory, Vol. 26, No. 2, 2007.

138. Hay, D. C., W. R. Knechel and N. Wong, "Audit fees: A meta-analysis of the effect of supply and demand attributes", Contemporary Accounting Research, Vol. 23, No. 1, 2006.

139. Hayek, F. A, "The use of knowledge in society", American Economic Review, Vol. 35, No. 4, 1945.

140. Healy, P. M. and K. G. Palepu, "The fall of Enron", Journal of Economic Perspectives, Vol. 17, No. 2, 2003.

141. Hitt, M. A., L. Bierman, K. Shimizu and R. Kochhar, "Direct and moderating effects of human capital on strategy and performance in professional service firms: A resource-based perspective", The Academy of Management Journal, Vol. 44, No. 1, 2001.

142. Holmes, S. and I. Zimmer, "The structure of profit sharing schemes in accounting partnerships", Accounting and Finance, Vol. 38, No. 1, 1998.

143. Holmstrom, B, "Moral hazard in teams", The Bell Journal of Economics, Vol. 13, No. 2, 1982.

144. Huddart, S. and P. J. Liang, "Profit sharing and monitoring in partnerships", Journal of Accounting and Economics, Vol. 40, No. 1 - 3, 2005.

145. Huddart, S. and P. J. Liang, "Accounting in partnerships", The

American Economic Review (Papers and Proceedings), Vol. 93, No. 2, 2003.

146. IOSCO, 2009, "Transparency of firms that audit public companies: Consultation report", http: //www. iasplus. com/iosco/0909transparency. pdf.

147. Ireland, J. C. and C. S. Lennox, "The large audit firm fee premium: A case of selectivity bias?", Journal of Accounting, Auditing & Finance, Vol. 17, No. 1, 2000.

148. Jenkins, J. G., D. R. Deis, J. C. Bedard and M. B. Curtis, "Accounting firm culture and governance: A research synthesis", Behavioral Research in Accounting, Vol. 20, No. 1, 2000.

149. Jensen, M. C. and W. H. Meckling, "Specific and general knowledge, and organizational structure", in L. Werin and H. Wijkander (eds.), Contract Economics, 1992.

150. Jiambalvo, J., "Performance evaluation and directed job effort: Model development and analysis in a CPA firm setting", Journal of Accounting Research, Vol. 17, No. 2, 1979.

151. Jovanovic, B., "Job matching and the theory of turnover", Journal of Political Economy, Vol. 87, No. 5, 1979.

152. Kandel, E. and E. P. Lazear, "Peer pressure and partnerships", The Journal of Political Economy, Vol. 100, No. 4, 1992.

153. Kim, J. and J. T. Mahoney, "Property rights theory, transaction costs theory, and agency theory: An organizational economics approach to strategic management", Managerial and Decision Economics, Vol. 26, 2005.

154. Kinney, W. R. Jr, "Twenty-five years of audit deregulation and re-regulation: What does it mean for 2005 and beyond", Auditing: A

Journal of Practice and Theory, Vol. 24, 2005.

155. Kochan, T. A. and S. A. Rubinstein, "Toward a stakeholder theory of the firm: The Saturn Partnership", Organization Science, Vol. 11, Nol. 4, 2000.

156. Kothari, S. P., A. J. Leone and C. E. Wasley, " Performance matched discretionary accrual measures", Journal of Accounting and Economics, Vol. 39, Vol. 1, 2005.

157. Krishnan, J., D. Rama and Y. Zhang, "Costs to comply with SOX section 404", Auditing: A Journal of Practice and Theory, Vol. 27, Nol. 1, 2008.

158. Lamoreaux, N. R, "Partnerships, corporations, and the theory of the firm", The American Economic Review (Papers and Proceedings), Vol. 88, No. 2, 1998.

159. Lane, J. and Parkin, M, "Turnover in an accounting firm", Journal of Labor Economics, Vol. 16, No. 4, 1998.

160. Lang, K. and P. Gordon, "Partnerships as insurance devices: Theory and evidence", The RAND Journal of Economics, Vol. 26, No. 4, 1995.

161. Laurence, V. L, "The economics of an audit firm: The benefits of partnership governance", British Accounting Review, Vol. 31, No. 2, 1999.

162. Legros, P. and S. A. Matthews, "Efficient and nearly-efficient partnerships", The Review of Economic Studies, Vol. 60, No. 3, 1993.

163. Lennox, C. S, "Audit quality and auditor size: An evaluation of reputation and deep pockets hypotheses", Journal of Business Finance and Accounting, Vol. 26, No. 7, 1999.

164. Lenz, K. R. and H. L. Mudrick, "Partner compensation", The CPA Journal, July, 1990.

165. Leuz, C. , A. Triantis and T. Y. Wang, "Why do firms go dark? Causes and economic consequences of voluntary SEC deregistrations", Journal of Accounting and Economics, Vol. 45, No. 2 - 3, 2008.

166. Levin, J. and S. Tadelis, "Profit sharing and the role of professional partnerships", The Quarterly Journal of Economics, Vol. 120, No. 1, 2005.

167. Liu, X. , and D. A. Simunic, "Profit sharing in an auditing oligopoly", The Accounting Review, Vol. 80, No. 2, 2005.

168. Madigan P, 2007, "SEC passes new AS5 Sox auditing rules", http: //www. opriskandcompliance. com.

169. Miller, N. H, "Efficiency in partnerships with joint monitoring", Journal of Eocnomic Theory, Vol. 77, No. 2, 1997.

170. Morris, T. and L. Empson, "Organization and expertise: An exploration of knowledge bases and the management of accounting and consulting firms", Accounting, Organization and Society, Vol. 23, No. 5 - 6, 1998.

171. Morrison, A. D. and W. J. Wilhelm, "The demise of investment banking partnerships: Theory and evidence", The Journal of Finance, Vol. 63, No. 1, 2008.

172. Morrison, A. D. and W. J. Wilhelm, "Partnership firms, reputation and human capital", The American Economic Review, Vol. 94, No. 5, 2004.

173. Morris, T. and A. Pinnington, "Patterns of profit-sharing in professional firms", British Journal of Management, Vol. 9, No. 1,

1998.

174. Niece, J. M. and G. M. Trompeter, "The demise of Arthur Andersen's one-firm concept: A case study in corporate governance". Business and Society Review, Vol. 109, No. 2, 2004.

175. OECD, 2004, "Principles of Corporate Governance", http://www.oecd.org.

176. Otley, D. and B. Pierce, "The operation of control systems in large audit firms", Auditing: A Journal of Practice & Theory, Vol. 15, No. 2, 1996.

177. Oxera Consulting Ltd, 2007, "Ownership rules of audit firms and their consequences for audit market concentration", http://ec.europa.eu.

178. Palmrose, Z. -V, "Audit fees and auditor size: Further evidence", Journal of Accounting Research, Vol. 24, No. 1, 1986.

179. Petersen, M. A, "Estimating standard errors in finance panel data sets: Comparing approaches", Review of Financial Studies, Vol. 22, No. 1, 2009.

180. Polanyi, M. *The tacit dimension*, New York: Doubleday & Company, 1966.

181. Prawitt, D. F., J. L. Smith and D. A. Wood., "Internal audit quality and earnings management", The Accounting Review, Vol. 84, No. 4, 2009.

182. Rachlin, N. S, "New thoughts on partner compensation", Journal of Accountancy, Vol. 147, No. 6, 1979.

183. Raghunandan, K. and D. V. Rama, "SOX section 404 material weakness disclosures and audit fees", Auditing: A Journal of Practice and Theory, Vol. 25, No. 1, 2006.

184. Rajan, R. G. and L. Zingales, 2000, "The governance of the new

enterprise ", NBER WorkingPaper No. 7958, http://www.nber.org/papers/w7958.

185. Sanders, C. B., M. D. Steward, and S. Bridges, " Facilitating knowledge transfer during SOX-mandated audit partner rotation", Business Horizons, Vol. 52, No. 6, 2009.

186. Sanderson, R, "E&Y to appoint non-executive directors", Financial Times, July, 2010.

187. Scandura, T. A. & Viator, R. E, "Mentoring in public accounting firms: An analysis of mentor-protégé relationships, mentorship functions, and protégé turnover intentions", Accounting, Organizations and Society, Vol. 19, No. 8, 1994.

188. Schwartz, R, " Legal regimes, audit quality and investment", The Accounting Review, Vol. 72, No. 3, 1997.

189. Shaw, W. R, "Partners' compensation", Journal of Accountancy, Vol. 122, 1966.

190. Shleifer, A, " Understanding regulation", European Financial Management, Vol. 11, No. 4, 2005.

191. Shleifer, A. and R. W. Vishny, " A survey of corporate governance", The Journal of Finance, Vol. 52, No. 2, 1997.

192. Sikka, P, " Some Questions about the governance of auditing firms", International Journal of Disclosure and Governance, Vol. 1, No. 2, 2004.

193. Simunic, D. A, "The pricing of audit services: Theory and evidence", Journal of Accounting and Research, Vol. 18, No. 1, 1980.

194. Simunic, D. A, "Discussion of twenty-five years of audit deregulation and re-regulation: What does it mean for 2005 and beyond",

Auditing: A Journal of Practice and Theory, Vol. 24, 2005.

195. Sinnett, W. M, 2007, "FEI survey on Sarbanes-Oxley section 404 implementation ", http: //folio. crowehorwath. com/files/PDF/FWC7067B3A_ FEISurvey. pdf

196. Tan, H. and R. Libby, "Tacit managerial versus technical knowledge as determinants of audit expertise in the field", Journal of Accounting Research, Vol. 35, No. 1, 1997.

197. Technical Committee of IOSCO, 2009, "Exploration of non-Professional ownership structures for audit firms", http: //www. iasplus. com/iosco/0909ownership. pdf.

198. The Economist, 2007, "Accounting for good people", http: //www. economist. com/node/9507322.

199. Trompeter, G, "The effect of partner compensation schemes and generally accepted accounting principles on auditor partner judgment", Auditing: A Journal of Practice & Theory, Vol. 13, No. 2, 1994.

200. Vera-Muñoz, S. C., J. L. Ho. and C. W. Chow, "Enhancing knowledge sharing in public accounting firms", Accounting Horizons, Vol. 20, No. 2, 2006.

201. Von Nordenflycht, A, "What is a professional service firm? Toward a theory and taxonomy of knowledge-intensive firms". Academy of Management Review, Vol. 35, No. 1, 2010.

202. Wallman, S. M. H, "The future of accounting, part Ⅲ: Reliability and auditor independence", Accounting Horizons, Vol. 10, No. 4, 1996.

203. Winograd, B. N., J. S. Gerson, and B. L. Berlin, "Audit practices of PricewaterhouseCoopers", Auditing: A Journal of Practice

& Theory, Vol. 19, No. 2, 2000.

204. Yang, L., Q. Tang, A. Kilgore, and Y. H. Jiang, "Auditor-government associations and auditor independence in China", The British Accounting Review, Vol. 33, No. 2, 2001.

205. Watts, R. L. and J. L. Zimmerman, "Agency problems, auditing, and the theory of the firm: Some evidence", Journal of Law and Economics, Vol. 26, No. 3, 1983.

206. Watts, R. L. and J. L. Zimmerman, *Positive accounting theory*, Prentice Hall, 1986.

附　录

会计师事务所内部治理调查问卷

一　事务所内部治理概况

请判断以下表述在多大程度上反映了贵所整体（含总所和分所）内部治理的实际情况，请在适当的方框上打钩（1—5 代表有关表述与贵所实情的符合程度，1 = 极不符合，5 = 极为符合）

	极不符合	不符合	有时符合，有时不符合	符合	极为符合
	1	2	3	4	5
1. 本所全体合伙人（或股东，下同）均拥有注册会计师证书或主管机关认可的其他专业资格	□	□	□	□	□
2. 本所所有合伙人均在本所专职执业	□	□	□	□	□
3. 本所晋升合伙人的条件中，人脉关系和客户资源最为重要	□	□	□	□	□

续表

	极不符合	不符合	有时符合，有时不符合	符合	极为符合
	1	2	3	4	5
4. 本所合伙人如果离开事务所，其所负责的客户也会随之流失	□	□	□	□	□
5. 本所主任会计师的直系亲属不担任本所会计机构负责人和会计主管人员	□	□	□	□	□
6. 本所合伙人的业绩考核只考虑其为事务所创造的业务收入净额和为事务所带来的新客户和新业务项目	□	□	□	□	□
7. 本所合伙人分享的利润只取决于合伙人在事务所中的出资比例	□	□	□	□	□
8. 本所合伙人出于正当目的查阅事务所会计账簿的要求均会得到满足	□	□	□	□	□
9. 本所年度财务报表经过严格审计后会提交给全体合伙人	□	□	□	□	□
10. 依据本所章程（或合伙人协议，下同），合伙人之间的重大分歧总是能够得到妥善解决	□	□	□	□	□
11. 本所合伙人会议（或股东会，下同）按照合伙人拥有的股权比例决定表决权大小	□	□	□	□	□
12. 对于吸纳新的合伙人，必须经过本所合伙人会议一致通过或2/3以上多数通过	□	□	□	□	□

续表

	极不符合	不符合	有时符合，有时不符合	符合	极为符合
	1	2	3	4	5
13. 对于事务所合并事项，必须经过本所合伙人会议一致通过或 2/3 以上多数通过	□	□	□	□	□
14. 本所重大事项均由董事会（或合伙人管理委员会，下同）集体决策	□	□	□	□	□
15. 本所董事会每次会议的参与人数均满足事务所章程规定的最低人数要求	□	□	□	□	□
16. 本所董事会对于重大事项总是能够及时作出适当的决策	□	□	□	□	□
17. 本所董事会通过适当设置专门委员会提高了决策的效率和效果	□	□	□	□	□
18. 本所董事会对于重大事项的所有决议均会及时传达至全体合伙人	□	□	□	□	□
19. 在员工招聘时，本所对于名牌或重点大学的毕业生具有吸引力	□	□	□	□	□
20. 对于有不良诚信记录但业务能力很强的应聘人员，本所可以考虑录用	□	□	□	□	□
21. 本所员工均具有与其执行的业务相适应的专业胜任能力	□	□	□	□	□
22. 对于新进员工，本所总是对其进行严格的培训和辅导	□	□	□	□	□
23. 对所有涉及员工利益的重大事项，本所总是充分地征求员工的意见和建议	□	□	□	□	□

续表

	极不符合	不符合	有时符合，有时不符合	符合	极为符合
	1	2	3	4	5
24. 本所的业绩考评体系能够准确地反映员工的能力和贡献	☐	☐	☐	☐	☐
25. 业务完成质量对于本所员工的薪酬有着重大影响	☐	☐	☐	☐	☐
26. 本所总是能够及时提拔符合晋升条件的员工	☐	☐	☐	☐	☐
27. 本所的分所负责人由总所统一委派、监督和考核	☐	☐	☐	☐	☐
28. 本所分所的资金由总所统一控制与调配	☐	☐	☐	☐	☐
29. 分所收入、费用纳入本所统一核算，收益按照本所统一的分配制度进行分配	☐	☐	☐	☐	☐
30. 本所分所只在授权范围内承接和承办业务，并报总所备案	☐	☐	☐	☐	☐
31. 本所所有分所遵循统一的执业标准和质量控制制度	☐	☐	☐	☐	☐
32. 本所在全所范围内执行统一的人员聘用、定级、培训、考核、奖惩和退出等标准	☐	☐	☐	☐	☐
33. 本所与其他事务所合并主要是为了扩大规模，提升在各级注协排名中的位次	☐	☐	☐	☐	☐
34. 高风险客户的接受和续约，本所一律由董事会或其专门委员会决策	☐	☐	☐	☐	☐

续表

	极不符合	不符合	有时符合，有时不符合	符合	极为符合
	1	2	3	4	5
35. 对于由于时间和人手限制无法如期完成的项目，本所允许以业务分成方式与其他事务所合作完成	□	□	□	□	□
36. 本所对于决定承接的业务进行统一的客户信息管理，部门或个人不能独占客户信息	□	□	□	□	□
37. 本所每年至少1次向所有受独立性要求约束的人员获取其遵守独立性政策和程序的书面确认函	□	□	□	□	□
38. 对于非上市公司的审计业务，签字注册会计师如果任期过长，本所也会将其轮换	□	□	□	□	□
39. 本所业务项目执行中出现的重大风险事项能够得到及时报告和解决	□	□	□	□	□
40. 如果审计报告日临近但本所内部对于某审计项目仍存在重大意见分歧，本所可考虑先出具报告再解决分歧	□	□	□	□	□
41. 对于审计业务，本所严格实施由项目经理、部门经理和合伙人参与的多层次质量复核	□	□	□	□	□
42. 对于上市公司审计业务，本所会安排未参与该项目的合伙人执行项目质量控制复核（若贵所无上市公司审计业务，可不填此项）	□	□	□	□	□

续表

	极不符合	不符合	有时符合，有时不符合	符合	极为符合
	1	2	3	4	5
43. 本所定期选取已完成的业务进行检查，每个周期（最长不超过 3 年）内对每个项目负责人的业务至少选取 1 项进行检查	□	□	□	□	□
44. 本所统一开发和维护整套审计工作底稿模板	□	□	□	□	□
45. 计算机辅助审计技术在本所审计业务中得到了广泛应用	□	□	□	□	□
46. 本所已建立审计项目管理信息系统，总部可以及时监控所有业务的进展情况	□	□	□	□	□
47. 诚信为本、操守为重确已成为本所全体员工共同的职业理念	□	□	□	□	□
48. 本所制定有员工行为守则并得到了普遍的遵守	□	□	□	□	□
49. 本所至少有 1 名合伙人专门负责职业道德事项	□	□	□	□	□
50. 本所设有专门的部门或专职人员负责事务所文化活动	□	□	□	□	□

二　贵所（含总所和分所）内部治理相关情况（请填入选项字母，或在选项字母上打钩）

1. 贵所第一大股东持股比例为（　　）。

A. 0～10%　　B. 10%～20%

C. 20%～30%　　D. 30%～50%

E. 50%～70%　　F. 70%～90%

G. 90%～100%

2. 贵所合伙人人数与员工（不含合伙人）总数之比大约为（　　）。

A. 小于1：100　　B. 1：100至1：80

C. 1：80至1：50　　D. 1：50至1：30

E. 1：30至1：10　　F. 大于1：10

3. 贵所董事会人数与全体合伙人之比大约是（　　）。

A. 小于1：50　　B. 1：50至1：30

C. 1：30至1：20　　D. 1：20至1：10

E. 1：10至1：5　　F. 1：5至1：2

G. 大于1：2

4. 贵所董事会（合伙人管理委员会）每年的开会次数是（　　）。

A. 1～3次　　B. 4～6次

C. 7～9次　　D. 10～12次

E. 13～15次　　F. 16～18次

G. 19次以上

5. 贵所每年平均的员工流动率（由于员工辞职、被辞退等原因而发生的人员变动比率）大约为（　　）。

A. 5% 以下　　B. 5% ~10%

C. 10% ~15%　　D. 15% ~20%

E. 20% ~30%　　F. 30% ~50%

G. 50% ~70%　　H. 70% 以上

6. 贵所每年的离职人员中，主动辞职的比重大约是（　　）。

A. 10% 以下　　B. 10% ~30%

C. 30% ~50%　　D. 50% ~70%

E. 70% ~90%　　F. 90% ~100%

7. 贵所由普通员工晋升为合伙人一般需要的年限是（　　）。

A. 1 ~3 年　　B. 3 ~5 年

C. 5 ~7 年　　D. 7 ~10 年

E. 10 ~15 年　　F. 15 年以上

8. 贵所由部门经理（或高级经理）晋升为合伙人一般需要的年限是（　　）。

A. 1 ~3 年　　B. 3 ~5 年

C. 5 ~7 年　　D. 7 ~10 年

E. 10 年以上

三　背景资料

1. 您的职位是（　　）。

A. 主任会计师　　B. 副主任会计师

C. 合伙人（非 A 和 B）

D. 其他（请填写）：

2. 您是否为贵所董事会（合伙人管理委员会）成员（　　）。

A. 是　　　　　　　　B. 否

3. 您负责的部门或业务是（　　）（可多选）。

A. 审计　　　　　　　B. 税务服务

C. 管理咨询　　　　　D. 评估

E. 其他

问卷结束。再次感谢您给予的帮助！

后 记

在本书即将付梓之即，我坐在办公室里，写作此篇后记。芒种刚过，夏至未到，窗外飘洒的蒙蒙细雨，似乎想要赶走悄然来袭的暑热。我的思绪回到了 2008 年，那时我刚刚进入中南财经政法大学工商管理博士后流动站，师从我国著名的会计史学家郭道扬先生。在郭老的指导和认可之下，我选择了会计师事务所内部治理作为我的博士后研究课题。2009 年，我申请的国家社会科学基金青年项目《会计师事务所内部治理对资本市场审计质量的影响研究》（09CJY017）幸运的获得批准。本书汇集的，就是我博士后课题和国家社会科学基金项目的主要研究成果。

在本书中，我尝试运用自己所学的经济学和管理学知识，特别是公司治理相关的理论，来对会计师事务所内部治理的基本理论问题进行初步的探讨。会计师事务所作为特殊的专业服务企业，面临诸多特殊的治理难题，比如说如何促进事务所内的专业人士进行有效的合作等。对这些问题的研究，不仅可以帮助事务所的合伙人更好地经营他们的企业，还可以为其他专业服务企业解决治理问题提供借鉴。本书对于相关文献的总结与回顾，对我国会计师事务所内部治理现状及问题的分析，以及对于会计师事务所内部治理基本理论框架的构建，相信有助于实务界的专家实现包括会计师事务所在内的专业服务企业的“善治”，并为对专业服务企业内部治理话题感兴趣的学者提供后续研究的基础。

在会计师事务所内部治理研究中，一个关键问题是如何对会计师事务所内部治理水平进行测度，并探讨其影响因素和经济后果，本书对此进行了探索式的研究。为了解决数据来源问题，我设计了调查问卷，并几易其稿，使之达到较高的信度和效度。问卷设计不易，实施问卷调查更不易。为了提高回复率，保证获得足够的有效回复，我和学生们想尽了各种办法。例如，随信附寄一个贴足邮票、封口粘好双面胶的空白信封，使得收信人在填好问卷后能够方便地邮寄回来。问卷的发放和回收历经几个月，最终获得了能够计算并评价我国会计师事务所内部治理的必要原始数据。在这些原始数据的基础上，我通过因子分析方法，提取了反映我国会计师事务所内部治理水平差异的公共因子，并对不同类型会计师事务所的内部治理水平进行了比较。运用较为规范的大样本实证研究方法，本书对会计师事务所内部治理的经济后果，包括对审计质量、审计收费和事务所经营业绩的影响，进行了初步的研究，得出了令人信服的结论。据我所知，这在国内外尚属首次。

“板凳要坐十年冷，文章不写一句空”。学术研究是一个严谨细致的技术活，容不得投机取巧，更容不得弄虚作假。文献的阅读和归纳，数据的收集和整理，计量模型的设置与调整，对数据文件执行的各种统计分析，研究结果的汇总和报告，研究工作的每一步都需要认真踏实，竭尽心力，仔细推敲，精益求精。一部好作品的诞生，是学习的过程，是探索的过程，也是修炼耐性、定力和心境的过程。由于个人学术能力和水平的限制，我不敢奢望这部专著能够取得多大的学术成就，但求这部书能够对自己在会计师事务所内部治理领域的研究工作有一个交代，也期待这部书的读者，能够有所收获。

我要深深感谢我的博士后合作导师郭道扬教授，郭老的治学理念、道德风范和人格魅力，真是高山仰止。没有郭老的指导和帮助，我不可能顺利完成博士后流动站的研究工作。我还要感谢中南财经政法大学会计学院的张龙平教授、张敦力教授、肖翠祥书记、王雄元教授、王华教授、郭飞教授、王昌锐教授等领导，是他们精心打造和维护了我事业发展的平台。感谢家人对我的帮助和支持，感谢中国社会科学出版社徐沐熙编辑出色的工作！

谨将此书献给所有关心我、爱护我的人，请你们分享我“敝帚自珍”的成果。愿此书成为我学术道路上一块值得铭记的路标！

陈　波

2018 年 6 月 8 日于武汉